북한을
보는 새로운 시선

권은민

분단 77년, 편견 깨기

박영사

프롤로그

이 책은 저자가 남북한 관계를 연구한 성과를 모은 것이다. 남한에서 북한을 바라보는 기존의 시각을 현실에 맞게 바꿀 수 있을지 검토하였다. 저자는 20년 이상 북한법을 연구하면서 기존이론의 한계를 인식하게 되었다. 현재의 법률이론에 의하면, 헌법 제3조의 영토조항을 근거로 북한의 법적 지위를 부인하며 특수관계론에 따라 북한은 교류협력의 상대방과 반국가단체라는 이중적 지위에 있다. 그 결과 대부분의 남한 법에서는 북한의 지위에 대하여 침묵하고 있고, 남북교류협력법 등 일부 법률에서 제한적으로 북한을 법 적용대상으로 다루고 있을 뿐이다. 저자는 이런 태도는 남북관계의 장래에 도움이 되지 않는다는 문제의식을 가지고 기존의 견해를 바꾸자고 제안한다.

제1장에서는 북한을 국가로 인정하자고 제안한다. 이렇게 하면 북한의 이중적 지위로 인한 법적 불안정성, 북한이탈주민에 대한 일관되지 않은 정책, 북한에 대한 지원 문제를 법률에서 명확히 할 수 있다. 저자는 이 문제를 검토하면서 시간이라는 변수에 유의하였다. 헌법이 제정된 1948년과 남북기본합의서가 체결된 1991년 그리고 2022년 현재의 상황이 다르므로 북한의 국가성 문제도 이제는 달리 보아야 한다.

제2장은 북한주민의 국적문제다. 북한주민을 남한 국적자로 보는 현재의 다수의견은 교류협력의 초기에는 유용하였지만 이제는 재검토해야 한다. 장래 남북교류의 폭이 넓어지고 깊이가 깊어져서 다수의 남북한 주민이 상대지역에서 장기간 체류하는 미래를 상정하면 기존의견을 그대로 적용하기 어렵다. 기존의견이 형성된 배경에는 북한에 대한 적대정책이 교류협력을 허용하는 정책으로 전환되는 시대의 변화라는 역

사적 이유가 있었다. 하지만 남북이 유엔에 동시가입한지 30년이 지난 현 시점에서는 기존의 입장을 바꾸어야 한다. 1948년 남한 헌법 제정 당시의 헌법제정자들에게 북한은 그저 반국가단체일 뿐이었다. 그 이후 1991년 남북기본합의서 체결과 남북교류협력법 제정 당시에는 북한의 이중적 지위라는 잠정적인 논리를 만들었다. 시기별로 그런 논리가 만들어진 이유가 있었고 그에 따라 현실에서 발생한 문제를 처리할 수 있었다. 하지만 분단 80년이 머지않은 현 시점에도 잠정적인 논리로 북한 문제를 해결하는 것은 바람직하지 않다.

제3장은 남북한에서 벌어진 토지개혁문제에 대한 연구다. 현재의 남북한은 모두 부동산 문제로 혼란을 겪고 있는바, 토지제도의 출발점이 되는 토지개혁을 어떻게 볼 것인지가 중요하다. 흔히 북한은 무상몰수 무상분배의 방식으로, 남한은 유상몰수 유상분배의 방식으로 토지개혁이 이루어졌다고 하지만 그 개혁 과정 당시를 살았던 사람들의 삶을 자세히 들여다보면 개혁과정이 단순하지 않았고, 개혁의 결과를 부정하기도 어렵다. 북한에서 토지개혁은 혁명적 과정을 거쳐 기존의 질서를 파괴하고 새로 세운 질서다. 그 과정은 한 번에 끝난 것이 아니고 하나의 원칙으로 진행된 것도 아니다. 토지개혁법이라는 법에 근거하였지만 집행과정에서는 계급투쟁이라는 혁명투쟁의 방식에 의해 진행되었고 그 과정에서 희생된 생명도 무수히 많았다. 이런 역사적 현실을 고려해 볼 때, 1946년 3월 이전에 북한지역에 소유권을 보유하였다는 역사적 사실을 근거로 하여 그 이후에 수립된 현실을 부정하기는 어렵다.

제4장에서는 남북한 관계를 '통일을 지향하는 잠정적이고 특수한 관계'라고 보는 특수관계론을 다시 보았다. 특수관계론이 지난 30년간 남북관계를 규율하였지만 지금부터 시작할 미래에는 남북한 관계도 국가 대 국가 간의 정상관계로 보자고 제안한다. 남북한 특수관계론은 남북한 사이의 정치상황 변화에 판례가 적응하는 과정에서 형성된 것으로

1990년대 초반에 정립된 이론이다. 그로부터 30년이 지난 현 시점에서는 특수관계론으로 해결하기 어려운 문제가 생기고 있으므로 기존 이론을 재검토해야 한다.

제5장은 남북합의서 문제다. 1972년 7.4 남북공동성명 이후 현재까지 50년간 남북이 합의한 258건의 합의서를 검토하고 합의서 실천방안을 모색하였다. 합의사항을 실천하기 위한 제도화가 필요하고, 합의서의 규범력을 확보하려는 노력도 지속되어야 한다.

이 책은 학술지 게재 논문과 학술대회 발표 자료를 바탕으로 정리한 것이다. 주장의 일관성을 유지하고 가독성을 높이기 위해 일부 내용을 수정하였다. 저자가 이 책에서 주장하는 내용이 기존의 다수의견과 판례를 비판적으로 재검토한 것이므로 논란이 있을 수 있다. 저자의 문제제기에 대하여는 활발한 토론이 제기되기를 기대한다. 북한은 남한과는 별개의 나라이고, 북한 주민은 남한의 국적을 가지지 않는다는 주장이 불편할 수도 있지만, 남북교류와 통일에 대한 실용적인 논의를 위해서는 기존 주장을 재검토해야 한다. 저자가 이 책을 발간하는 이유는 기존 논리에 포함된 문제를 드러내고 이를 공론화함으로써 새로운 논리를 찾아보자고 제안하기 위해서이다.

목차

제3장　다시 보는 북한토지
— 북한토지에 대한 소유권 주장은 가능한가 —

제4장　다시 보는 남북관계
— 특수관계에서 정상관계로 —

제5장   다시 보는 남북합의서
– 합의정신을 살리려면 어떻게 해야 하는가 –

다시 보는 북한

– 대한민국의 일부분인가, 독립된 국가인가 –

다시 보는 북한*

- 대한민국의 일부분인가, 독립된 국가인가 -

Ⅰ. 북한을 국가로 인정할 수 있는가?

　북한은 대한민국의 일부분인가 아니면 독립된 국가인가? 라는 질문을 던진다. 세대별로, 또는 각자의 정치적 성향에 따라 의견이 달라질 것 같다. 각자가 생각하는 답이 있을 것이고 이를 뒷받침할 근거도 있을 것이다. 이 글에서 필자는 본인의 생각을 제시하고 이 문제를 같이 논의해 보자고 제안한다. 최근 우리 사회에는 한반도의 평화정착과 공동번영을 모색하는 논의1)가 진행 중이다.2) 필자는 남북관계와 관련된 법제를 연구하면서 북한을 어떻게 볼 것인지가 문제되는 경우를 보았다. 그때마다 남북한 관계에서 북한을 국가로 인정하고 그 사실을 남한의 법체계에 반영하는 것이 가능한지를 생각해 보았다. 특히 시간의 흐름상 지금까지의 문제와 구분하여 남북교류가 전면화될 장래를 준비하

---

* 이 장은 "북한의 법적 지위에 대한 서론적 고찰－북한의 국가성 인정의 관점에서", 북한법연구 제25호(2021 상반기)에 발표된 논문을 수정·보완한 것이다.

기 위해서 북한의 법적 지위에 관한 기존의 관점을 바꾸는 것이 가능한지 연구할 필요를 느꼈다.

이 문제는 간단한 것 같으면서도 복잡하다. 남북한 관계는 국내문제임과 동시에 국제문제이기 때문이다. 당초 남북 분단이 국제적인 냉전 상황에서 비롯된 측면이 있고, 1950년의 한국전쟁은 내전임과 동시에 정전협정[3] 서명국에서 보듯이 국제전이었다. 그런데 남북한은 1991년 유엔에 동시 가입하였고, 남북한은 각자 국제사회의 대부분의 나라로부터 국가승인을 받았다.[4] 북한이 미국, 일본 등 몇 나라로부터 국가승인을 받지 못하였을 뿐이다.

한편 남한주민의 대북인식과 통일에 대한 조사결과[5]를 보면, 통일을 당연시하던 의견이 시간의 흐름에 따라 통일이 왜 필요한지 묻는 의견으로 변하고 있음을 알 수 있다. 남한주민을 대상으로 한 통일의식 조사 결과도 통일에는 관심이 있지만 북한은 경계대상이고, 그렇지만 북한과의 교류와 협력은 필요하다는 복잡한 의견을 보인다.[6] 이러한 국민의식의 변화는 법과 제도를 만들고 운영함에 있어서도 중요한 요인이다.[7]

필자는 남북관계에 관한 법률문제를 연구하면서 현재의 남북한 관계를 규율하는 법규정과 법원의 판례에서 문제점을 발견하였다. 그 원인을 찾아보면 북한을 국가로 인정하지 않았기 때문에 생기는 일이었다. 필자는 이 문제를 검토하면서 시간이라는 변수에 유의하고자 한다.[8] 헌법이 제정된 1948년과 남북기본합의서가 체결된 1991년 그리고 2022년 현재의 상황과 그런 상황을 보는 시각이 다를 수 있는 것은 시간의 흐름이라는 변수가 있기 때문이다. 북한의 국가성이란 문제도 시간의 변화에 따라 이제는 달리 보아야 할 때가 된 것이 아닌지 의문을 제기한다.

남북한 문제를 분리와 통합이라는 보편적인 사회현상의 관점[9]에서 보면, 분리에서 통합으로 가는 하나의 방향이 있다면 통합에서 분리로 가는 또 다른 방향[10]이 있다는 사실을 확인할 수 있는바, 이런 현상의 근저에도 시간의 변화와 그로 인한 공동체의 의식변화가 있음을 확인할 수 있다. 아래에서는 기존 논의를 살펴본 후 이로 인해 발생하는 문제의 원인과 대안을 찾아보고자 한다.

Ⅱ. 기존에는 북한을 어떻게 보았나?

남북한의 관계 및 북한의 국가성 인정에 대한 기존의 논의를 정리해보면, "대한제국은 일제강점기와 미소점령기에도 계속해서 존재하였고, 남한과 북한정부가 수립되면서 대한제국은 소멸되었지만 대한민국은 1948년 당시 UN에 의해 승인된 유일한 합법적인 정부로서 대한제국과 계속성과 동일성을 가진다. 북한은 반국가단체로 활동하고 있다."[11]는 견해가 다수의견이다.

그런데 위 주장의 근거가 된 1948년 유엔 결의문에는 당시 선거가 가능한 지역에 대한 합법적 정부라는 내용이 있는바, 남한 헌법은 실효적 지배가 가능한 현재의 남한 영역에만 효력을 미친다고 보는 것이 합리적일 것인데, 다수의견은 남한 헌법의 효력 범위를 한반도 전역으로 확장하고 있고 판례의 입장[12]도 동일하다.

한편 특정 쟁점에 대한 주장은 그 시기의 영향을 받는바, 북한의 법적 지위에 대한 견해는 시기별로 조금씩 변화되었다. 시기별 구분에 대하여는 건국 후 현행 헌법 개정 전까지의 국가보안법 시대(1948~1987),[13] 현행 헌법이 도입된 후 6.15 남북공동선언이 이루어진 2000년까지의 교류협력시대(1987~2000),[14] 2000년 이후의 남북관계 발전시기(2000~현재)[15]로 구분하는 견해가 있다.[16] 이런 구분은 지난 70여 년의 시간 변화에 주목한 것인바, 법률 해석도 시간의 흐름에 따라 변화함을 알 수 있다.

북한의 법적 지위에 대해 초기에는 "헌법 제3조에 따르면 대한민국의 영토는 한반도와 그 부속도서로 하는데, 대한민국이 한반도 내 유일한 합법정부이고 북한은 반국가단체로서 국가보안법 등에 따라 처벌대상으로 삼는 등 국가성을 인정하지 않고 있다."[17]고 주장하다가 "그런데 1990년대에 들어오면서 남북교류와 협력이 활성화되고 유엔에 남북한이 동시가입하면서 북한의 이중적 지위를 인정한다.[18]"는 내용으로 바뀌었다. 한편 북한의 이중적 지위와 관련하여서는, 교류협력의 상대방임과 동시에 반국가단체의 성질도 동시에 가지고 있다고 설명하면서 남북교류협력법과 국가보안법이 상호 양립할 수 있다고 논리를 전개한다.

국제법학자 정인섭은 남북관계를 "자신만의 정통성과 합법성을 주장[19]하면서 상대방을 부정하고 독립된 주권국가로서의 요건을 갖추어 실효적 정부를 수립하고 있는 대립적 구도를 형성하는" 분단국가의 관계로 보면서 분단국가의 경계는 국제법상 국경으로 간주되어 무력사용 금지나 국내문제 불간섭의 의무가 적용되는 경계를 이루며 각 분단국가는 국제사회의 다수 국가들로부터 국가로서 승인을 받고 있다는 점을 들어 분단국은 각각이 모두 국제법상 의미의 주권국가라는 견해[20]를 취한다.

북한의 법적 지위에 대한 혼란을 극복하기 위한 노력 중에는, 국내법 관점으로 문제를 보는 한계를 지적하는 견해,[21] 대내적 관계와 대외적 관계를 구분하자는 견해,[22] 헌법의 영토조항은 법적 의미를 가진 것이 아니라 정치적 선언으로 보아야 한다는 견해,[23] 1972년 헌법 이후 헌법규범과 헌법현실 사이의 모순이 생겨서 헌법의 변천이 이루어졌다고 보는 견해[24]가 있다.

이상의 내용을 종합하면, 북한을 국가로 인정하지 않고 불법단체로 보던 초기의 태도가 1990년대 이후 이중적 지위로 바뀌었지만 여전히 북한에도 대한민국의 주권이 미치고 있고 북한은 반국가단체라는 견해[25]가 다수다. 한편 국제사회의 입장을 고려하여 북한을 사실상 국가로 인정해야 한다는 주장도 일부 있지만 남한 법률에서 북한을 남한과 독립된 별개의 국가로 인정하는 것이 가능한지는 명확하지 않다.

Ⅲ. 북한을 국가로 인정하지 않는 현재의 견해를 유지하면 어떤 문제가 있나?

앞서 살펴본 바와 같이 한반도에는 대한민국만이 국가로 존재하고 북한은 국가로 인정하지 않는다는 다수의견에 의하면 아래와 같은 문제가 생기는바, 해결방법을 찾기가 쉽지 않다.

1. 북한의 이중적 지위로 인한 법적 불안정성 문제

다수의견은 북한은 국내법적으로 헌법상 불법단체 또는 국가보안법상 반국가단체로서의 지위와 동시에 평화통일을 위한 대화와 협력의 동반자로서의 지위를 이중적으로 가진다고 본다. 남북한의 관계는 남북한 주민의 교류를 기본적으로 규제하되 예외적으로 허용하면서 확대를 모색하는 방향으로 나아가고 있다는 입장이다. 법원 판결[26]도 남북교류협력법과 국가보안법의 관계를 설명하면서 북한은 이중적 지위에 있다고 한다. 그런데 하나의 정치 단위를 이중적 지위로 보면 복잡한 문제가 생긴다.

다수의견에 따르면 남한 주민은 형사법적용에서 불안정한 지위에 놓이게 된다. 즉 정부의 허가를 받아 방북한 경우에도 방북기간 중 행한 행위의 성질에 따라 어떤 행위는 적법할 수 있지만 다른 행위는 위법할 수도 있는 불안정한 상태에 처한다. 이런 불안정은 방북시에만 생기는 것이 아니라 일상생활에서도 잠재된 위험이다. 만일 북한을 별개의 국가로 인정할 경우에는 남북교류협력법이나 국가보안법의 적용기준이

간명해 질 수 있다. 현실에서는 북한의 이중적 지위로 인해 특정행위가 '남북교류와 협력을 목적으로 하는 행위'인지 또는 '국가의 존립·안전이나 자유민주적 기본질서에 실질적 해악을 끼칠 명백한 위험성이 인정되는 경우'인지를 구분하기 위하여 "북한을 왕래하게 된 경위, 방문증명서를 발급받은 경위, 북한 왕래의 구체적인 목적, 북한 왕래 전후의 행적 등을 종합적으로 고려하여 객관적으로 판단하여야" 하지만 이런 판단의 기준이 명확하거나 용이한 것은 아니다. 그런데 만일 북한을 국가로 인정할 경우에는 방북절차도 외국여행처럼 간소화할 수 있고, 국가의 안전은 특정행위가 남한의 존립과 안전에 실질적 해악을 끼칠 명백한 위험성이 있는지 여부를 기준으로 판단하면 되므로 법률의 해석과 적용절차의 투명성을 높일 수 있다.

2. 북한주민에 대한 일관되지 않은 정책의 문제

북한주민의 법적 지위에 대한 다수의견 및 법원의 판단은 그들을 대한민국 국적자[27]로 본다. 이 문제와 관련한 대표적인 판결[28]은 혈통주의를 기반으로 하여 한반도에서 태어난 사람은 남한의 제헌헌법에 따라 남한의 국적을 취득하였다고 판단한다. 결국 대한민국의 범위를 어디까지로 볼 것인지의 문제이고, 북한을 대한민국의 일부로 볼 것인지 여부에 따라 결론이 달라질 수 있다.

그런데 이런 주장은 1948년 당시에는 대부분의 남한주민에게 무리 없이 수용되었을 것이지만 현 시점에도 그럴 것인지는 의문이다. 1948년 이후 북한에서 태어나 그곳에서 자란 북한주민을 남한 국적자로 인정하는 것이 타당한지도 의문이다.

헌법재판소도 대법원과 같은 입장에서 국적법상 부계혈통주의에 따라,[29] 북한주민과 조총련계 재일교포도 남한 국민이라고 보며,[30] 북한주민이 남한 국민임을 전제로 판단한다.[31] 그런데 헌법재판소는 탈북의료인의 의료면허사건에서는 영토조항에도 불구하고 북한의 대학을 남한의 대학으로 볼 수 없다고 판단한다.[32] 북한의 의과대학이 국내대학 또는 외국대학에 해당하지 않는다고 보고 이와 관련하여서는 입법의 공백이라고 판단하였다. 결국 이 사건에서 헌법재판소가 제시한 해법은 "탈북의료인에게 국내 의료면허를 부여할 것인지 여부는 제반사정을 고려하여 입법자가 그의 입법형성권의 범위 내에서 규율할 사항이다"는 것이다. 필자는 헌법재판소의 판단에 찬동하며 남한의 법체계 전반에서 북한을 어떻게 취급할 것인지 논의를 시작하자고 제안한다.

한편 특정사건에서는 북한을 외국에 준하는 지역으로, 북한주민을 외국인에 준하는 지위에 있는 자로 인정한 사례[33]도 있는바, 다수의견의 논리를 일관되게 주장하기도 어렵다. 그런데 남북교류를 위하여 남한을 방문하는 북한 주민의 법적 지위를 어떻게 볼 것인지, (남한에 입국하였으나) 탈북의사가 없는 북한주민[34]은 또 어떻게 볼 것인지의 문제도 있다. 위 두 가지 경우에는 그들에게 남한국적자라는 인식은 없다. 또한 입장을 바꾸어 다수의견의 논리를 북한 입장[35]에서 전개한다면 남한주민이 북한국적자가 될 수도 있다.

3. 북한에 대한 ODA 지원 가능성 문제

남북교류와 협력을 강화하려면 재원조달이 중요한데, 현재는 남북협력기금이 주된 재원이다. 다른 기금의 재원을 끌어다가 북한지원에 사용할 수 있을지를 논의하는 과정에서 KOICA 모델[36]을 참고하여 남북경협공사를 만들거나 북한 KOICA를 만들어 남북경제협력사업을 국제적 개발협력사업의 수준으로 끌어올리자는 의견이 있다. 그런데 남북협력기금 이외의 다른 기금의 재원을 북한지원에 활용할 수 있을지 검토해 보면, 현재의 법체제상 국제개발협력기본법의 기금을 북한지원에 활용하기는 어렵다.[37] 국제개발협력기본법[38]의 지원대상은 외국이라 북한은 포함되지 않기 때문이다.

남한법은 남북교류협력법등 일부 법률을 제외하고는 대부분 법률의 적용대상에서 북한을 염두에 두지 않았다. 법률적으로 북한은 외국도 아니고 내국도 아닌 경우에 해당한다. 특히 각종 지원법의 적용문제에서는 더욱 그렇다. 북한을 어떻게 볼 것인지의 문제가 중요한 이유다. 이제부터는 개별법에서 북한을 어떻게 대할 것인지, 즉 그 법의 적용대상에 북한이 포함되는지 여부를 논의해야 할 필요가 있다.

Ⅳ. 헌법상 영토조항은 어떻게 보아야 할까?

이 문제의 법률적 출발점은 1948년에 제정된 남한의 제헌헌법(별첨 1)이다. 다수의견의 근거가 남한 헌법의 영토조항이기 때문이다. 그런데 1948년 당시의 남북한 헌법규정을 살펴보면 그 당시 남북한의 헌법제정자들은 분단국가나 통일에 대비한 조항을 두지 않았다. 그들은 분단이 70년 이상 지속될 것으로 예상하지 않았던 것이다.

1. 1948년 당시 남북한 헌법 규정과 영토조항

대한민국헌법(헌법 제1호, 1948. 7. 17. 제정)에서 북한 또는 통일과 관련된 조항 또는 그런 내용이 있을 가능성이 있는 조항을 정리하면 아래와 같다.

전문,[39] 제1조(대한민국은 민주공화국이다.), 제3조(대한민국의 국민되는 요건은 법률로써 정한다.), 제4조(대한민국의 영토는 한반도와 그 부속도서로 한다.),[40] 제51조(대통령은 행정권의 수반이며 외국에 대하여 국가를 대표한다.),[41] 제54조(대통령은 취임에 제하여 국회에서 좌의 선서를 행한다.[42]「나는 국헌을 준수하며 국민의 복리를 증진하며 국가를 보위하여 대통령의 직무를 성실히 수행할 것을 국민에게 엄숙히 선서한다.」)이다.

제헌헌법을 전체적으로 보면 분단국가나 북한을 염두에 둔 조항이 없다. 1948년 당시 남북한의 정치현실은 분단 상태였지만 그것을 의도적으로 무시하고 통일조항을 두지 않은 것인지, 분단을 일시적인 상황으로 본 것인지 혹은 헌법은 남한에만 적용되지만 상징적으로 영토조항을 둔 것인지 명확하지 않다. 학계에서는 북한지역에는 대한민국의 통치권이 미치지 못하고 있으나 그럼에도 불구하고 대한민국의 주권이 북한지역에도 미치고 있다는 견해[43]가 다수이며, 대법원 판례[44]도 같은 취지다.

조선민주주의인민공화국 헌법(1948.9.8. 최고인민회의 제1기 제1차 회의에서 채택)에서 남한 또는 통일과 관련된 조항을 찾아보면, 영토조항은 없고, 제103조(조선민주주의인민공화국의 수부는 서울시다.)[45]가 있다. 북한 헌법도 분단국가를 전제로 한 조항은 없고, 제103조에서 수도를 서울로 규정한 것이 인상적이다.

2. 1948년 당시 남북한 정치상황과 국가형성 과정

헌법제정 당시의 시대상황을 살펴봄으로써 영토조항의 의미를 되새겨 본다.

해방 후 각 정치세력은 신국가건설의 주도세력이 되기 위해 노력하였다. 각 정치세력은 좌우 및 남북문제를 해결하고 통일정부를 수립할 해법을 제시했다.[46]

먼저, 이승만과 한국민주당의 남한단독정부수립론을 살펴보면, 이승만은 남한에서 먼저 정부를 수립하자는 의견이었다. 1946년 6월 이승만은 정읍에서 한 이른바 정읍발언[47]에서 남한단독정부수립을 주장했다. 이승만은 소련 및 북한과 타협점을 찾으려고 하기 보다는 분단을 불가피한 것으로 받아들이고 남한에 단독정부를 수립한 후 남한을 근거지로 소련과 북한에 대한 공세를 가하고자 하였다.[48]

미국과 소련이 참여한 미소공동위원회가 결렬되면서 1947년 11월 14일 미국의 제안으로 국제연합 총회에 '한국독립의 문제'라는 의제가 상정되었다. 국제연합총회는 한국의 독립을 촉진시키기 위하여 임시조선위원단(United Nations Temporary Commission on Korea)을 구성하고 1948년 3월 31일 이전에 보통선거에 의한 국회의 구성과 정부의 구성을 실행하기로 결정하였다. 그러나 북한지역을 점령하려는 의도가 있던 소련과 북한이 임시조선위원단의 입국을 거절함으로써 1948년 5월 10일 남한만의 단독선거가 실시되었다. 남한 주민 대다수가 참여한 투표에 의해 198명의 국회의원이 선출되었다.[49]

다음으로, 김일성과 조선공산당의 민주기지론을 살펴보면, 1946년 5월 6일 미소공동위원회가 임시정부 수립에 대한 타협점을 찾지 못하고 무기한 휴회되자 김일성과 조선공산당은 북한을 민주기지로 강화할 것을 결정하였다. 민주기지론은 통일국가의 중심세력이 북한이 되어야 한다는 것이다. 이에 1946년 3월에 토지개혁, 동년 6~8월에 민주개혁이 차례로 추진되었고 11월에는 인민위원 선거가 시행되었다.[50] 국제연합에서 유엔 감시 하에 인구비례로 총선거가 결정되자 김일성과 조선공산당은 이를 거부하였다. 이들은 이미 민주기지화 되어 대의성을 갖추고 있는 북한과 미국에 예속된 남한을 동일선상에서 취급할 수 없다는 입장을 취하였고, 인구비례에 의한 총선거라는 방식은 수적 우세에 있는 남한이 북한을 제압하는 방식의 기만적인 선거방식이라 생각하였다.[51]

한편 1948년 2월 26일 국제연합의 소총회(Interim Committee)는 선거 실시가 가능한 남한지역에서만이라도 국민의 총선거를 실시하고 독립국가를 수립한다는 결의안을 채택하였다. 이 결의안은 첫째 한국의 가능한 지역 내에서 국제연합 임시조선위원단의 감시하에 총선거를 실시한다는 것, 둘째 총선거에서 선출된 대표자로 국회를 구성하고 한국정

부 수립의 토대로 한다는 것, 셋째 정부형태는 한국 국민이 스스로 결정하도록 한다는 것이었다.[52]

3. 영토조항 다시 보기

현 시점에서 영토조항을 어떻게 볼 것인가? 1948년 남북한 헌법제정 이후 한국전쟁이 있었고 그로부터 다시 70년 이상 지났다. 그 사이에 남북한 유엔 동시가입, 5차례의 남북정상회담, 남북기본합의서 등 258건의 남북합의서 체결이 있었다. 또한 남북한 주민 수십만 명이 상호 왕래하였고, 개성공단 및 금강산 관광지구에서 10년 이상 경제교류를 한 경험이 있다. 1948년 당시와 현재의 정치상황을 비교하면 큰 변화가 있다.

영토조항에 관한 논의를 살펴보면, 앞서 본 바와 같이 다수의견과 판례는 영토조항의 규범력을 인정하고 있다. 한편 이와 달리 대한민국 헌법의 영토조항은 국가권력이 미치는 공간적 범위를 북한에까지 확대하고 있으나 사실적인 지배권이 결여되어 있기 때문에 현실적으로 북한지역에 대하여 국가권력을 행사할 수 없다는 점에서 북한지역은 사실상의 영토가 아니라 이념상의 영토라는 입장에서 출발하여 영토조항은 영토를 통하여 표현된 통일과제조항으로 보고, 현행 헌법 제4조의 평화통일조항과 밀접한 관련이 있다고 보는 견해[53]가 있는바, 필자는 이 견해에 찬동한다.

앞서 살펴본 바에 의하면, 1948년 무렵 남북한 정치지도자의 의사는 자신이 점거하고 있는 지역을 중심으로 국가를 수립한 후 통일국가를 완성하자는 입장이었고, 그것이 1948년의 남북한 헌법제정으로 나타났다. 또한 남북한 주민이 모두 참여하는 선거는 한 번도 이루어지지 않았다. 이런 현실에서 남한 지역의 대표자로 구성된 국회가 만든 남한의 제헌헌법의 영토조항 효력이 북한과 북한주민에게도 미친다고 주장할 수 있을지, 북한과 북한주민이 이런 주장에 동의할지는 의문이다. 남북한에서 각자 그 지역 주민의 선거에 의해 수립된 정부가 만든 법률은 투표에 참여한 그 지역 주민을 규율할 수 있겠지만 그렇게 만들어진 법률이 상대지역에도 효력이 있다고 주장하기는 어려울 것이다. 더구나 2022년 현 시점은 남북한의 헌법이 만들어진지 74년이나 경과하였고, 그동안 남북한 주민은 각자 수립한 나라의 국민으로 살아왔다는 사정을 고려하면 더욱 그렇다.

영토조항에 대하여 제헌헌법 제정 당시에 만들어진 문언 그대로 해석하는 주장 또는 1990년대 시대상황의 변화에 따라 고안된 이중적 지위 주장을 지금도 그대로 유지해야 할 것인지는 생각해 볼 문제다. 이젠 변화된 현실을 바탕으로 북한을 국가로 인정하는 법제도를 마련해야 할 필요가 있다.[54] 그렇게 해야만 앞서 살펴본 현재의 문제를 정리하고, 미래를 향한 건설적 관계를 구축할 수 있을 것이다.

Ⅴ. 북한을 국가로 인정하면 어떻게 되는가?

여기서는 북한을 국가로 인정하는 것이 가능한지 여부와 이때 고려해야 할 사항이 무엇인지를 검토한다.

1. 시대상황의 변화를 인정하자

1948년 제헌헌법 제정 당시로부터 74년이 지났다. 1948년 당시 한반도에서 주도세력이 되려고 했던 분들은 사라졌고, 그 사이 많은 일이 있었다. 1990년 남북교류가 시작된 이후에는 남북한 유엔동시가입,[55] 남북기본합의서 체결, 5차례의 남북정상회담 등 여러 사건이 있었다. 남북한 사이에 각자의 국호와 공식 직함을 밝힌 합의서도 다수 체결되었다. 남북한이 합의서를 체결하였다는 것은 상대방의 실체를 인정한 것이지만 법적으로 국가승인까지 한 것이라고 보기는 어렵다.

국제법 이론에 의하면, 국가의 성립은 사실문제이고 국가승인을 공인하는 공식절차가 없기 때문에 다른 나라의 승인 누적 등이 유력한 증거가 된다.[56] 이런 의견에 의하면, 161개국과 수교한 북한이 국가라는 사실을 부인하기 어렵다. 필자는 남한이 승인하지 않았다거나 미국이나 일본도 승인하지 않았다고 하여 북한에 대해 국가성립에 이를 정도의 승인누적이 없다고 하기는 어렵다고 본다. 그런데 북한이 대외적으로 국가로 인정받는 것과 남북관계에서 북한을 국가로 인정하는 것(국가승인)은 구별되는 것인바, 북한의 국가성 인정을 위해서는 남한에 의한 명시적 또는 묵시적 국가승인이 필요하다.[57]

한편 남북한 사이에 체결된 남북기본합의서의 성격이 조약인지 여부에 대해, 대법원과 헌법재판소는 일종의 공동성명 또는 신사협정이라고 판단하고 국내법과 동일한 효력이 있는 조약이나 이에 준하는 것으로 볼 수 없다고 했다.[58] 이에 대하여 학계에서는 남북합의서의 조약성 여부는 체결의도, 구체적 내용, 체결절차와 형식, 합의서 체결 이후의 후속조치 여부와 그 내용을 종합적으로 고려하여 판단하자는 견해,[59] 분단국 내부관계를 규율하는 특수조약으로 보는 견해,[60] 2005년 제정된 남북관계발전법에 의해 남북합의서는 국제법상의 조약에 준하는 의미와 비중을 갖는다고 보는 견해,[61] 남북한의 특수한 관계에 대한 법이론적 규명이 있어야 국민적 합의기반을 구축하고 국민을 설득할 수 있으므로 남북합의서에 법적 효력을 부여하는 방안이 모색되어야 한다는 견해[62]가 있다. 그런데 조약체결은 국가외의 비국가실체(반란단체, 국제기구, 연방국가의 주)도 조약을 체결할 수 있다는 점에서 남북한 사이의 합의서를 조약으로 볼 경우에도 그때의 합의서(조약) 체결이 북한의 국가성을 전제로 한다고 보기는 어렵다.

이와 관련하여, 필자는 특수관계에 있는 두 나라 간의 합의에 대해

법적 구속력을 인정하지 않은 판단63)은 1990년대 초반의 시대적 현상을 반영한 것이라고 본다. 그로부터 또 30년이 지난 지금은 변화된 정치상황을 고려하여 다른 판단을 시도해 볼 가능성이 있다.64) 특히 장래 남북교류가 전면적으로 허용될 경우를 상정하면 이에 대한 논의가 필요하다.

2. 분단국의 특성도 고려하자

분단국은 과거 통일된 국가에서 분리되어 현재는 외견상 복수의 주권국가로 성립되어 있으나 언젠가는 재통일을 지향하는 국가다. 분단국이라는 특수한 형태는 주로 제2차 세계대전 이후의 국제정치질서 속에서 발생했다.65) 분단국은 각각이 모두 국제법상 의미의 주권국가임에도 불구하고 이들을 분단국이라고 부르는 이유는 정치적으로 재통일을 목표로 하고 있으며 종종 분단국 중 일방이 국제사회에서 양측 모두를 대표한다고 주장하기 때문이다. 그런 의미에서 분단국이란 잠정상태를 가리키는 용어이다.66)

분단국의 법적지위와 관련하여, 분단국 상호간에는 국가승인을 하지 않으며 공식 외교관계도 수립하지 않는다. 분단 상대방을 외국으로 보지 않으며 상호간의 경계를 국제법상 국경이라고 간주하지 않는다. 그러나 국제사회 대다수의 국가들은 분단국 양측을 별개의 독립 주권국가로 승인하며 분단국 자신도 이러한 제3국의 태도에 크게 이의를 제기하지 않는다. 동서독은 1972년 양독 관계협정을 체결하고 상주 대표를 교환한 후 양측이 대외적으로 전체 독일을 대표한다는 주장은 하지 않았다. 구 국가와의 관계나 국적문제 등은 나라마다 다르다.67) 남북한은 분단국으로 통일을 지향하는 사이라고 스스로 자신을 규정한다.

필자는 분단국에 일반적으로 적용될 국제법이 없는 상황에서 남북한은 개별 상황에 맞추어 나가야 한다고 본다. 과거에 형성된 남북한 문제의 법이론은 그 당시의 정치상황을 반영한 측면이 있지만 시간이 흘러 시대상황이 변하면 그 변화된 현실에 맞게 법이론도 변화할 수 있다. 분단된 지 70년 이상 경과한 현 시점에서는 현실에 기반하고 미래로 나아갈 수 있는 합리적 태도를 찾고 다듬어 나가야 한다.

3. 국제사회는 남북한을 별개의 국가로 본다

북한의 국가성 인정 문제와 관련하여, 먼저 대한제국과 일제강점기 그리고 남북한의 관계를 어떻게 이해할 것인지에 대한 논의[68]를 살펴보면 국제적 시각과 국내적 시각 사이에 상당한 편차가 존재하고 남한 내에서도 여러 견해가 존재한다.[69] 이와 관련하여서는 여러 가지로 검토할 점[70]이 있다. 이런 간극을 어느 한 견해로 해결할 수는 없으므로 국내적 규범의 장에서는 한국사회 내 주류적 입장을 관철시키면서도 대외적인 차원에서 대항력을 주장하는 데는 신중히 접근하자는 견해[71]를 소개해 둔다.

한편 국가의 동일성과 계속성에 관한 두 견해, 즉 대한제국의 동일성이 현재의 남북한으로 이어지는지 여부에 대한 견해 중 국제사회의 다수견해에 의할 경우에는 북한의 국가성 인정이 비교적 간단하다. 즉 일제강점기와 미군정기간 이후에 대한민국이 수립되었다는 논리라면, 수립 당시부터 대한민국의 실효적 지배가 미치지 않았던 북한에 대해서는 별도의 국가를 인정하는 것에 무리가 없다. 그런데 현재의 다수의견처럼 대한제국의 동일성이 대한민국으로 이어진다는 견해를 취할 경우에는 북한지역은 반국가단체의 불법점유라는 기존의 주장이 힘을 얻게 된다. 남한 정부는 1986년 4월 4일자 법제처 회신[72]을 통해 명확한 입장을 밝히면서 동일성 긍정설을 지지하였다. 1948년 헌법 제정 이후 38년이 지나서 늦게 입장표면을 한 것은 국가성 인정문제가 법적 문제임과 동시에 외교적으로 고려할 요소가 많은 정치적 문제이기 때문이다. 한편 국가승계 분야는 '매우 불명확하고 논쟁이 많은 분야'이고, '법의 외투를 둘렀지만 실제로는 정치'에 해당한다. 이렇게 본다면 시간의 변화 및 그로 인한 정치상황의 변화는 과거의 논리를 바꿀 계기가 될 수 있다.

필자는 이근관 서울대학교 법학전문대학원 교수의 '부분적 동일성을 수반하는 계속성'이론73)을 수용하고 여기에 시대상황의 변화를 더하여 법적으로 북한의 국가지위를 인정할 수 있다고 본다.74) 그 근거로는 앞서 살펴본 1948년 헌법 제정 당시 남북한의 법적 지위를 명확히 하지 않았던 정치현실과 남한 헌법 제정에 북한주민이 참여하지 못한 현실, 북한의 수교국이 161개국에 달하는 국제사회의 인식, 1991년 남북한 유엔 동시가입 및 남북한사이에 체결된 258건의 합의서로 표현된 남북한 당국의 의사, 5차례의 남북정상회담과 30년간의 남북교류협력의 역사 등 변화한 현실75)을 들 수 있다. 현 시점에서 북한은 일반적인 국가 개념, 즉 "일정한 지역을 지배하는 최고권력에 의하여 결합된 인류의 집단"76)이라는 정의에 부합하는 실체가 있다고 본다. 또한 영토, 인민, 정부, 독립권의 존재 여부에 대하여도 북한은 국가 인정 요건을 갖추었다고 본다.

필자가 북한의 국가성 문제를 논의하는 이유는, 남북교류협력법 등 대북관련 일부 법령을 제외하고는 대부분의 남한 법률에서 북한을 해당 법에서 어떻게 규율할 것인지 염두에 두지 않아서 북한은 남한법률의 영역 밖에 있는 것이 문제라고 보기 때문이다. 이러한 태도로 인해 실무상으로 여러 가지 문제가 발생하고 있다는 점은 앞에서 살펴본 바와 같다. 남북문제에서 국내용의 명분도 중요하고, 분단 이후 70년의 역사도 존중해야 할 가치가 있지만 그렇다고 하여 과거 의견이 다가올 미래의 발목을 잡아서는 안 될 것이다. 필자는 북한의 국가성을 인정하고, 개별 법령의 제정이나 개정 과정에서 해당 법률에서 북한 문제를

어떻게 다룰 것인지 고민하자고 제안한다.[77]

필자가 북한의 국가성을 인정한다고 하여 북한에 무관심하자거나 통일을 포기하자는 주장을 하는 것이 아니다. 오히려 북한을 통일의 상대방으로 인정하고 통일방안을 실용적으로 논의하자는 현실적 제안을 하는 것이다.[78] 필자의 제안에 대하여, 북한을 국가로 인정하면 구체적으로 어떻게 하자는 것인지 의문스러울 수도 있다. 이에 대하여는 추후 별도의 연구가 필요한 과제이지만 개략적으로 살펴보면 기존의 남한 법제도(남북교류협력법 등 북한대상 법제는 제외)에서는 해당 법을 북한지역이나 북한주민에 적용한다는 고려를 하지 않았기 때문에 막상 북한과 관련한 문제가 생기면 대응할 수가 없었다. 탈북자들의 학력인정문제, 북한지역에서 발생한 교통사고의 보상 문제, 개성공단 현지기업간의 민사 분쟁 관할 문제, 북한저작물의 저작권자가 누구인지 확인하는 문제, 남북한 주민의 상속분쟁 등 그동안 실제 발생한 분쟁 사례[79]에서 명확한 기준을 정하기 어려웠다. 기왕의 분쟁은 남한법 적용으로 해결하였지만 법리적으로 명쾌하지 않았다. 필자는 북한의 국가성을 인정한 후 남한법률에서 북한을 그 법의 적용대상으로 포함하는 문제를 고민하고 법률해석에도 기존 입장의 변화를 적극 고려하자고 제안하는 것이다.[80]

결국 필자의 제안은 지금부터는 법령제정시 또는 법령해석시에 해당 법에서 북한을 어떻게 취급할 것인지를 고려하자는 것이다. 마치 특정 법률의 시행이 기후변화와 지구환경에 어떤 영향을 미칠지를 고민하듯이, 또한 특정법률이 인권보호에 어떤 영향을 미칠지 고민하듯이, 이제는 해당 법률에서 북한은 그리고 북한주민은 어떻게 취급되어야 하는지 공론의 장에서 논의하자.[81]

VI. 맺음말

남북한 문제를 연구할 때 독일을 참고하는 경우가 많다. 이 문제도 마찬가지다. 이제는 법제적으로 서독의 1민족 2국가론 수용을 검토하자.[82] 남북정상회담에서 서로 합의한 것의 의미[83]도 되새겨보자. 필자의 주장대로 북한의 국가성을 인정하기 위해서는 명시적 또는 묵시적 국가승인이 필요할 수 있다. 필자는 남북문제에 대한 법률해석이 정치현실을 따라가지 못하고 있다는 문제의식을 가지고 있으며, 이제는 1990년대 초반에 형성된 북한의 이중적 지위라는 틀에서 벗어나 북한을 국가로 인정하자고 제안한다.[84]

북한을 어떻게 볼 것인지는 남북문제를 인식하고 해결방향을 설정하는 기본적인 문제다. 현재 남북한 관련 법적 문제로는 남북교류협력법제의 전면 개정 논의,[85] 인도적지원법과 보건의료협력법 제정 등 분야별 법 제정 논의가 있는데, 이 문제도 북한의 법적 지위에 대한 논의와 연계되어 있다. 지금은 현실에 기반한 논의를 통해 미래로 나아가야할 때이다. 남북문제가 복잡한 것은 지난 과거가 이념문제로 얽혀 있기 때문이다. 역사를 냉정하게 인식하되 시간의 흐름에 따른 변화도 직시해야 한다. 미래의 방향을 선택하는 것은 현재 우리가 할 일이다. 필자의 주장에 대해서는 다양한 반론이 예상되는바, 공론의 장에서 활발한 논의를 기대한다.

1948년 대한민국헌법

전문

유구한 역사와 전통에 빛나는 우리들 대한국민은 기미 삼일운동으로 대한민국을 건립하여 세계에 선포한 위대한 독립정신을 계승하여 이제 민주독립국가를 재건함에 있어서 정의인도와 동포애로써 민족의 단결을 공고히 하며 모든 사회적 폐습을 타파하고 민주주의제제도를 수립하여 정치, 경제, 사회, 문화의 모든 영역에 있어서 각인의 기회를 균등히 하고 능력을 최고도로 발휘케 하며 각인의 책임과 의무를 완수케하여 안으로는 국민생활의 균등한 향상을 기하고 밖으로는 항구적인 국제평화의 유지에 노력하여 우리들과 우리들의 자손의 안전과 자유와 행복을 영원히 확보할 것을 결의하고 우리들의 정당 또 자유로히 선거된 대표로써 구성된 국회에서 단기 4281년 7월 12일 이 헌법을 제정한다.

제1장 총강

제1조   대한민국은 민주공화국이다.

제2조   대한민국의 주권은 국민에게 있고 모든 권력은 국민으로부터 나온다.

제3조   대한민국의 국민되는 요건은 법률로써 정한다.

제4조   대한민국의 영토는 한반도와 그 부속도서로 한다.

제5조 대한민국은 정치, 경제, 사회, 문화의 모든 영역에 있어서 각인의 자유, 평등과 창의를 존중하고 보장하며 공공복리의 향상을 위하여 이를 보호하고 조정하는 의무를 진다.

제6조 대한민국은 모든 침략적인 전쟁을 부인한다.
　　　국군은 국토방위의 신성한 의무를 수행함을 사명으로 한다.

제7조 비준공포된 국제조약과 일반적으로 승인된 국제법규는 국내법과 동일한 효력을 가진다.
　　　외국인의 법적지위는 국제법과 국제조약의 범위내에서 보장된다.

제2장 국민의 권리의무

제8조 모든 국민은 법률앞에 평등이며 성별, 신앙 또는 사회적 신분에 의하여 정치적, 경제적, 사회적 생활의 모든 영역에 있어서 차별을 받지 아니한다.
　　　사회적 특수계급의 제도는 일체 인정되지 아니하며 여하한 형태로도 이를 창설하지 못한다.
　　　훈장과 기타 영전의 수여는 오로지 그 받은 자의 영예에 한한 것이며 여하한 특권도 창설되지 아니한다.

제9조 모든 국민은 신체의 자유를 가진다. 법률에 의하지 아니하고는 체포, 구금, 수색, 심문, 처벌과 강제노역을 받지 아니한다.
　　　체포, 구금, 수색에는 법관의 영장이 있어야 한다. 단, 범죄의 현행 범인의 도피 또는 증거인멸의 염려가 있을 때에는 수사기관은 법률의 정하는 바에 의하여 사후에 영장의 교부를 청구할 수 있다.
　　　누구든지 체포, 구금을 받은 때에는 즉시 변호인의 조력을 받을 권리와 그 당부의 심사를 법원에 청구할 권리가 보장된다.

제10조 모든 국민은 법률에 의하지 아니하고는 거주와 이전의 자유를 제한받지 아니하며 주거의 침입 또는 수색을 받지 아니한다.

제11조 모든 국민은 법률에 의하지 아니하고는 통신의 비밀을 침해받지 아니한다.

제12조 모든 국민은 신앙과 양심의 자유를 가진다.

국교는 존재하지 아니하며 종교는 정치로부터 분리된다.

제13조 모든 국민은 법률에 의하지 아니하고는 언론, 출판, 집회, 결사의 자유를 제한받지 아니한다.

제14조 모든 국민은 학문과 예술의 자유를 가진다.

저작자, 발명가와 예술가의 권리는 법률로써 보호한다.

제15조 재산권은 보장된다. 그 내용과 한계는 법률로써 정한다.

재산권의 행사는 공공복리에 적합하도록 하여야 한다.

공공필요에 의하여 국민의 재산권을 수용, 사용 또는 제한함은 법률이 정하는 바에 의하여 상당한 보상을 지급함으로써 행한다.

제16조 모든 국민은 균등하게 교육을 받을 권리가 있다. 적어도 초등교육은 의무적이며 무상으로 한다.

모든 교육기관은 국가의 감독을 받으며 교육제도는 법률로써 정한다.

제17조 모든 국민은 근로의 권리와 의무를 가진다.

근로조건의 기준은 법률로써 정한다.

여자와 소년의 근로는 특별한 보호를 받는다.

제18조 근로자의 단결, 단체교섭과 단체행동의 자유는 법률의 범위내에서 보장된다.

영리를 목적으로 하는 사기업에 있어서는 근로자는 법률의 정하는 바에 의하여 이익의 분배에 균점할 권리가 있다.

제19조 노령, 질병 기타 근로능력의 상실로 인하여 생활유지의 능력이 없는 자는 법률의 정하는 바에 의하여 국가의 보호를 받는다.

제20조 혼인은 남녀동권을 기본으로 하며 혼인의 순결과 가족의 건강은 국가의 특별한 보호를 받는다.

제21조 모든 국민은 국가 각기관에 대하여 문서로써 청원을 할 권리가 있다.

청원에 대하여 국가는 심사할 의무를 진다.

제22조 모든 국민은 법률의 정한 법관에 의하여 법률에 의한 재판을 받을

권리가 있다.

제23조　모든 국민은 행위시의 법률에 의하여 범죄를 구성하지 아니하는 행위에 대하여 소추를 받지 아니하며 또 동일한 범죄에 대하여 두 번 처벌되지 아니한다.

제24조　형사피고인은 상당한 이유가 없는 한 지체없이 공개재판을 받을 권리가 있다.

형사피고인으로서 구금되었던 자가 무죄판결을 받은 때에는 법률의 정하는 바에 의하여 국가에 대하여 보상을 청구할 수 있다.

제25조　모든 국민은 법률의 정하는 바에 의하여 공무원을 선거할 권리가 있다.

제26조　모든 국민은 법률의 정하는 바에 의하여 공무를 담임할 권리가 있다.

제27조　공무원은 주권을 가진 국민의 수임자이며 언제든지 국민에 대하여 책임을 진다. 국민은 불법행위를 한 공무원의 파면을 청원할 권리가 있다.

공무원의 직무상 불법행위로 인하여 손해를 받은 자는 국가 또는 공공단체에 대하여 배상을 청구할 수 있다. 단, 공무원 자신의 민사상이나 형사상의 책임이 면제되는 것은 아니다.

제28조　국민의 모든 자유와 권리는 헌법에 열거되지 아니한 이유로써 경시되지는 아니한다.

국민의 자유와 권리를 제한하는 법률의 제정은 질서유지와 공공복리를 위하여 필요한 경우에 한한다.

제29조　모든 국민은 법률의 정하는 바에 의하여 납세의 의무를 진다.

제30조　모든 국민은 법률의 정하는 바에 의하여 국토방위의 의무를 진다.

제3장 국회

제31조　입법권은 국회가 행한다.

제32조　국회는 보통, 직접, 평등, 비밀선거에 의하여 공선된 의원으로써 조직한다.

국회의원의 선거에 관한 사항은 법률로써 정한다.

제33조 국회의원의 임기는 4년으로 한다.

제34조 국회의 정기회는 매년 1회 12월 20일에 집회한다. 당해일이 공휴일인 때에는 그 익일에 집회한다.

제35조 임시긴급의 필요가 있을 때에는 대통령 또는 국회의 재적의원 4분지 1이상의 요구에 의하여 의장은 국회의 임시회의 집회를 공고한다. 국회폐회중에 대통령 또는 부통령의 선거를 행할 사유가 발생한 때에는 국회는 지체없이 당연히 집회한다.

제36조 국회는 의장 1인 부의장 2인을 선거한다.

제37조 국회는 헌법 또는 국회법에 특별한 규정이 없는 한 그 재적의원의 과반수의 출석과 출석의원의 과반수로써 의결을 행한다. 의장은 의결에 있어서 표결권을 가지며 가부동수인 경우에는 결정권을 가진다.

제38조 국회의 회의는 공개한다. 단, 국회의 결의에 의하여 비밀회로 할 수 있다.

제39조 국회의원과 정부는 법률안을 제출할 수 있다.

제40조 국회에서 의결된 법률안은 정부로 이송되어 15일 이내에 대통령이 공포한다. 단, 이의가 있는 때에는 대통령은 이의서를 부하여 국회로 환부하고 국회는 재의에 부한다. 재의의 결과 국회의 재적의원 3분지 2이상의 출석과 출석의원 3분지 2이상의 찬성으로 전과 동일한 의결을 한 때에는 그 법률안은 법률로써 확정된다. 법률안이 정부로 이송된 후 15일이내에 공포 또는 환부되지 아니하는 때에도 그 법률안은 법률로써 확정된다. 대통령은 본조에 의하여 확정된 법률을 지체없이 공포하여야 한다. 법률은 특별한 규정이 없는 한 공포일로부터 20일을 경과함으로써 효력을 발생한다.

제41조 국회는 예산안을 심의결정한다.

제42조 국회는 국제조직에 관한 조약, 상호원조에 관한 조약, 강화조약, 통

상조약, 국가 또는 국민에게 재정적 부담을 지우는 조약, 입법사항에 관한 조약의 비준과 선전포고에 대하여 동의권을 가진다.

제43조 국회는 국정을 감사하기 위하여 필요한 서류를 제출케 하며 증인의 출석과 증언 또는 의견의 진술을 요구할 수 있다.

제44조 국무총리, 국무위원과 정부위원은 국회에 출석하여 의견을 진술하고 질문에 응답할 수 있으며 국회의 요구가 있을 때에는 출석답변하여야 한다.

제45조 국회는 의원의 자격을 심사하고 의사에 관한 규칙을 제정하고 의원의 징벌을 결정할 수 있다.
의원을 제명함에는 재적의원 3분지 2이상의 찬성이 있어야 한다.

제46조 대통령, 부통령, 국무총리, 국무위원, 심계원장, 법관 기타 법률이 정하는 공무원의 그 직무수행에 관하여 헌법 또는 법률에 위배한 때에는 국회는 탄핵의 소추를 결의할 수 있다.
국회의 탄핵소추의 발의는 의원 50인이상의 연서가 있어야 하며 그 결의는 재적의원 3분지 2이상의 출석과 출석의원 3분지 2이상의 찬성이 있어야 한다.

제47조 탄핵사건을 심판하기 위하여 법률로써 탄핵재판소를 설치한다.
탄핵재판소는 부통령이 재판장의 직무를 행하고 대법관 5인과 국회의원 5인이 심판관이 된다. 단, 대통령과 부통령을 심판할 때에는 대법원장이 재판장의 직무를 행한다.
탄핵판결은 심판관 3분지 2이상의 찬성이 있어야 한다.
탄핵판결은 공직으로부터 파면함에 그친다. 단, 이에 의하여 민사상이나 형사상의 책임이 면제되는 것은 아니다.

제48조 국회의원은 지방의회의 의원을 겸할 수 없다.

제49조 국회의원은 현행범을 제한 외에는 회기중 국회의 동의없이 체포 또는 구금되지 아니하며 회기전에 체포 또는 구금되었을 때에는 국회의 요구가 있으면 회기중 석방된다.

제50조 국회의원은 국회내에서 발표한 의견과 표결에 관하여 외부에 대하여 책임을 지지 아니한다.

제4장 정부

제1절 대통령

제51조 대통령은 행정권의 수반이며 외국에 대하여 국가를 대표한다.

제52조 대통령이 사고로 인하여 직무를 수행할 수 없을 때에는 부통령이 그 권한을 대행하고 대통령, 부통령 모두 사고로 인하여 그 직무를 수행할 수 없을 때에는 국무총리가 그 권한을 대행한다.

제53조 대통령과 부통령은 국회에서 무기명투표로써 각각 선거한다.
전항의 선거는 재적의원 3분지 2이상의 출석과 출석의원 3분지 2이상의 찬성투표로써 당선을 결정한다. 단, 3분지 2이상의 득표자가 없는 때에는 2차투표를 행한다. 2차투표에도 3분지 2이상의 득표자가 없는 때에는 최고득표자 2인에 대하여 결선투표를 행하여 다수득표자를 당선자로 한다.
대통령과 부통령은 국무총리 또는 국회의원을 겸하지 못한다.

제54조 대통령은 취임에 제하여 국회에서 좌의 선서를 행한다.
「나는 국헌을 준수하며 국민의 복리를 증진하며 국가를 보위하여 대통령의 직무를 성실히 수행할 것을 국민에게 엄숙히 선서한다.」

제55조 대통령과 부통령의 임기는 4년으로 한다. 단, 재선에 의하여 1차중임할 수 있다.
부통령은 대통령재임중 재임한다.

제56조 대통령, 부통령의 임기가 만료되는 때에는 늦어도 그 임기가 만료되기 30일전에 그 후임자를 선거한다.
대통령 또는 부통령이 궐위된 때에는 즉시 그 후임자를 선거한다.

제57조 내우, 외환, 천재, 지변 또는 중대한 재정, 경제상의 위기에 제하여 공공의 안녕질서를 유지하기 위하여 긴급한 조치를 할 필요가 있는 때에는 대통령은 국회의 집회를 기다릴 여유가 없는 경우에 한하여 법률의 효

력을 가진 명령을 발하거나 또는 재정상 필요한 처분을 할 수 있다.

전항의 명령 또는 처분은 지체없이 국회에 보고하여 승인을 얻어야 한다. 만일 국회의 승인을 얻지 못한 때에는 그때부터 효력을 상실하며 대통령은 지체없이 차를 공포하여야 한다.

第58조 대통령은 법률에서 일정한 범위를 정하여 위임을 받은 사항과 법률을 실시하기 위하여 필요한 사항에 관하여 명령을 발할 수 있다.

第59조 대통령은 조약을 체결하고 비준하며 선전포고와 강화를 행하고 외교사절을 신임접수한다.

第60조 대통령은 중요한 국무에 관하여 국회에 출석하여 발언하거나 또는 서한으로 의견을 표시한다.

第61조 대통령은 국군을 통수한다.

국군의 조직과 편성은 법률로써 정한다.

第62조 대통령은 헌법과 법률의 정하는 바에 의하여 공무원을 임면한다.

第63조 대통령은 법률의 정하는 바에 의하여 사면, 감형과 복권을 명한다.

일반사면을 명함에는 국회의 동의를 얻어야 한다.

第64조 대통령은 법률의 정하는 바에 의하여 계엄을 선포한다.

第65조 대통령은 훈장 기타 영예를 수여한다.

第66조 대통령의 국무에 관한 행위는 문서로 하여야 하며 모든 문서에는 국무총리와 관계국무위원의 부서가 있어야 한다. 군사에 관한 것도 또한 같다.

第67조 대통령은 내란 또는 외환의 죄를 범한 때 이외에는 재직중 형사상의 소추를 받지 아니한다.

제2절 국무원

第68조 국무원은 대통령과 국무총리 기타의 국무위원으로 조직되는 합의체로서 대통령의 권한에 속한 중요 국책을 의결한다.

제69조 국무총리는 대통령이 임명하고 국회의 승인을 얻어야 한다. 국회의 원총선거후 신국회가 개회되었을 때에는 국무총리임명에 대한 승인을 다시 얻어야 한다.

국무위원은 대통령이 임명한다.

국무위원의 총수는 국무총리를 합하여 8인이상 15인이내로 한다.

군인은 현역을 면한 후가 아니면 국무총리 또는 국무위원에 임명될 수 없다.

제70조 대통령은 국무회의의 의장이 된다.

국무총리는 대통령을 보좌하며 국무회의의 부의장이 된다.

제71조 국무회의의 의결은 과반수로써 행한다.

의장은 의결에 있어서 표결권을 가지며 가부동수인 경우에는 결정권을 가진다.

제72조 좌의 사항은 국무회의의 의결을 경하여야한다.

1. 국정의 기본적 계획과 정책
2. 조약안, 선전, 강화 기타 중요한 대외정책에 관한 사항
3. 헌법개정안, 법률안, 대통령령안
4. 예산안, 결산안, 재정상의 긴급처분안, 예비비지출에 관한 사항
5. 임시국회의 집회요구에 관한 사항
6. 계엄안, 해엄안
7. 군사에 관한 중요사항
8. 영예수여, 사면, 감형, 복권에 관한 사항
9. 행정각부간의 연락사항과 권한의 획정
10. 정부에 제출 또는 회부된 청원의 심사
11. 대법관, 검찰총장, 심계원장, 국립대학총장, 대사, 공사, 국군총사령관, 국군참모총장, 기타 법률에 의하여 지정된 공무원과 중요 국영기업의 관리자의 임면에 관한 사항
12. 행정각부의 중요한 정책의 수립과 운영에 관한 사항
13. 기타 국무총리 또는 국무위원이 제출하는 사항

제3절 행정각부

제73조 행정각부장관은 국무위원중에서 대통령이 임명한다.

　국무총리는 대통령의 명을 승하여 행정각부장관을 통리감독하며 행정각부에 분담되지 아니한 행정사무를 담임한다.

제74조 국무총리 또는 행정각부장관은 그 담임한 직무에 관하여 직권 또는 특별한 위임에 의하여 총리령 또는 부령을 발할 수 있다.

제75조 행정각부의 조직과 직무범위는 법률로써 정한다.

제5장 법원

제76조 사법권은 법관으로써 조직된 법원이 행한다.

　최고법원인 대법원과 하급법원의 조직은 법률로써 정한다.

　법관의 자격은 법률로써 정한다.

제77조 법관은 헌법과 법률에 의하여 독립하여 심판한다.

제78조 대법원장인 법관은 대통령이 임명하고 국회의 승인을 얻어야 한다.

제79조 법관의 임기는 10년으로 하되 법률의 정하는 바에 의하여 연임할 수 있다.

제80조 법관은 탄핵, 형벌 또는 징계처분에 의하지 아니하고는 파면, 정직 또는 감봉되지 아니한다.

제81조 대법원은 법률의 정하는 바에 의하여 명령, 규칙과 처분이 헌법과 법률에 위반되는 여부를 최종적으로 심사할 권한이 있다.

　법률이 헌법에 위반되는 여부가 재판의 전제가 되는 때에는 법원은 헌법위원회에 제청하여 그 결정에 의하여 재판한다.

　헌법위원회는 부통령을 위원장으로 하고 대법관 5인과 국회의원 5인의 위원으로 구성한다.

　헌법위원회에서 위헌결정을 할 때에는 위원 3분지 2이상의 찬성이 있어야 한다.

헌법위원회의 조직과 절차는 법률로써 정한다.

제82조 대법원은 법원의 내부규율과 사무처리에 관한 규칙을 제정할 수 있다.

제83조 재판의 대심과 판결은 공개한다. 단, 안녕질서를 방해하거나 풍속을 해할 염려가 있는 때에는 법원의 결정으로써 공개를 아니할 수 있다.

제6장 경제

제84조 대한민국의 경제질서는 모든 국민에게 생활의 기본적 수요를 충족할 수 있게 하는 사회정의의 실현과 균형있는 국민경제의 발전을 기함을 기본으로 삼는다. 각인의 경제상 자유는 이 한계내에서 보장된다.

제85조 광물 기타 중요한 지하자원, 수산자원, 수력과 경제상 이용할 수 있는 자연력은 국유로 한다. 공공필요에 의하여 일정한 기간 그 개발 또는 이용을 특허하거나 또는 특허를 취소함은 법률의 정하는 바에 의하여 행한다.

제86조 농지는 농민에게 분배하며 그 분배의 방법, 소유의 한도, 소유권의 내용과 한계는 법률로써 정한다.

제87조 중요한 운수, 통신, 금융, 보험, 전기, 수리, 수도, 까스 및 공공성을 가진 기업은 국영 또는 공영으로 한다. 공공필요에 의하여 사영을 특허하거나 또는 그 특허를 취소함은 법률의 정하는 바에 의하여 행한다.
대외무역은 국가의 통제하에 둔다.

제88조 국방상 또는 국민생활상 긴절한 필요에 의하여 사영기업을 국유 또는 공유로 이전하거나 또는 그 경영을 통제, 관리함은 법률이 정하는 바에 의하여 행한다.

제89조 제85조 내지 제88조에 의하여 특허를 취소하거나 권리를 수용 사용 또는 제한하는 때에는 제15조제3항의 규정을 준용한다.

제7장 재정

제90조   조세의 종목과 세율은 법률로써 정한다.

제91조   정부는 국가의 총수입과 총지출을 회계연도마다 예산으로 편성하여 매년 국회의 정기회개회초에 국회에 제출하여 그 의결을 얻어야 한다. 특별히 계속지출의 필요가 있을 때에는 연한을 정하여 계속비로서 국회의 의결을 얻어야 한다.

국회는 정부의 동의없이는 정부가 제출한 지출예산 각항의 금액을 증가하거나 또는 신비목을 설치할 수 없다.

제92조   국채를 모집하거나 예산외에 국가의 부담이 될 계약을 함에는 국회의 의결을 얻어야 한다.

제93조   예측할 수 없는 예산외의 지출 또는 예산초과지출에 충당하기 위한 예비비는 미리 국회의 의결을 얻어야 한다.

예비비의 지출은 차기국회의 승인을 얻어야 한다.

제94조   국회는 회계연도가 개시되기까지에 예산을 의결하여야 한다. 부득이한 사유로 인하여 예산이 의결되지 못한 때에는 국회는 1개월이내에 가예산을 의결하고 그 기간내에 예산을 의결하여야 한다.

제95조   국가의 수입지출의 결산은 매년 심계원에서 검사한다.

정부는 심계원의 검사보고와 함께 결산을 차연도의 국회에 제출하여야 한다.

심계원의 조직과 권한은 법률로써 정한다.

제8장 지방자치

제96조   지방자치단체는 법령의 범위내에서 그 자치에 관한 행정사무와 국가가 위임한 행정사무를 처리하며 재산을 관리한다.

지방자치단체는 법령의 범위내에서 자치에 관한 규정을 제정할 수 있다.

제97조   지방자치단체의 조직과 운영에 관한 사항은 법률로써 정한다.

지방자치단체에는 각각 의회를 둔다.

지방의회의 조직, 권한과 의원의 선거는 법률로써 정한다.

제9장 헌법개정

제98조 헌법개정의 제안은 대통령 또는 국회의 재적의원 3분지 1이상의 찬성으로써 한다.

헌법개정의 제의는 대통령이 이를 공고하여야 한다.

전항의 공고기간은 30일이상으로 한다.

헌법개정의 의결은 국회에서 재적의원 3분지 2이상의 찬성으로써 한다.

헌법개정이 의결된 때에는 대통령은 즉시 공포한다.

제10장 부칙

제99조 이 헌법은 이 헌법을 제정한 국회의 의장이 공포한 날로부터 시행한다. 단, 법률의 제정이 없이는 실현될 수 없는 규정은 그 법률이 시행되는 때부터 시행된다.

제100조 현행법령은 이 헌법에 저촉되지 아니하는 한 효력을 가진다.

제101조 이 헌법을 제정한 국회는 단기 4278년 8월 15일 이전의 악질적인 반민족행위를 처벌하는 특별법을 제정할 수 있다.

제102조 이 헌법을 제정한 국회는 이 헌법에 의한 국회로서의 권한을 행하며 그 의원의 임기는 국회개회일로부터 2년으로 한다.

제103조 이 헌법시행시에 재직하고 있는 공무원은 이 헌법에 의하여 선거 또는 임명된 자가 그 직무를 계승할 때까지 계속하여 직무를 행한다.

부   칙〈헌법 제1호, 1948. 7. 17.〉

대한민국국회의장은 대한민국국회에서 제정된 대한민국 헌법을 이에 공포한다.

단기 4281년 7월 17일

대한민국국회의장 이승만

제2장

다시 보는 북한주민

- 북한주민의 국적은 대한민국인가, 북한인가 -

제2장
———

다시 보는 북한주민*

- 북한주민의 국적은 대한민국인가, 북한인가 -

I. 북한주민의 국적은 어디인가?

북한주민의 국적은 어디인가? 뜬금없는 질문일지도 모른다. 하지만 현실에선 답변이 명쾌하지 않다. 최근 발생한 몇 가지 사건을 보면서 북한주민의 국적에 대한 기존 입장이 장래에도 유지될 수 있을지 의문이 들었다. 먼저 북한주민과 관련한 몇 가지 사건과 통계자료를 살펴보자.

첫째, 북한의 핵실험장이 있는 함경북도 길주군 풍계리 인근에서 거주하다가 탈북한 사람들에게 방사능 피해가 의심되었다. 탈북 연구자들은 길주군 출신 주민에 대한 방사능 조사와 보호방안을 강구하려 노력했으나 남한 사회의 호응을 얻지 못했다. 함경북도 길주군에 거주하는 주민이 대한민국 국적자인지 여부에 따라 대한민국이 취해야 할 의무는 달라질 것이다.

---

* 이 장은 "북한주민의 법적 지위에 관한 재검토", 통일문제연구(제26호, 2021 하반기)에 발표된 논문을 수정·보완한 것이다.

둘째, 정의용 외교부 장관 후보자 인사청문회[1]에서, 2019년 정부가 흉악범이라는 이유로 북송한 탈북 어부 2명에 대한 논란이 있었다. 야당의원은 헌법 제3조의 영토조항을 근거로 북한주민도 남한 국민이라고 주장한 반면에 정의용은 입국 전에 중대한 비정치적 범죄를 저지른 경우에는 난민으로 인정하지 않는다는 난민법과 공공의 안전을 해칠 우려가 있는 경우에는 강제 퇴거시킬 수 있다는 출입국관리법을 참고하여 조치하였다고 답변하였다. 북한주민의 법적 지위가 정면으로 문제된 사건이다.

셋째, "우리는 북한과 한민족이라고 생각하지만 북한은 자기네가 단군민족, 김일성 민족이라고 평가한다. 국제결혼을 큰 죄로 여기는 것도 순수한 혈통을 타락시킨다고 보기 때문이다."[2]는 주장이 있다. 북한주민은 자신의 국적에 대해 어떤 생각을 가질까?,[3] 북한주민은 남한의 다수의견이나 판례의 입장에 동의할까?

넷째, "대구에 사는 평양시민 김련희[4]", 2011년 남한에 입국했지만 자신은 중개인에게 속아 남한으로 입국한 북한주민이라고 주장하면서 어머니와 남편, 딸이 있는 평양으로 가겠다면서 남한 정부에 지속적으로 북한으로 보내달라고 요구하는 사람이 있다. 수년간의 싸움 끝에 남한정부는 여권을 발급했지만 김련희는 아직까지도 평양에 가지 않았다. 북한으로 가겠다는 사람은 향후에도 발생할 수 있다.

다섯째, 탈북민 최초 영국에서 선거 출마하는 인권운동가 박지현에 대한 언론보도다.[5] 함경북도 청진 출신인 박씨는 1998년 탈북하여 중국에 거주하다가 공안에 붙잡혀 2004년에 북송되었고 그 이후 2차 탈북해 2008년 난민 자격을 얻어 영국에 정착했다. 박지현은 남한 국적을 가진 적이 있는가?[6]

여섯째, 한반도의 분단, 남한과 북한이라는 두 개의 사회는 후대 사람들이 보는 관점이지 일제강점기에서 해방 이후로 이어지는 당대 사람들에게는 실재하지 않는 현상이었다. 1945년부터 진행된 분단사회의 형성 이전에 해외로 이주한 이북 출신들에게 분단 이후의 조국은 남한일지 북한일지 알 수 없었다.[7] 국적 문제는 역사적 측면까지 고려해야 하는 복잡한 문제다. 이북도민과 북한이탈주민의 정체성도 서로 다르다.[8]

한편 북한이탈주민의 남한 내 입국현황은 2021년 10월 말 기준으로 33,800명이다.[9]

필자가 이 문제를 연구하는 이유는 현실의 변화를 존중하고 북한주민을 있는 그대로 받아들이는 법적인 정리가 필요하다고 생각하기 때문이다. 그런 이유로 30년 전에 구축된 현재의 다수의견과 판례를 현 시점에서 재검토해 볼 필요가 있다고 생각한다. 또한 현 시점은 나라마다 이민자의 문제가 중요한 사회적 이슈가 되고 있다.[10] 한국의 위상이 높아지면서 자신을 '대한외국인'이라고 하며 대한민국의 일원이 되고자 하는 외국인이 늘고 있다. 만약 남한에 거주하는 외국인들이 북한이탈주민과 자신들 사이에 평등권에 기초한 차별금지를 주장한다면 어떻게 대답할 것인가? 또한 남한은 왜 북한이탈주민에게 특별한 대우를 하는지 물을 때, 북한주민은 원래부터 남한 국적자라는 다수의견이 장래에도 해답이 될 수 있을까? 이제는 국가의 구성요소[11]에 대한 헌법적 인식에서 출발하여 북한주민의 법적 지위에 대한 새로운 논리개발과 법적 근거 마련이 필요하다.[12]

Ⅱ. 기존에는 북한주민의 국적을 어떻게 보았나?

1. 북한주민을 대한민국 국적자로 본 기존 입장을 장래에도 유지해야 할까?

북한주민의 국적이 대한민국인지 살펴보면, 이 문제는 대한민국 법체계에서 북한주민의 법적 지위에 대한 논의로 귀결되며, 결국 대한민국의 법체계에서 북한을 어떻게 보고 있는 지에서 출발한다.[13) 다수의 견은, 북한지역은 대한민국의 영토에 속하는 한반도의 일부를 이루는 것이어서 대한민국의 주권이 미칠 뿐이고 대한민국의 주권과 부딪히는 어떠한 국가단체나 주권을 법리상 인정할 수 없으므로 북한주민은 법리적으로는 대한민국 국민으로 본다.[14) 대법원 판례[15)도 동일한 입장이고, 헌법재판소도 북한이탈주민은 우리 국민이므로 국가로서는 이들이 선량한 대한민국 국민으로 정상적인 삶을 영위할 수 있도록 보호와 지원을 하여야 한다고 판단하였다.[16)

한편 다수의견을 전제로 하면서도 현실적으로 남한의 영토고권이나 통치권이 북한지역에 미치지 못하고 남북한이 UN에 가입한 상황에서 제3국에 체류 중인 북한의 해외공민이나 탈북자에 대하여 남한 정부가 외교적 보호권을 행사하지 못하는 현실을 인정하여, 북한주민은 대한민국의 법률상 국민(de jure national)에는 해당될지언정 실질적 국민(de facto national)으로 처우되지 못하는 실정에서 북한지역에 상주하는 주민들이 대한민국 국민인가를 따지는 것은 별 의미가 없다는 주장이 있다.[17) 또한 제3국에 체류 중인 북한주민의 법적 지위는 북한국적 보유자임과 동시에 잠재적인 대한민국 국적 보유자로 보아 우리나라의 배타적 관할권 하에 들어오는 시점에서 대한민국의 국적을 취득한다고 보는 견해가 있다.[18) 북한주민은 추상적인 의미에서 국민이지만 아직 구체적 의미에서는 국민이 아니라는 의견[19)도 같은 맥락이다.

이러한 견해와 달리 북한이탈주민은 북한국적을 소지한 북한공민이라는 견해[20)도 있다. 남북한이 유엔에 별개로 가입하였듯이 국제사회에서 북한은 엄연히 별개의 국가이고 따라서 국제법적으로 북한주민은 북한국적자이고 북한만이 이들에 대한 대인고권(personal supremacy)을 갖고 외교적 보호권을 행사할 수 있으며, 남한은 사실상 어떠한 관할권도 주장하기 어렵다는 의견이다. 또한 이런 이유로 북한주민이 남북한의 이중국적을 가진다고 가정하더라도 중국과 같은 제3국은 '진정한 관련(genuine link)'이 있는 국가만을 외교적 보호의 주체로 승인할 수 있기 때문에 남한이 탈북자문제에 깊이 관여할 여지가 적다고 본다.[21]

현재의 다수의견은 대체로 이러한 논리이고, 이런 논리의 근거로 제시하는 것은 헌법의 영토조항이다.[22] 한편 북한의 실체를 인정하는 문제와 북한주민을 대한민국 주민으로 인정하는 것이 일견 모순으로 보이는 것은 문제 자체가 원천적으로 모순의 구조로 주어진 상황에서 비롯되는 것이어서 법리적 정합성으로 해결할 수 없다는 견해[23]도 있다. 필자는 남북교류협력이 본격화된 1990년으로부터 30년이 지난 현 시점에서는 기존의 논리를 재점검할 필요가 있다고 생각한다.

북한이탈주민과 관련된 남한법을 살펴보면, 1997년 북한이탈주민이 급증함에 따라 정부는 이들의 보호 및 정착지원에 대한 제도마련을 위하여 북한이탈주민법[24](별첨 2)을 제정하였다. 지금은 그때로부터 다시 25년이 지났고, 탈북자도 3만 명 이상인바, 북한이탈주민은 더 이상 관리의 대상이 아니며 무조건적인 보호의 대상도 아니라는 측면에서 이제는 기존의 방식을 근본적으로 재검토할 때라는 주장이 제기되고 있다.[25] 북한이탈주민에 대한 정책목적을 재설정할 필요가 있다는 주장과 신속한 정착지원에서 사회통합지원으로 바뀌어야 한다는 연구[26]가 있다. 또한 한국사회에서 북한이탈주민이 사회적 차별과 배제의 대상이 되어 왔다는 반성에서 출발하여 이들을 사회의 일원으로 받아들여야 할 의무가 있고, 북한이탈주민에게는 이 사회의 다른 구성원과 마찬가지로 평등을 요구할 권리가 있다는 주장[27]까지 다양한 의견이 있다. 북한주민에 대한 또 다른 방향의 연구로는, 남북한 이산가족의 재결합과 관련한 연구가 있다.[28]

2. 북한주민은 어떤 유형으로 구분할 수 있을까?

북한주민의 법적지위를 검토하면서 그 유형이 매우 다양하다는 사실을 알게 되었다. 기존의 연구 중에서 북한주민을 유형별로 분류한 내용이 있어 소개한다.[29] 첫째 북한지역에 상주하는 북한주민, 둘째 북한에서 탈출하여 중국[30]과 러시아 등지에서 난민[31] 형태로 체류 중인 이른바 탈북자, 셋째 중국에 장기간 거주한 북한적 조선족 동포, 넷째 북한에서 탈출하여 제3국에서 사실상 무국적[32] 상태로 장기 거주하는 북한적 동포,[33] 다섯째 남한에 입국하였으나 장기간 호적이 없는 상태로 거주중인 자, 여섯째 북한에서 탈출 후 남한으로 직접 오거나 제3국을 경유하여 남한에 귀순한 자[34]로 구분할 수 있다.

지금까지 남한 정부의 주된 관심은 북한이탈주민이 남한 정부기관에 북한주민의 신분을 주장하면서 대한민국 국민으로서의 행정적 처우 또는 보호를 요구해 오는 경우에 어떠한 기준과 절차로 대처할 것인가 하는 문제였다. 이때 북한주민도 대한민국 국민이라는 다수의견으로 개개사안에 가로놓인 장애를 모두 해결하기 어렵다는 고민이 있었다.[35] 실제로 발생한 사례로는, 북한주민이 중국이나 러시아 주재 남한 공관을 찾아와서 대한민국에 입국할 수 있는 여권이나 여행증명서의 발급을 요구하는 사례, 중국으로부터 선박으로 무단입국한 후 출입국관리에게 북한주민 신분을 앞세워 입국허가를 요구하는 사례, 부정발급 받은 제3국 여권으로 국내에 입국한 후 국내 관공서를 찾아와 북한주민의 신분을 주장하면서 주민등록증 발급을 요구하는 사례, 제3국에 거주하는 북한 해외공민이 국내 관서에 대한민국 국적취득 및 호적부 작성을 요청하는 사례 등이 있었다.[36]

한편 남한 법체계에서 북한주민을 정의한 법률을 살펴보면, 북한인권법에서는 북한주민을 "군사분계선 이북지역에 거주하며 이 지역에 직계 가족, 배우자, 직장 등 생활의 근거를 두고 있는 사람"이라 정의한다(제3조), 또한 남북가족특례법은 북한주민을 북한지역, 즉 군사분계선 이북지역에 거주하는 주민을 말한다고 규정한다(제3조). 북한이탈주민법도 동일하다. 이들 법령에 따르면 북한주민이란 북한지역에 거주하는 사람을 말한다. 이는 북한주민이 누구인지 정면으로 규정하지 않고 단지 군사분계선 이북지역이라는 일정한 지역을 중심으로 그들이 누구인지 짐작할 수 있게만 하는데, 이는 1990년대 남북교류협력법 제정 당시 우리 법령이 북한주민을 규정하는 방식이었다.[37] 이런 불명확성을 극복하고 현실을 직시하려면 북한주민을 '북한의 공민인 자' 또는 '북한의 공민권을 가지고 있던 자'정도로 보다 구체적으로 적시하자는 견해가 있는바,[38] 타당하다고 본다.

Ⅲ. 국적을 결정하는 원칙은 무엇인가?

1. 국적법의 일반원칙

국적에 관한 법은 국내법과 국제법이 있다. 국내법으로는 남북한이 모두 국적법을 두고 있고, 국제법으로는 1930년의 국적법의 충돌 문제에 관한 헤이그 협약, UN이 채택한 세계인권선언(1948) 등이 있다.[39]

국적(nationality)은 일반적으로 어떤 개인을 특정한 국가에 귀속시키는 법적인 유대 또는 법적 자격이라고 설명한다.[40] 국제법에서는 국적을 국가의 인적 관할권의 기준 또는 근거로 설명하며, 국제사법재판소(ICJ)는 국적에 대해, "국적이란 사회적 유대 그리고 권리의무의 상호성에 결부된 존재, 이익, 감정상의 실효적 연대성을 기초로 하는 법적 인연"이라 판결했다.[41] 이 판결에 대하여는 '진정한 유대(genuine connection)'와 같이 다소 불명확한 개념을 국적 판단에 적용한다면 개별국가의 귀화결정이 적정한가에 대하여 국제사회에서 이의가 제기될 수 있

고, 유책국의 책임회피 수단으로 악용될 우려가 있다는 지적도 있다.[42]

국적의 기능으로는 외교적 보호권과 자국민 수인의무가 있다. 외교적 보호권은 자국 영토가 아닌 공간에 체류하는 자국민이 체류국으로부터 부당한 대우를 받거나 불법적으로 권리의 침해를 받으면 국제법상 승인되는 대인 관할권을 기초로 외교적 교섭 또는 국제법에 따라 체류국 정부에 대하여 자국민에 대한 보호 또는 구제 등 적절한 조치를 요구할 수 있는 권리이다.[43] 자국민 수인의무는 국가는 다른 국가에서 입국 또는 체류가 거절된 자국민을 자국에 받아들일 의무가 있다는 것으로 외국인에 대해 수인거절권을 가지는 것과 대비된다.[44]

국적결정에 관한 일반적인 원칙은 없다. 봉건적 속지주의 전통을 계수하는 영국은 출생지주의 원칙을 채택하고 있고, 로마법의 전통을 계수한 유럽대륙은 혈통주의 원칙을 택하고 있다.[45] 국적저촉의 문제를 해결하기 위해 국제사회는 끊임없는 협력을 하였고, 그 협력은 국제조약으로 구현되었다. 그 결과 국적유일의 원칙과 국적자유의 원칙이 형성되었다. 국적유일의 원칙은 사람은 국적을 가지되 오직 하나의 국적을 가져야 한다는 원칙, 단일국적의 원칙이다.[46] 이 원칙을 구현하기 위해 국제사회는 무국적 발생을 방지하고 무국적자의 법적 지위를 보호하기 위한 노력을 추구하는 한편 이중국적 발생을 억제하고 이중국적자에 대한 법률저촉의 문제를 합리적으로 해결하기 위한 노력을 추구해 왔다.[47]

한편 국적 자유의 원칙은 국적의 취득 여부에 대해서는 개인의 자유로운 의사를 보장해 주어야 한다는 내용의 원칙이다. 대부분의 국가가 속인주의나 속지주의에 의해 출생아동의 국적 취득을 규정하는데 이것은 일종의 강제부여주의에 기초한 것으로 본인의 자유의사에 의한 선택은 아니다. 국적자유의 원칙의 실질적 의미는 출생 이외의 사유에 의한 국적의 변경 등 후천적 사유로 다른 국가의 국적을 새로이 취득하는

과정에서 주로 문제되며 이때는 당사자 본인의 자유의사가 존중되어야 한다는 것이 국제사회의 합의다.[48]

국적의 구체적인 결정은 국내법에 따른다. 각국은 앞서 본 국제법의 원칙 범위 내에서 독자적 기준과 재량에 기초한 국내법에 따라 자국의 국적을 부여한다. 국가의 자유재량이다.[49] 그런데 국가의 국적부여와 박탈 권한에 대해서도 제한이 가해지게 되었는데, 그 근거는 국적을 선택할 권리와 그 의사에 반하여 국적을 박탈당하지 아니할 권리도 천부적 기본권의 일부로서 보호되어야 한다는 사고에서 비롯된다. 1930년 헤이그 협약는 국가는 누구를 자국민으로 할 것인지를 스스로 결정할 수 있지만 아울러 국제 관습법 및 법원칙을 준수해야 한다고 규정하였다.[50] 또한 국제사법재판소는 1955년 Nottebohm 사건에서 국가가 특정 개인에게 그 국적을 부여하는 결정은 임의적 행위가 아니라 현실적 유대를 갖는 사회적 사실을 반영해야 다른 국가에 대항할 수 있다고 판단하였다. 세계인권선언 제15조 제2항은 국가가 자의적으로 개인의 국적을 박탈하지 못하도록 규정한다.

국제법의 원칙을 고려하면 북한주민의 의사가 중요할 것이라는 결론에 이르게 된다. 만일 그들이 북한국적자라 주장한다면 그 결정을 존중해야 할 것이고, 마찬가지로 제3국의 국적취득을 희망할 경우에도 그 의사를 존중해야 한다. 남한은 그들이 남한국적 취득을 희망할 단계에서 관여할 수 있을 것이다. 1990년대 후반 북한이탈주민법이 제정될 당시와 현 시점간의 시차가 20여년이고, 그동안의 법운영 경험을 고려하여 이 문제를 다시 살펴볼 필요가 있다.

국적포기와 관련하여, 국적은 개인과 국가를 연결하는 법적 유대라는 인식 아래 개인은 자기의 의지와 상관없이 결정된 모국과 연결된 법적 유대를 스스로 단절시킬 수 있는 권리, 국적포기권이 있고, 국가에게는 국적 철회의 의무가 있는지 논의하는 중이다. 원하지 않는 국적을 포기할 수 있는 권리는 고대 그리스 로마 시대의 법철학에서 유래한다. 유럽국적협약 제8조 제1항은 복수국적자가 국적포기를 원하면 이를 반드시 허용해야 할 의무가 있다. 동 협약 제21조는 병역의무 이행 관련한 규정을 두고 있다.[51]

2. 남한의 국적법과 북한이탈주민법은 어떤 내용인가?

1948년 5월 11일 남조선과도입법의원이 제정한 남조선과도정부 법률 제11호 '국적에 관한 임시조례'가 국적관련한 최초의 법이고, 1948년 12월 20일 법률 제16호로 국적법(별첨 3)이 제정되어 현재까지 십여 회 개정되었다. 현행 국적법의 주요조항을 살펴보면, 이 법은 대한민국의 국민이 되는 요건을 정함을 목적으로 하며[52](제1조), 출생에 의한 국적 취득을 원칙으로 하여 다음 각 호[53]의 어느 하나에 해당하는 자는 출생과 동시에 대한민국 국적을 취득한다(제2조). 한편 귀화에 의한 국적 취득은, 대한민국 국적을 취득한 사실이 없는 외국인은 법무부장관의 귀화허가를 받아 대한민국 국적을 취득할 수 있다(제4조)고 원칙을 규정한 후, 일반귀화 요건(제5조),[54] 간이귀화 요건(제6조)[55]과 특별귀화 요건(제7조)[56]을 구분하여 규정한다.

속인주의를 원칙으로 하는 남한 국적법은 대한민국과 그 국민에게 적용되는 법이다. 여기서 북한이 대한민국과 다른 별개의 국가라고 한다면 북한주민이 이 법의 적용대상이 될 여지가 없고, 북한이탈주민도 마찬가지이다.[57] 북한이탈주민이 남한에 입국하여 남한주민이 되고자 할 경우에 일반귀화 요건에 비하여 간편한 방법으로 국적취득을 허용하는 것은 입법정책의 문제이다. 북한이탈주민법은 이런 내용을 규정한 특별법으로 볼 수 있다.[58]

한편 북한이탈주민법을 살펴보면, "북한이탈주민"이란 군사분계선 이북지역에 주소, 직계가족, 배우자, 직장 등을 두고 있는 사람으로서 북한을 벗어난 후 외국 국적을 취득하지 아니한 사람을 말하고, "보호대상자"란 이 법에 따라 보호 및 지원을 받는 북한이탈주민을 말하며(제2조), 이 법은 대한민국의 보호를 받으려는 의사를 표시한 북한이탈주민에 대하여 적용한다(제3조).[59] 또한 북한이탈주민으로서 이 법에 따른 보호를 받으려는 사람은 재외공관이나 그 밖의 행정기관의 장에게 보호를 직접 신청하여야 하고(제7조), 통일부장관은 통보를 받으면 협의회의 심의를 거쳐 보호 여부를 결정한다(제8조). 이때 보호 결정의 기준[60]이 정해져 있다(제9조).

북한이탈주민법은 보호신청을 한 북한주민을 대상으로 심의를 통해 보호결정을 하는 절차를 규정함과 동시에 보호결정된 북한주민에게는 간편하게 등록하고 가족관계를 창설하는 규정을 두었다. 이 법에 대하여 헌법재판소는 북한을 이탈하여 전혀 낯선 정치·경제·사회·문화 환경에서 생활을 영위하게 된 북한이탈주민을 보호하고 빠른 정착을 지원하기 위한 법률이고, 국가는 보호대상자의 성공적인 정착을 위하여 보호대상자의 보호·교육·취업·주거·의료 및 생활보호 등의 지원을 지속적으로 추진하고, 이에 필요한 재원을 안정적으로 확보하기 위하여 노력하여야 한다고 판단하였다.[61] 한편 이 법이 북한주민의 국적 결정에 관한 법률인지 살펴보면, 이 법은 직접적으로 국적을 결정하는 것은 아니지만 보호결정이라는 과정을 통해 북한주민을 남한주민으로 인정하는 구조이다. 즉 이 법의 보호결정은 국적법상 간이귀화 내지 특별귀화보다 더 간단하게 남한주민의 지위를 인정하는 절차를 정함으로써 실질적으로 남한국적을 부여하는 역할을 한다. 그런데 북한주민이 이중적 지위를 벗어나 남한의 국적을 실효적으로 취득하기 위해서는 보호신청이라는 행위(남한의 보호를 받으려는 의사표시)가 있어야 한다.[62] 이 법은 북한주민의 북한국적 보유 여부에 대해서는 명확히 정리하지 않았는바, 이는 남한법에서 북한 관련사항을 정함에 있어 해당 영역에

국한하여 규정하고 원칙적인 선언규정을 두지 않는 것과 같은 맥락이
다. 장래 남북한의 전면교류를 상정한다면 북한주민의 법적 지위에 대
한 기존의 애매한 태도를 바꾸어 북한주민의 법적 지위를 명확히 할 필
요가 있다.[63]

3. 북한의 국적법은 어떤 내용인가?

북한 헌법은 제62조 제1항에 "조선민주주의 인민공화국 공민이 되는
조건은 국적에 관한 법으로 규정한다."는 조항을 두고 있다. 여기서 말
하는 '공민'이란 "일정한 국가의 국적을 가지고 그 나라의 헌법상 공민
의 권리와 의무를 지닌 사람"이다.[64] 북한 국적법[65](별첨 4)은 제정 당
시 제1조에서 "조선민주주의 인민공화국 창건 이전에 조선의 국적을
소유하였던 조선인과 그 자녀로서 본 법 공포일까지 그 국적을 포기하
지 않은 자"와 "외국인으로서 합법적 절차에 의하여 조선민주주의 인
민공화국 국적을 취득한 자"를 북한의 공민으로 규정하였다. 이에 따르
면 조선 국적 또는 북한 국적을 포기하거나 상실할 방법이 없었던 남한
주민과 해외 교포들도 법리상 북한 국적자의 범위에 포함된다.[66]

북한 국적법 제3조는 공민이 "거주지나 체류지에 관계없이 공화국의
법적 보호를 받는다."고 규정하는데, 이에 따라 로동당은 해외동포 정
책을 적극적으로 시행하였다. 1967년 12월에 열린 최고인민회의 제4기
제1차 회의에서 김일성은 "해외에 있는 모든 조선동포들의 리익과 민
족적 권리를 옹호하기 위하여 적극 투쟁할 것입니다."라고 선언하면서
재일조선인을 향한 정책을 강화하였다.[67] 북한의 해외동포정책은 그
지역과 대상을 세 부분으로 나누어 볼 수 있다. 첫째 1950년대부터 재
일동포에 집중된 해외동포정책은 식민지를 겪은 민족의 자주성을 회복
하는 과정이었고, 둘째 중국이나 러시아에 흩어져 있는 동포들, 즉 사
회주의 형제 국가에 거주하는 해외동포에 대해서는 해외동포정책을 적

용하지 않았던 반면 셋째 북미주 지역에 거주하는 월남민, 남한에서 이주한 동포들에 대해서는 이산가족만남을 시작으로 체제선전이나 국제사회의 지지라는 정치적 의도를 가지고 있었다.[68]

Ⅳ. 다른 나라는 어떻게 하였나?

분단국의 국적문제를 참고하기 위하여, 통일 전 독일과 중국 및 대만의 양안관계에서 국적이 어떻게 논의되었는지를 살펴본다.

1. 통일 전의 독일

통일 전까지 서독은 1937년 말 독일 국경선을 기준으로 독일제국이 지속된다는 전제하에 오직 하나의 독일국적만이 존재한다는 입장을 유지했다. 1972년 동서독 기본조약 체결 후에도 동독민들이 동독 시민권 외에 독일 국적을 가진다는 입장에서 동독 시민들은 스스로 원하여 요청하는 경우에만 독일 국적이 주어지며, 구체적으로는 법령이 정하는 바에 따라 동독에서 탈출한 동독인들에 대하여 서독의 여권과 신분증으로 바꾸어 줌으로써 입국 및 내국인으로서 편입절차가 되는 것으로 처리해왔다. 이와 관련한 법률로는 1950년 8월 23일 긴급수용법,[69] 1965년 7월 24일 피난민지원법이 있고, 이 법을 통해 동독출신 피난민을 통제 관리하고 서독에서 정착하는 것을 도왔다.[70]

동독주민의 이주를 실증적으로 분석한 연구[71]에 의하면, 서독정부가 헌법에서 정한 기본원칙을 현실에 적용함에 있어서는 정치적인 고려가 있었는바, 분단국 문제에선 현실이 법원칙대로만 되지 않는다는 어려움을 확인할 수 있다. 서독은 기본법에서 분단을 일시적 상황으로 전제하고 통일을 지상과제로 표방하였다. 즉 모든 독일인에게 거주지와 상관없이 내국인에 상응하는 자격을 부여하고,[72] 거주이전의 자유[73]를 보장했다. 이에 의하면 동독인에게도 동일국적을 부여하는 것으로 별도의 국적취득 절차 없이 동독이탈주민을 받아들일 토대가 된다.[74] 그러나 현실에서 서독 정부는 1950년 8월 제정된 긴급수용법에 의거해 이들을 무조건 받아들이지는 않았다. 이 법은 난민, 즉 신체 생명에 대한 위협과 구속될 위기 혹은 기타 불가피한 사유로 동독을 이탈한 동독인에게만 서독 거주허가를 부여하도록 규정하였다. 따라서 기본법 제11조와 제116조에 명시된 권리도 일단 긴급수용법이 정한 기준에 부합해 서독거주권을 인정받은 후에야 보장됐다.[75] 1950년에 제정된 긴급수용법의 조건부 수용원칙은 인도주의 보다는 탈동독 행렬이 위험수위를 넘지 않도록 효과적으로 통제하는 데 더 큰 비중을 두었다는 것을 보여준다.[76] 현재 남한의 북한이탈주민법은 심의를 거쳐 보호결정한다는 측면에서 서독의 조건부 수용원칙과 유사한 점이 있다.

엄격한 심사를 통해 난민만 수용하겠다는 서독의 정책은 1953년 5월 7일의 연방헌법재판소 판결[77]에서 기존의 정책이 위헌으로 선언됨에 따라 스스로 집과 일자리를 구해 생계능력을 입증할 수 있는 동독이탈주민은 거주허가를 받게 되었다.[78] 이후에도 수용심사제도는 계속 유지되다가 1986년에야 수용심사위원회가 폐지돼 심사가 아닌 등록절차로 바뀌었고, 긴급수용법도 수용법으로 명칭이 바뀌었다. 이 법은 1990년 7월 효력을 상실하였다.[79] 서독의 주민등록사무소 통계자료에 의하면, 1950년부터 1989년까지 서독으로 넘어온 동독이탈주민은 456만 6,300명이다. 이중 1950년부터 1961년까지는 약 358만 명으로 연평균 약 30만 명이고, 1962년 이후 1988년까지 동독이탈주민은 약 60만 명으로 연평균 약 2만 2천 명 정도다.[80]

분단국이었던 서독은 분단 상대국민에게 자국적을 인정한다할지라도 자신의 관할권으로의 복속이 전제되지 않는 한 국제사회에서 그들을 위한 외교적 보호권을 적극적으로 주장하지는 않았다.[81] 서독은 동독을 외국으로 보지 않고 동서독 관계를 특수관계로 보았으며, 동서독 간 민사관계에 대하여 '지역간 사법' 원리를 적용하였다. 지역간 사법은 국제사법과 같이 서로 다른 법률 중 어느 법률을 적용할 것인지에 관한 공간적 법률저촉법이며 원칙적으로 국제사법의 원리에 따른다.[82] 그런데 서독은 서독주민뿐만 아니라 동독주민도 서독의 국적을 가진다고 보았으므로 국제사법 유추적용시 인적 연결점으로 독일 국적을 사용할 수 없었고, 이에 국적을 대신하여 '상거소'를 연결점으로 삼아 국제사법을 유추적용하였다.[83] 한편 동독은 서독과 달리 동서독 간 법적 관계를 외국 간 관계로 보아 동서독 주민간의 민사관계에 대하여도 국제사법을 그대로 적용하였다.[84]

동서독 특수관계론의 측면에서 동독주민의 지위를 살펴보면, 국적의 문제에서 서독은 1민족 2국가설에 따라서 독일에는 오로지 독일국적이라는 단일 국적만 존재한다는 '단일국적이론'을 채택하였다. 또한 서독은 동독의 국가성을 인정하고 존중하였다. 동독법률에 따른 동독시민권의 취득은 서독에서 인정되는 독일국적의 취득과 같은 효과를 가진다고 판단되었으며 동독주민은 당연히 독일국적(서독국적)을 가지지만 그가 자의로 동독에 거주하는 동안에는 독일국적이 정지되었다가 동독에서 이탈하면 그 즉시 독일국적을 회복한다는 문호개방이론을 적용했다.[85]

2. 중국과 대만의 양안관계

중국과 대만은 서로 상대방을 국가로 인정하지 않고 각자 독립된 법체계를 갖고 있다. 양안 사이의 문제는 각각 단독입법을 하고 양자 협의를 통해 문제를 해결한다. 양방은 준정부 성격을 가진 기구를 창설하였는데, 중국은 1991년 12월 해협양안관계협회를, 대만은 1991년 2월 해협교류기금회를 설립하고 권한을 위임하여 위 기구를 통해 교류협력에 필요한 실무와 협상을 진행하고 있다. 중국은 '하나의 중국' 원칙을 견지하면서 중국과 대만간의 관계를 전면적으로 규범화하는 법률을 제정하지 아니한 채 편의적으로 행정명령의 제정을 통하여 양안간 교류사무를 처리하고 있고, 대만은 1992년 7월 양안관계조례를 공포하고 이에 근거하여 인적교류에서 발생하는 문제를 처리하고 있다.[86]

중국과 대만은 초기에는 양안 간에 존재하는 '인정 논란'에 얽매여 상대방이 제정한 법률을 인정하지 않았고 자기 측의 주민이 상대방의 영역에서 상대방이 제정한 법률을 준수하여야 한다고 생각하지도 않았다.[87] 양안관계가 단절된 상황에서 이런 불승인 태도는 별 문제가 되지 않았지만 양안 주민의 교류가 날로 활발해지는 시기에는 이런 불승인 태도를 유지할 수 없을 뿐만 아니라 자기 측 주민이 상대방 영역에서 효과적으로 권리를 보장받는데도 불리하였다.[88] 현재는 양안교류가 깊어지면서 양안 주민들의 상대방 영역에서의 결혼, 친척방문, 관광, 투자, 취학, 취업 등 활동이 빈번해 지고 있다. 남북관계도 장차 양안관계처럼 인적교류가 활발해질 것인바, 이때를 대비하기 위해서라도 상대방 지역에서 주민의 법률적 지위 문제는 명확히 할 필요가 있다. 대만은 '양안 인민관계조례'에서 대륙주민이 대만지역에서 가지는 법률적 지위를 규정하면서, 입경, 체류, 정착, 취업, 비즈니스와 관광활동 종사, 공직 담임, 공직후보자 등록 등의 문제를 다루고 있다. 대만당국은 "대만지역의 안전과 민중복지를 확보"한다는 이유로 각종 제한을 둠으로써 대만주민과 차별하여 대륙주민의 지위를 규정하였다.[89] 최근 대만 사법원은 대법관해석을 통하여 차별대우에 관한 제한적 규정을 개정하여 대륙주민의 동등한 대우 원칙을 확립하는 노력을 하고 있다. 양안 사이에 체결된 '해협양안 투자보호와 추진에 관한 협의'에서 "한 측은 다른 한 측의 투자자 및 그 투자에 대하여 공정하고 공평한 대우를 하도록 확보하고 충분한 보호와 안전을 제공하여야 한다."고 규정하는 바와 같이 개별 규정에서 상대방을 동등하게 보호하는 합의를 한 상황이

고 포괄적인 동등대우원칙 기준을 정비하기 위해 노력 중이다.[90]

양안관계 사례를 보면, 교류협력의 폭이 넓어지고 깊이가 깊어질 수 있다는 점과 그런 단계에 이르려면 상대방 주민의 법적 지위를 자국민과 동등하게 보호하여야 한다는 것을 알 수 있다. 상대를 존중하고 보호하기 위해서는 먼저 상대를 인정해야 할 것이고, 법률적으로는 상대를 국가로 상대주민을 상대방의 국적자로 인정해야 할 것이다.

3. 외국 사례의 시사점은 무엇인가?

우선 동서독의 사례를 보면, 이동한 절대 숫자가 놀랍다. 1950년부터 1989년까지 서독으로 넘어온 동독이탈주민은 456만 6,300명으로, 1961년까지는 연평균 약 30만 명, 1962년 이후는 연평균 약 2만 2천명 정도다. 이와 대비하여 우리의 현실을 보면 지난 30년간 남한으로 넘어온 북한이탈주민이 3만 3천명이라는 것은 비교가 어려울 정도다. 주민이동의 숫자가 이렇게 차이가 나는 이유에 대해서는 별도로 연구할 사항이지만 경제력이 우월한 남한 입장에서는 고민해 볼 문제다. 서독은 동독을 외국으로 보지 않고 동서독 관계를 특수관계로 보았지만 실제 법적용은 동독이탈 주민의 규모 및 서독의 경제상황 등 현실적인 이유로 달라지기도 했다. 서독은 구 독일제국의 국적 개념을 유지하여 동독주민의 독일국적을 인정한 반면에 동독은 독자의 국적법을 제정하고 서독 주민이 동독으로 이주한 경우 간이한 국적취득절차를 적용하였다.[91] 동서독의 사례는 수백만 명의 분단국 주민이 상대 국적을 취득한 선행사례라는 점에서 남북한 사이에도 참고할 바가 있다.

다음으로 양안관계를 보면, '해협양안 투자보호와 추진에 관한 협의'에서 "한 측은 다른 한 측의 투자자 및 그 투자에 대하여 공정하고 공평한 대우를 하도록 확보하고 충분한 보호와 안전을 제공하여야 한다."고 규정하여 상대방을 동등하게 보호하는 합의를 하였다. 하나의 중국이라는 원칙을 견지하면서도 상대를 인정하는 실용적인 접근으로 양안 주민의 교류를 보장하고 있다. 실용적 접근방법은 남북한 주민의 교류에도 참고할 바가 있다.

V. 북한주민의 국적을 북한으로 보면 어떻게 되는가?

1. 대한민국 헌법 제3조 영토조항 다시 보기

다수의견과 판례는 북한지역도 남한의 주권이 미치는 영토라고 하는바, 그 근거는 헌법 제3조의 영토조항이다. 영토조항의 제정경위에 비추어 이런 주장이 논리적 타당성이 없다는 점과 1948년 제헌헌법 제정 당시로부터 70년 이상 지난 현 시점에서는 그동안 변화된 현실을 존중해야 한다는 점에 대하여는 제1장[92]에서 주장하였다. 필자는 법률상 북한을 남한과는 별개의 국가로 보아야 한다는 입장이다.

여기서는 기존의 논의 중에서 북한지역은 대한민국 영토가 아니라는 견해[93]의 논거를 살펴본다. 북한을 남한의 일부로 보는 견해는, 첫째 헌법의 영토조항은 평화통일조항이나 남북기본합의서 체결 등과 모순되거나 평화통일조항이 신법으로 우선하고, 둘째 남한이 실효적으로 북한을 지배하지 못하는 현실과 맞지 않고(비현실에 대한 현실 우선 원칙), 셋째 북한이 유엔에 가입하였고 국제사회의 인식도 남한의 영토는 남한지역이라는 현실론에 근거한다. 필자는 위 견해에 동의하면서 시간의 흐름이라는 변수를 강조하려 한다. 1948년 제헌헌법 제정 당시와 1991년 남북기본합의서 체결 당시 그리고 2022년 현 시점의 상황은 다르다. 1948년에는 분단상황이 장기간 지속될 것이란 인식이 없었고, 1991년에는 북한이라는 존재를 인정하고 교류를 시작하는 단계였다. 그런데 현 시점은 30년간의 교류협력 경험이 있고, 남북한 사이에 258건의 합의서가 체결되고 5차례의 정상회담이 열린 경험이 있다. 1991

년 무렵에 형성된 다수의견과 판례의 이론이 장래에도 지속되어야 할 이유는 없다. 현실에 맞게 북한 및 북한주민의 법적 지위를 재해석해야 한다.[94]

필자는 영토조항은 1948년 당시 선거에 참여한 남한주민의 의사를 반영한 것이라는 현실, 그 당시에는 분단이 장기간 지속될 것을 예상하지 않았다는 사정을 고려하고, 이런 입장에서 법률상 북한지역은 남한의 영토에 포함되지 않으며 북한주민의 법적 지위도 남한의 국적자가 아니라는 견해를 택한다. 그러나 이런 견해를 취하는 것이 통일의 당위성을 부인하거나 통일이 필요하지 않다는 주장을 하는 것은 아니다. 오히려 다수의견이 현실의 변화를 수용하지 못하여 각종 문제를 해결하지 못할 뿐만 아니라 남북협력으로 가는 미래의 발목을 잡고 있는 문제점을 지적하면서 현실에 기반한 법률제정과 법해석으로 통일의 길로 나아가자고 주장한다.

2. 북한주민의 국적은 북한으로 보자

북한을 남한의 일부로 보는 다수의견과 판례는 북한지역에 상주하는 주민을 포함하여 한반도 주변국가에 거주하는 북한의 해외공민들도 모두 대한민국 국민으로 보고 있다. 법원은 이영순 사건[95]에서 북한법에 따라 북한의 해외공민증을 발급받은 자라도 대한민국 국적자라고 판단하였다. 이에 반하여 북한지역을 남한의 영토로 보지 않는 소수설의 입장에서는 북한주민은 외국인에 해당한다. 한편 소수설의 근거를 수긍하면서도 남한 국민의 정서, 통일을 추진하는 정책, 남북이산가족의 재결합이나 북한이탈주민의 취적 문제 등의 현실적인 이유를 들어 북한주민의 법적 지위는 대한민국 국민이라는 견해가 더 설득력이 있다는 의견도 있다.[96] 또한 남북한 특수관계론의 입장에서 북한주민을 외국인에 준하여 취급하는 것이 최선이라는 의견[97]도 있다.

이 문제와 관련한 견해를 살펴보면, 남북문제의 어려운 점이 드러난다. 남북한 관계는 논리적으로 법리만 따질 수 없고, 현실적인 문제도 고려해야 하는 것이 국민일반의 정서이며, 그것이 정부정책의 어려움이기도 하다. 그렇지만 법률의 제정과 해석에서 이념과 현실을 뒤섞는 것은 바람직하지 않다. 이 문제가 과거의 문제이거나 연간 수백 명 정도 입국하는 현실의 문제라면 어중간한 입장을 유지해도 되겠지만 남북한이 전면 교류하는 미래를 염두에 둔다면 북한주민의 법적 지위 문제와 이들을 남한주민으로 수용하는 정책의 문제는 구분하는 것이 낫다. 북한주민은 남한 국적자가 아니라는 주장, 그러면 북한주민은 외국인이라는 주장이 거북스러울 수도 있다. 필자가 이런 주장을 하는 것은 남북관계의 특수성이나 통일을 포기하자는 것이 아니라 현실에 기반하여 해결책을 모색하고 그런 과정을 통해 남북교류와 통일문제를 논의하여야 한다고 생각하기 때문이다.[98] 이와 관련하여 독일 사례를 참고할 수 있다. 서독은 동독의 실체를 인정하고 동독법률에 따라 동독국적을 취득한 사람을 독일 국민으로 인정하는 문호개방이론을 선택하였고, 그 결과 동독주민 보호에 공백이 없었다.[99]

또한 국적 문제는 단순히 법률해석의 문제가 아니라 정치상황을 반영하는 정치적 문제에서 시작된다는 것도 지적하고 싶다. 앞서 본 바와 같이 국적결정은 국가재량의 문제라는 점과 북한의 법적 지위를 인정할 경우에는 남한 일방의 결정만으로 북한주민의 법적 지위를 결정할 수 없다는 현실과 남북이 다수의 합의서를 체결하는 과정에서 서로의 지위를 인정하였다는 점 등 변화된 현실이 고려되어야 한다.

참고로, 샌프란시스코 조약[100]을 살펴본다. 이 조약은 제2차 세계대전 이후 일본이 강점하던 한국과 대만 등 외국영토의 처리에 관한 것인데, 국적문제에 관한 내용은 전혀 없다. 사실상 동 조약의 발효에 의하여 그때까지 일본에 체류하던 조선인들은 일본인 신분에서 외국인 신분으로 전락하게 되었다. 1952년 4월 19일자 '평화조약 발효에 따른 조선인과 대만인에 관련된 국적 및 호적사무에 관하여'라는 법무성 민사국장 통달 438호는 조선과 대만은 조약 발효일부터 일본의 영토에서 분리되었기 때문에 조선인과 대만인은 일본국 내에 거주하는 자를 포함하여 모두 일본 국적을 상실한다고 하였다.[101] 이때 이들에게 일본 국적 선택권은 부여되지 않았기 때문에 이들은 내국인 자격으로 거주하던 곳에서 갑자기 외국인이 되었으나 여권도 입국사증도 없었다. 이것이 광복 후 재일교포 법적 지위문제의 출발점이다.[102] 대한제국 주민들의 국적문제는 일제강점기를 거쳐 1945년 해방, 1948년 남북한 정부수립, 1952년 샌프란시스코 강화조약 발효 등의 과정을 거치면서 정리되었는바, 정치상황의 영향이 컸다.

2022년 현재 남북한주민의 대부분은 1948년 이후에 태어나 남한과 북한을 자신의 국적으로 알고 살고 있다. 이런 현실을 무시하고 북한주민을 남한주민으로 본다는 것은 북한주민의 의사에도 반한다. 국적에 관한 일반원칙인 국적유일의 원칙과 국적선택의 자유 원칙에 비추어 보더라도 그렇다. 남북한은 분단국으로 서로 통일을 지향하는 특수한 관계라는 특수성을 고려하더라도 북한주민의 법적 지위를 남한주민으로 간주하는 기존의 다수의견을 바꾸어야 할 시기가 되었다.[103] 필자는 장래 전면적인 교류협력이 될 경우를 대비하여 남북한의 관계 및 남북한주민의 관계를 명확히 하는 방향으로 법과 제도를 정비하자고 제안한다. 장래 남북한 주민간 이동이 일상화될 경우, 그리고 남북한 주민이 상대지역에서 장기간 거주할 경우에는 다수의견이 유지되기 어렵기 때문이다.

Ⅵ. 맺음말

북한주민의 법적 지위에 대한 다수의견은 교류협력의 초기에는 문제 해결 기능을 하였지만 현 시점에서는 한계가 보인다. 서론에서 든 사례에 대한 필자의 의견은 다음과 같다. 북한 함경북도 길주군 주민은 북한주민이고 대한민국 국적자로 보기 어렵다. 탈북 어부 2명도 북한주민이고 대한민국 국적자가 된 적이 없다. 북한주민들은 자신의 국적을 북한으로 인식할 것이고, 그들에게 남한 국적자라는 개념은 없다. 스스로 북한 국적자라고 주장하는 김련희에게 남한 국적을 강제할 수 없고, 영국에 정착한 탈북자 박지현은 남한 국적을 취득한 적이 없다.

필자는 남북교류의 폭이 넓어지고 깊이가 깊어져서 다수의 남북주민이 상대지역에서 장기간 체류하는 미래를 상정하는데, 이런 시기에는 현재의 다수의견을 그대로 적용할 수 없다. 다수의견이 형성된 배경에는 시대적인 이유가 있었다. 즉 북한에 대한 적대정책이 교류협력을 허용하는 정책으로 전환하는 시기였고 북한이탈주민의 남한 입국 증대라는 새로운 현상이 나타나면서 여기에 법과 제도가 대응해야 했다. 그런데 지금은 남북이 유엔에 동시가입한지 30년이 되었고 그 사이 다수의 남북합의서가 체결되었는바, 현 시점에서는 기존의 입장을 재검토해야한다. 1948년 남한 헌법 제정 당시의 헌법제정자들은 분단국가에 대한 고려가 없었고, 북한은 그저 반국가단체일 뿐이었다. 그 이후 1991년 남북기본합의서 체결과 남북교류협력법 시행 과정에서는 북한의 이중적 지위라는 잠정적인 논리가 만들어졌다. 시기별로 그런 논리가 만들어진 이유가 있었고 그런 이론에 따라 현실에서 발생한 문제를 처리할 수 있었다. 하지만 분단 80년이 머지않은 현 시점에도 잠정적인 논리에 기반하여 북한 문제를 해결하는 것은 바람직하지 않다. 장래 수천 명의 남한 사람이 평양에서 생활하고, 또 수천 명의 북한 사람이 서울에서 생활하는 교류협력의 전면화 시대가 올 경우에는 지금의 다수의견으로 해결하기 어려운 문제가 생길 것이다.

북한은 남한과는 별개의 나라이고, 북한 주민은 남한 국적자가 아니라는 필자의 주장이 거슬릴 수도 있다. 다시 한 번 강조하지만 필자는 통일의 당위성과 필요성을 주장한다. 필자는 남북교류와 통일에 대한 실용적인 논의를 위해서는 현실과 맞지 않는 법률과 법해석을 재검토하자고 제안하는 것이다. 법률의 제정과 해석은 현실에 기반해야 하고, 미래를 설계하는데 도움이 되어야 한다. 필자는 기존의 논리가 법리에 맞지 않고 현실성도 없다면 기존 논리를 바꾸어야 한다고 주장하는 것이며, 기존 논리를 바꾸는 과정에서 생기는 불편함을 감수하면서 새로운 논리를 찾자고 제안한다. 필자는 통일을 추구하는 것이 옳은 방향이라 믿는다. 필자가 이 논문을 작성한 이유는 기존 논리에 포함된 문제를 드러내고 이를 공론화함으로써 새로운 논리를 찾아보자고 제안하기 위해서이다. 북한주민의 법적 지위가 남한 국적자가 아니라고 하여 그들을 무시하자는 것이 아니다. 남북한은 통일을 지향하는 사이이다. 이런 측면에서 북한주민은 새롭게 조명되어야 하고,[104] 남한 법률에서 북한주민의 지위를 명확히 해야 한다. 이 글이 잠깐의 혼란을 거쳐 보다 성숙한 단계로 나아가는 마중물이 되기를 기원한다.

북한이탈주민의 보호 및 정착지원에 관한 법률

제1조(목적) 이 법은 군사분계선 이북지역에서 벗어나 대한민국의 보호를 받으려는 군사분계선 이북지역의 주민이 정치, 경제, 사회, 문화 등 모든 생활 영역에서 신속히 적응·정착하는 데 필요한 보호 및 지원에 관한 사항을 규정함을 목적으로 한다.

제2조(정의) 이 법에서 사용하는 용어의 뜻은 다음과 같다.

1. "북한이탈주민"이란 군사분계선 이북지역(이하 "북한"이라 한다)에 주소, 직계가족, 배우자, 직장 등을 두고 있는 사람으로서 북한을 벗어난 후 외국 국적을 취득하지 아니한 사람을 말한다.

2. "보호대상자"란 이 법에 따라 보호 및 지원을 받는 북한이탈주민을 말한다.

3. "정착지원시설"이란 보호대상자의 보호 및 정착지원을 위하여 제10조 제1항에 따라 설치·운영하는 시설을 말한다.

4. "보호금품"이란 이 법에 따라 보호대상자에게 지급하거나 빌려주는 금전 또는 물품을 말한다.

제3조(적용범위) 이 법은 대한민국의 보호를 받으려는 의사를 표시한 북한이탈주민에 대하여 적용한다.

제4조(기본원칙) ① 대한민국은 보호대상자를 인도주의에 입각하여 특별히 보호한다.

② 대한민국은 외국에 체류하고 있는 북한이탈주민의 보호 및 지원 등을 위하여 외교적 노력을 다하여야 한다.

③ 보호대상자는 대한민국의 자유민주적 법질서에 적응하여 건강하고 문화적인 생활을 할 수 있도록 노력하여야 한다.

④ 통일부장관은 북한이탈주민에 대한 보호 및 지원 등을 위하여 북한이탈주민의 실태를 파악하고, 그 결과를 정책에 반영하여야 한다.

제4조의2(국가 및 지방자치단체의 책무) ① 국가 및 지방자치단체는 보호대상자의 성공적인 정착을 위하여 보호대상자의 보호·교육·취업·주거·의료 및 생활보호 등의 지원을 지속적으로 추진하고 이에 필요한 재원을 안정적으로 확보하기 위하여 노력하여야 한다.

② 국가 및 지방자치단체는 제1항에 따라 보호대상자에 대한 지원시책을 마련하는 경우 아동·청소년·여성·노인·장애인 등에 대하여 특별히 배려·지원하도록 노력하여야 한다. <신설 2017. 3. 21., 2021. 1. 5.>

제4조의3(기본계획 및 시행계획)

제5조(보호기준 등) ① 보호대상자에 대한 보호 및 지원 기준은 나이, 성별, 세대 구성, 학력, 경력, 자활 능력, 건강 상태 및 재산 등을 고려하여 합리적으로 정하여야 한다.

② 이 법에 따른 보호 및 정착지원은 원칙적으로 개인을 단위로 하되, 필요하다고 인정하는 경우에는 대통령령으로 정하는 바에 따라 세대를 단위로 할 수 있다.

③ 보호대상자를 정착지원시설에서 보호하는 기간은 1년 이내로 하고, 거주지에서 보호하는 기간은 5년으로 한다. 다만, 특별한 사유가 있는 경우에는 제6조에 따른 북한이탈주민 보호 및 정착지원협의회의 심의를 거쳐 그 기간을 단축하거나 연장할 수 있다.

제6조(북한이탈주민 보호 및 정착지원협의회)

제7조(보호신청 등) ① 북한이탈주민으로서 이 법에 따른 보호를 받으려는 사람은 재외공관이나 그 밖의 행정기관의 장(각급 군부대의 장을 포함한다. 이하 "재외공관장등"이라 한다)에게 보호를 직접 신청하여야 한다. 다

만, 보호를 직접 신청하지 아니할 수 있는 대통령령으로 정하는 사유가 있는 경우에는 그러하지 아니다.

② 제1항 본문에 따른 보호신청을 받은 재외공관장등은 지체 없이 그 사실을 소속 중앙행정기관의 장을 거쳐 통일부장관과 국가정보원장에게 통보하여야 한다.

③ 제2항에 따라 통보를 받은 국가정보원장은 보호신청자에 대하여 보호결정 등을 위하여 필요한 조사 및 일시적인 신변안전조치 등 임시보호조치를 한 후 지체 없이 그 결과를 통일부장관에게 통보하여야 한다.

④ 국가정보원장은 제3항에 따른 조사 및 임시보호조치를 하기 위한 시설(이하 "임시보호시설"이라 한다)을 설치·운영하여야 한다.

⑤ 제3항에 따른 조사 및 임시보호조치의 내용 및 방법과 제4항에 따른 임시보호시설의 설치·운영에 필요한 사항은 대통령령으로 정한다.

제8조(보호 결정 등) ① 통일부장관은 제7조제3항에 따른 통보를 받으면 협의회의 심의를 거쳐 보호 여부를 결정한다. 다만, 국가안전보장에 현저한 영향을 줄 우려가 있는 사람에 대하여는 국가정보원장이 그 보호 여부를 결정하고, 그 결과를 지체 없이 통일부장관과 보호신청자에게 통보하거나 알려야 한다.

② 제1항 본문에 따라 보호 여부를 결정한 통일부장관은 그 결과를 지체 없이 관련 중앙행정기관의 장을 거쳐 재외공관장등에게 통보하여야 하고, 통보를 받은 재외공관장등은 이를 보호신청자에게 즉시 알려야 한다.

제9조(보호 결정의 기준) ① 제8조제1항 본문에 따라 보호 여부를 결정할 때 다음 각 호의 어느 하나에 해당하는 사람은 보호대상자로 결정하지 아니할 수 있다.

1. 항공기 납치, 마약거래, 테러, 집단살해 등 국제형사범죄자
2. 살인 등 중대한 비정치적 범죄자
3. 위장탈출 혐의자
4. 삭제 <2020. 12. 8.>
5. 국내 입국 후 3년이 지나서 보호신청한 사람

6. 그 밖에 국가안전보장·질서유지·공공복리에 대한 중대한 위해 발생 우려, 보호신청자의 경제적 능력 및 해외체류 여건 등을 고려하여 보호대상자로 정하는 것이 부적당하거나 보호 필요성이 현저히 부족하다고 대통령령으로 정하는 사람

② 제1항제5호의 경우 북한이탈주민에게 대통령령으로 정하는 부득이한 사정이 있는 경우에는 그러하지 아니하다.

③ 통일부장관은 북한이탈주민으로서 제1항 각 호의 어느 하나에 해당하여 보호대상자로 결정되지 아니한 사람에게는 필요한 경우 다음 각 호의 어느 하나에 해당하는 보호 및 지원을 할 수 있다.

1. 제11조·제13조·제14조·제16조·제17조의3·제19조·제19조의2·제20조(이 조 제1항제5호에 해당하여 보호대상자로 결정되지 아니한 경우만 해당한다)·제22조 및 제26조의2에 따른 보호 및 특례

2. 그 밖에 사회정착에 필요하다고 대통령령으로 정하는 보호 및 지원

④ 제3항에 따른 보호 및 지원에 관하여 필요한 사항은 대통령령으로 정한다.

제10조(정착지원시설의 설치)

제11조(정착지원시설에서의 보호 등)

제11조의2(무연고청소년 보호)

제12조(등록대장)

제13조(학력 인정) 보호대상자는 대통령령으로 정하는 바에 따라 북한이나 외국에서 이수한 학교 교육의 과정에 상응하는 학력을 인정받을 수 있다.

제14조(자격 인정) ① 보호대상자는 관계 법령에서 정하는 바에 따라 북한이나 외국에서 취득한 자격에 상응하는 자격 또는 그 자격의 일부를 인정받을 수 있다.

② 통일부장관은 자격 인정 신청자에게 대통령령으로 정하는 바에 따라 자격 인정을 위하여 필요한 보수교육 또는 재교육을 실시할 수 있다.

③ 제1항 및 제2항을 시행하기 위하여 필요한 경우 대통령령으로 정하는 바에 따라 자격 인정 여부를 심사하기 위한 위원회를 둘 수 있다.

제15조(사회적응교육 등)

제15조의2(지역적응센터의 지정)

제16조(직업훈련)

제17조(취업보호 등)

제17조의2(취업보호의 제한)

제17조의3(영농 정착지원)

제17조의4(세제혜택)

제17조의5(우선 구매 등)

제17조의6(창업 지원)

제18조(특별임용) ① 북한에서의 자격이나 경력이 있는 사람 등 북한이탈주민으로서 공무원으로 채용하는 것이 필요하다고 인정되는 사람에 대하여는 「국가공무원법」 제28조제2항 및 「지방공무원법」 제27조제2항에도 불구하고 북한을 벗어나기 전의 자격·경력 등을 고려하여 국가공무원 또는 지방공무원으로 특별임용할 수 있다.

② 북한의 군인이었던 보호대상자가 국군에 편입되기를 희망하면 북한을 벗어나기 전의 계급, 직책 및 경력 등을 고려하여 국군으로 특별임용할 수 있다.

③ 제1항 및 제2항에 따른 특별임용에 필요한 사항은 대통령령으로 정한다.

제18조의2(공공기관 평가 반영)

제19조(가족관계 등록 창설의 특례) ① 통일부장관은 보호대상자로서 군사분계선 이남지역(이하 "남한"이라 한다)에 가족관계 등록이 되어 있지 아니한 사람에 대하여는 본인의 의사에 따라 등록기준지를 정하여 서울가정법원에 가족관계 등록 창설허가 신청서를 제출하여야 한다.

② 제1항의 가족관계 등록 창설허가 신청서에는 제12조제1항에 따라 작성된 보호대상자의 등록대장 등본과 가족관계등록부의 기록방법에 준하여 작성한 신분표를 붙여야 한다.

③ 서울가정법원은 제1항에 따라 가족관계 등록 창설허가 신청서를 받은 때에는 지체 없이 허가 여부를 결정하고, 가족관계 등록 창설허가를 한 때에는 해당 등록기준지의 시(구를 두지 아니한 시를 말한다. 이하 이 조에서 같다)·구·읍·면의 장에게 가족관계 등록 창설허가 등본을 송부하여야 한다.

④ 시·구·읍·면의 장은 제3항에 따른 가족관계 등록 창설허가 등본을 받은 때에는 지체 없이 가족관계등록부를 작성하여야 하고, 주소지 시장(특별시장·광역시장은 제외한다. 이하 같다)·군수·구청장(자치구의 구청장을 말한다. 이하 같다) 또는 특별자치도지사에게 가족관계 기록사항에 관한 증명서를 첨부하여 가족관계 등록 신고사항을 통보하여야 한다.

제19조의2(이혼의 특례) ① 제19조에 따라 가족관계 등록을 창설한 사람 중 북한에 배우자를 둔 사람은 그 배우자가 남한에 거주하는지 불명확한 경우 이혼을 청구할 수 있다.

② 제19조에 따라 가족관계 등록을 창설한 사람의 가족관계등록부에 배우자로 기록된 사람은 재판상 이혼의 당사자가 될 수 있다.

③ 제1항에 따라 이혼을 청구하려는 사람은 배우자가 보호대상자에 해당하지 아니함을 증명하는 통일부장관의 서면을 첨부하여 서울가정법원에 재판상 이혼청구를 하여야 한다.

④ 서울가정법원이 제2항에 따른 재판상 이혼의 당사자에게 송달을 할 때에는 「민사소송법」 제195조에 따른 공시송달(公示送達)로 할 수 있다. 이 경우 첫 공시송달은 실시한 날부터 2개월이 지나야 효력이 생긴다. 다만, 같은 당사자에게 첫 공시송달 후에 하는 공시송달은 실시한 다음 날부터 효력이 생긴다.

⑤ 제4항의 기간은 줄일 수 없다.

제19조의3(주민등록번호 정정의 특례)

제20조(주거지원 등)

제21조(정착금 등의 지급) ① 통일부장관은 보호대상자의 정착 여건 및 생계유지 능력 등을 고려하여 정착금이나 그에 상응하는 가액의 물품(이하 "정착금품"이라 한다)을 지급할 수 있다. 이 경우 정착금품의 2분의 1을

초과하지 아니하는 범위에서 감액할 수 있다.

② 통일부장관은 보호대상자가 제공한 정보나 가지고 온 장비(재화를 포함한다)의 활용 가치에 따라 등급을 정하여 보로금(報勞金)을 지급할 수 있다.

③ 제1항 및 제2항에 따른 정착금품과 보로금의 지급 및 감액 기준, 절차 등에 관한 사항은 대통령령으로 정한다.

④ 제1항에 따른 정착금은 양도하거나 담보로 제공할 수 없고, 압류할 수 없다.

[전문개정 2010. 3. 26.]

제21조의2(정착자산 형성의 지원)

제22조(거주지 보호)

제22조의2(거주지에서의 신변보호)

제22조의3(전문상담사제도 운영)

제23조(보고 의무)

제24조(교육지원)

제24조의2(북한이탈주민 예비학교의 설립)

제24조의3(공유재산의 대부·사용 등에 관한 특례)

제25조(의료급여 등)

제26조(생활보호)

제26조의2(국민연금에 대한 특례)

제26조의3(생업 지원)

제26조의4(자금의 대여 등)

제27조(보호의 변경)

제28조 삭제 <2014. 5. 28.>

제29조(비용 부담)

제30조(북한이탈주민지원재단)

제31조(권한의 위임·위탁)

제32조(이의신청)

제33조(벌칙)

제34조(과태료)

부   칙〈법률 제18596호, 2021. 12. 21.〉

이 법은 공포 후 6개월이 경과한 날부터 시행한다.

별첨3

1948년 남한 국적법

제1조 본법은 대한민국의 국민되는 요건을 규정한다.

제2조 다음 각호의 1에 해당하는 자는 대한민국의 국민이다.

1. 출생한 당시에 부가 대한민국의 국민인 자

2. 출생하기 전에 부가 사망한 때에는 사망한 당시에 대한민국의 국민이 던 자

3. 부가 분명하지 아니한 때 또는 국적이 없는 때에는 모가 대한민국의 국민인 자

4. 부모가 모두 분명하지 아니한 때 또는 국적이 없는 때에는 대한민국에 서 출생한 자 대한민국에서 발견된 기아는 대한민국에서 출생한 것으 로 추정한다.

제3조 외국인으로서 다음 각호의 1에 해당한 자는 대한민국의 국적을 취득 한다.

1. 대한민국의 국민의 처가 된 자

2. 대한민국의 국민인 부 또는 모가 인지한 자

3. 귀화한 자

제4조 외국인이 인지로 인하여 대한민국의 국적을 취득하는 때에는 다음 요건을 갖추어야 한다.

1. 본국법에 의하여 미성년일 것

2. 외국인의 처가 아닐 것

3. 부모중 먼저 인지한 자가 대한민국의 국민일 것

4. 부모가 동시에 인지한 때에는 부가 대한민국의 국민일 것

제5조　외국인으로서 다음 요건을 갖춘 자는 법무부장관의 허가를 얻어 귀화할 수 있다.

1. 5년 이상 계속하여 대한민국에 주소가 있을 것

2. 만20세 이상으로서 그의 본국법에 의하여 능력이 있을 것

3. 품행이 단정할 것

4. 독립의 생계를 유지할 만한 자산 또는 기능이 있을 것

5. 국적이 없거나 또는 대한민국의 국적을 취득함으로 인하여 그 국적을 상실하게 될 것

제6조　외국인으로서 다음 각호의 1에 해당하며 대한민국에 3년 이상 계속하여 주소가 있는 때에는 전조제1호의 조건을 갖추지 아니하여도 귀화할 수 있다.

1. 부 또는 모가 대한민국의 국민이었던 자

2. 처가 대한민국의 국민인 자

3. 대한민국에서 출생한 자로서 부 또는 모가 대한민국에서 출생한 자

제7조　외국인으로서 다음 각호의 1에 해당하며 현재 대한민국에 주소가 있는 때에는 본법제5조제1호, 제2호 및 제4호의 요건을 갖추지 아니하여도 귀화할 수 있다.

1. 부 또는 모가 대한민국의 국민인 자

2. 대한민국에 특별한 공로가 있는 자

3. 대한민국의 국적을 취득한 자의 처로서 대한민국의 국적을 취득하지 못한 자 전항제2호에 해당하는 자에게 귀화를 허가할 때에는 법무부장관은 대통령의 승인을 얻어야 한다.

제8조　대한민국의 국적을 취득하는 자의 처는 그의 본국법에 반대규정이 없는 한 부와 같이 대한민국의 국적을 취득한다.

대한민국의 국적을 취득하는 자의 자로서 본국법에 의하여 미성년자인 때에도 같다.

제9조 외국인의 처는 부와 같이하지 아니하면 귀화할 수 없다.

제10조 귀화인, 귀화인의 처 또는 자는 다음의 직에 취임하지 못한다.
  1. 대통령, 부통령
  2. 국무위원
  3. 특명전권대사, 공사
  4. 국군총사령관, 참모총장 제3조제1호 또는 제8조의 규정에 의하여 대한민국의 국적을 취득한 자도 같다.

제11조 귀화는 관보에 고시하여야 한다.
  귀화는 고시한 후가 아니면 효력을 발생하지 아니한다.

제12조 대한민국의 국민으로서 다음 각호의 1에 해당한 자는 국적을 상실한다.
  1. 외국인과 혼인하여 그 배우자의 국적을 취득한 자
  2. 외국인의 양자로서 그 국적을 취득한 자
  3. 혼인으로 인하여 대한민국의 국적을 취득한 자가 혼인의 취소 또는 이혼으로 인하여 외국의 국적을 취득한 자
  4. 자진하여 외국의 국적을 취득한 자
  5. 이중국적자로서 법무부장관의 허가를 얻어 국적을 이탈한 자
  6. 미성년인 대한민국의 국민이 외국인의 인지로 인하여 외국의 국적을 취득한 자. 단, 대한민국의 국민의 처 또는 양자가 된 자는 예외로 한다.

제13조 대한민국의 국적을 상실한 남자의 처 또는 미성년자인 자가 그의 국적을 취득한 때에는 대한민국의 국적을 상실한다.

제14조 전2조의 규정에 의하여 대한민국의 국적을 상실한 자가 대한민국에 주소를 가진 때에는 법무부장관의 허가를 얻어 대한민국의 국적을 회복할 수 있다.
  제8조의 규정은 전항의 때에 준한다.

제15조 귀화, 국적의 이탈과 회복에 관한 절차는 대통령령으로 정한다.

제16조 국적을 상실한 자는 대한민국의 국민이 아니면 향유할 수 없는 권리를 국적상실한 날로부터 1년 이내에 대한민국의 국민에게 양도하여야 한다.

전항의 규정에 위반한 때에는 그 권리를 상실한다.

부   칙〈법률 제16호, 1948. 12. 20.〉

이 법은 공포한 날로부터 시행한다.

북한 국적법

조선민주주의인민공화국 국적법

1963.10.9. 최고인민회의 상설회의 결정 제242호로 채택

1995.3.23. 최고인민회의 상임위원회 정령 제57호로 수정보충

1999.2.26. 최고인민회의 상임위원회 정령 제483호로 수정보충

제1조(국적법의 사명)

조선민주주의인민공화국 국적법은 공화국공민으로 되는 조건을 정하고 그들의 자주적 권리를 옹호보장하는데 이바지한다.

제2조(공민의 자격)

조선민주주의인민공화국 공민은 다음과 같다.

1. 공화국창건이전에 조선의 국적을 소유하였던 조선사람과 그의 자녀로서 그 국적을 포기하지 않은 자
2. 다른 나라 공민 또는 무국적자로 있다가 합법적절차로 공화국국적을 취득한자

제3조(공민의 보호원칙)

조선민주주의인민공화국 공민은 거주지나 체류지에 관계없이 공화국의 법적보호를 받는다.

제4조(귀국, 래왕의 자유원칙)

다른 나라에 거주하는 조선민주주의인민공화국 공민은 공화국으로 귀국하거나 자유로이 오갈 수 있다.

제5조(출생에 의한 국적취득)

다음에 해당하는 자는 출생에 의하여 조선민주주의인민공화국 국적을 취득한다.

1. 공화국공민사이에 출생한자
2. 공화국령역에 거주하는 공화국공민과 다른 나라 공민 또는 무국적사이에 출생한자
3. 공화국령역에 거주하는 무국적사이에 출생한자
4. 공화국령역에서 출생하였으나 부모가 확인되지 않은자

제6조(청원에 의한 국적취득)

무국적자 또는 다른 나라 공민은 청원에 의하여 조선민주주의인민공화국 국적을 취득할수 있다.

제7조(해외공민과 외국인사이에 출생한자의 국적)

다른 나라에 거주하는 조선민주주의인민공화국 공민과 다른 나라 공민사이에 출생한자의 국적은 다음과 같이 정한다.

1. 14살에 이르지 못한 자의 국적은 부모의 의사에 따라 정하며 부모가 없을 경우에는 후견인의 의사에 따라 정한다. 이 경우 출생후 3개월이 되도록 부모나 후견인의 의사표시가 없으면 공화국 국적을 가진다.
2. 14살 이상 미성인의 국적은 부모의 의사와 본인의 동의에 의하여 정하며 부모가 없을 경우에는 후견인의 의사와 본인의 동의에 의하여 정한다. 이 경우 본인의 의사가 부모의 의사 또는 후견인의 의사와 다르면 본인의 의사에 따라 정한다.
3. 성인으로 되는 자의 국적은 본인의 의사에 따라 정한다.

제8조(해외공민과 외국인사이에 출생한자의 공화국국적입적신청)

다른 나라에 거주하는 조선민주주의인민공화국 공민과 다른 나라 공민사이에 출생한 자녀의 국적을 공화국국적으로 정하려 할 경우에는 부모 또는 자

녀가 거주하는 나라에 주재하는 공화국 외교 또는 령사대표기관에 해당한 문건을 내야 한다.

공화국외교 또는 령사대표기관이 없을 경우에는 가까운 나라에 주재하는 공화국외교 또는 령사대표기관이나 거주하는 나라의 해당 기관에 문건을 내야 한다.

제9조(부모의 국적변경에 따르는 자녀의 국적)
부모가 조선민주주의인민공화국 국적에로 입적하거나 또는 그로부터 제적되는 경우 자녀의 국적은 다음과 같이 변경한다.

1. 14살에 이르지 못한 자녀의 국적은 부모의 국적을 따라 변경된다.
2. 14살 이상 16살에 이른 자녀의 국적은 부모의 의사와 본인의 동의가 있어야 변경된다. 이 경우 부모의 의사가 없거나 본인의 의사와 다르면 본인의 의사에 따른다.

제10조(부모일방의 국적변경과 자녀의 국적)
조선민주주의인민공화국 국적을 가진 부모 중 어느 일방의 국적이 변경되여도 그 자녀의 국적은 변경되지 않는다.

제11조(결혼, 리혼 및 립양, 파양과 국적)
조선민주주의인민공화국 국적은 결혼이나 리혼 또는 립양이나 파양에 의하여 변경되지 않는다.

제12조(국적회복)
조선민주주의인민공화국 국적을 상실하였던 자는 청원에 의하여 공화국국적을 회복할 수 있다.

제13조(국적제적자의 지위와 권리)
조선민주주의인민공화국 국적에서 제적된 자는 그 결정이 있은 날부터 공화국공민으로서의 법적지위와 권리를 상실한다.

제14조(국적실무사업기관)
조선민주주의인민공화국에서 국적과 관련한 실무적인 사업은 공민등록기관이 한다.

공화국령역밖에서는 해당 나라에 주재하는 공화국외교 또는 령사대표기관이 한다.

제15조(국적입적 제적청원의 결정기관)

공화국국적에로의 입적청원 또는 공화국국적에서의 제적청원에 대한 결정은 최고인민회의 상임위원회가 한다.

제16조(국적관련조약의 효력)

조선민주주의인민공화국이 국적과 관련하여 다른 나라와 맺은 조약에서 이 법의 내용과 다르게 정한 경우에는 그 조약에 따른다.

제3장

다시 보는 북한토지

– 북한토지에 대한 소유권 주장은 가능한가 –

제3장

다시 보는 북한토지[*]

– 북한토지에 대한 소유권 주장은 가능한가 –

I. 토지개혁 당시의 상황은 어떠했는가?

2차 세계대전의 종전 이후, 한반도에는 대한민국(남한)과 조선민주주의인민공화국(북한)이 수립되었다. 남북한은 모두 토지개혁을 시행했는데, 그 내용에 대하여는 다수의 연구[1)]가 있다. 한편 그 무렵 동아시아 각국에서도 토지개혁이 시행되었다.

이 장에서는 최근 발간된 자료를 통하여 토지개혁 당시의 상황을 구체적으로 살펴보고, 그 결과로 이루어진 현재 북한의 토지소유 및 사용 현황이 오늘날 우리에게 어떤 의미를 갖는지를 살펴본다.

흔히 북한은 '무상몰수 무상분배'의 방식으로, 남한은 '유상몰수 유상분배'의 방식으로 토지개혁이 이루어졌다고 말하지만 그 개혁 과정 당시를 살았던 사람들의 삶을 자세히 들여다보면 개혁과정이 단순하지

---

* 이 장은 "남북한 및 동아시아 주변국의 토지개혁 과정에 관한 서설적 연구", 북한법연구(제24호, 2020 하반기)에 발표된 논문을 수정·보완한 것이다.

않았고, 개혁의 결과를 부정하기도 쉽지 않다. 북한 토지법의 출발점인 북한의 토지개혁과정을 검토함으로써 북한 토지법제에 대한 이해를 높이고 나아가 장래 북한의 토지 제도가 어떤 모습이 되어야 할지 생각하는 계기로 삼고자 한다. 또한 그 무렵 진행된 남한과 동아시아 각국의 토지개혁을 검토함으로써 역사적 배경에 대해서도 다시 생각해 본다.

북한 토지문제를 연구한 선행연구[2]는 남한 헌법상 재산권 보장과 영토조항을 근거로 북한 지역에도 남한 헌법이 적용된다는 전제하에 북한 토지개혁의 성과를 부정하는 내용이 다수인바, 필자는 기존의 연구에서 전제되었던 사실을 재검토해야 한다는 문제의식을 가진다. 또한 2차 세계대전 이후 각국의 토지개혁 현황에 대한 사례 연구를 통해 토지개혁의 의미를 재평가할 필요성이 있다고 본다.

Ⅱ. 북한의 토지개혁은 어떻게 진행되었나?

최근에 발간된 자료를 중심으로 1946년 북한지역에서 실시된 토지개혁 상황을 살펴보자.

1. 소련군정 자료로 살펴본 토지개혁 과정

러시아연방 국방부중앙문서보관소 자료[3]에 의하면, 토지개혁을 전후한 시기에 북한지역에서 군정을 실시하던 소련 군인들이 본국에 보고한 문서의 내용을 알 수 있다. 이 자료에 의하면, 북한에서 일어난 토지개혁은 소련이 개혁방향을 정하고 최종적인 결정을 하였다.

소련군은 북조선 토지개혁 시행을 제안[4]하였는데, 그 이유는 다음과 같다.

"일본인들이 수립해 놓은 조선에서의 식민지적 토지이용 방식이 아직

도 잔존해 있으면서 지주집단의 부유화와 다수 농민 세대의 빈곤화를 초래하고 있다. 농민들은 매우 빈번하고 적극적으로 토지개혁 시행문제를 제기하고 있다. 겨울의 도래는 봄에 토지개혁을 시행하도록 잘 준비할 수 있는 가능성을 부여하고 있다. 이에 현시점에서 이 문제에 대한 검토에 착수할 필요가 있다. ... 현재 북조선의 토지이용 상황은 다음과 같다. 북조선은 경작에 적합한 토지 2백만 헥타르를 보유하고 있는데, 그 가운데 1가구당 40헥타르를 초과하는 토지를 보유한 일본인 지주들이 12만 헥타르(6%), 조선인 지주들이 12만 헥타르를 보유하고 있으며, 50%까지의 농민가구가 토지를 전혀 보유하고 있지 못하다."

이 문서는 토지개혁 방식도 제안하고 있는데, 일본인 지주가 보유한 토지를 전부 몰수하고 조선인 지주의 40헥타르를 초과하는 토지와 친일분자가 소유한 토지를 몰수하여 인민위원회를 통해 배분하며, 3월 말에 봄 파종이 개시됨을 고려하여 3월까지 토지개혁을 완료해야 한다는 내용을 포함한다.

1945년 12월에 로마넨코 등이 작성하여 보고한 기밀문서[5]에 의하면, 농업관계와 북조선 토지개혁안이 보다 구체적이다. 즉 농민들 중 2/3가 지주들의 땅에서 소작에 종사하며 농민들 가운데 토지를 갖지 못한 소작농이 50%를 넘는 현실에서 북조선의 농업개혁은 무엇보다 먼저 소작체계의 청산에 달려있다고 전제하고 농업개혁의 원칙을 제안하였다. 일본인과 친일 조선인의 토지를 무상으로 몰수한다. 다만 이때 몰수한 토지는 총 경지면적의 5%이내이므로 이것만으로는 농업문제를 해결할 수 없다. 헝가리에서 했던 것과 같이 조선인 지주들이 소유한 대부분의 토지를 강제로 매입하고 대금지불은 20년 분할상환으로 한다. 자기가 직접 농사짓지 않으면서 상시적으로 소작을 주는 토지소유자들의 토지는 토지의 규모와 상관없이 모든 토지를 강제로 매입한다.

몰수한 토지는 인민위원회가 관할하며 농민들에게 20년 분할상환으로 판매한다. 해당 토지의 2년치 수확물 가액을 토지가격으로 한다. 농민들은 20년의 기간 동안 자기의 수확량에서 10%를 토지대금으로 지불한다. 조선인 농민들은 우리와의 대화에서 지주들의 토지를 아무런 대가없이 받기보다는 지주들의 토지에 대해 정당한 대가를 지불하고 토지를 매입하고 싶다는 희망을 한결같이 표명하였다. 그들은 그렇게 할 경우에 자기들이 받은 토지가 실제로 자기들의 소유로 될 것임을 확신할 수 있을 것이라고 말하였다.

이런 준비과정을 거쳐 1946년 2월에는 메레쯔코프가 모스크바에 특별히 중요한 문서로 '북조선토지개혁에 대한 보고서6)'를 보냈다. 이 보고서는 일본의 통계를 근거로 북조선 토지이용체계를 정리한 후 토지개혁으로부터 실질적인 성과를 얻기 위해서는 5헥타르를 초과하는 토지를 보유한 지주들의 토지를 몰수해야 하며, 이런 내용의 토지개혁에 대한 법령이 작성되었고, 1946년 2월 23일 평양시에서 농민대회가 예정되어 있는데 여기서 토지개혁에 대한 법령안이 논의될 것이라는 내용이다.

이런 자료를 보면, 토지개혁의 전 과정에서 소련군정이 깊숙이 관여하였음을 알 수 있고, 토지개혁의 필요성이나 개혁방향에 대해서는 목표달성을 위해 수차례 조정절차를 거쳤음을 알 수 있다. 또한 농민들에 대한 실태조사도 진행하였으며, 목표달성을 위한 절차진행에 대해서도 세밀한 계획이 있었음을 알 수 있다.

토지개혁이 진행됨에 따라 그 진행상황을 수시로 보고한 자료도 다수 있는데, '북조선농촌위원회 대회에 대한 보고서7)'에 의하면, 1946년 3월 3일 북조선농촌위원회 대회가 개최되었으며, 보고자와 토론자들은 토지개혁의 기본원칙인 일본인과 지주의 토지를 몰수하여 농민들에게 무상으로 분배한다는 원칙에 찬성하였고, 농민대회가 북조선임시인민위원회에 보내는 호소문을 채택하였다.

'북조선 토지개혁관련 보고서[8]'에 의하면, 1946년 3월 5일 채택된 북조선 토지개혁법령(별첨 5) 시행절차 지령서에는 제1부 토지개혁 시행을 위한 농촌위원회의 조직과 농촌위원회의 의무에 대하여, 제2부 몰수에 처해지는 토지에 대하여, 제3부 토지의 분배에 대하여, 제4부 과수원과 과수에 대하여, 제5부 삼림에 대하여, 제6부 관개시설에 대하여로 구성되어 있는데 내용이 자세하다.

토지개혁이 진행됨에 따라 사업의 진행정도와 주민들의 동향에 대한 보고서도 수시로 작성되었는데, 1946년 3월 6~7일 상황에 대한 보고서[9]에는, 연석회의에 참석한 모든 정당 및 사회단체 대표들이 공동선언을 채택하였는데, 이 선언에서는 "토지개혁이 조선에 진정한 민주적 질서를 확립시키기 위한 실제적인 조건을 조성해 주기 때문에 이 개혁이 큰 정치적 의미를 가지며, 토지개혁법령의 실현은 당연히 친일분자 및 반동분자들과의 혹독한 투쟁이라는 조건에서 진행될 것이지만 우리는 이 투쟁을 두려워하지 않는다. 인민들 모두가 우리의 뒤에 있다."고 했다. 이어서 각 지역의 진행사항[10]을 요약하였다. 진행사항에 대한 보고는 계속 되었고, 주민 동향에 대해서도 구체적으로 기재하였다. 3월 하순부터는 토지개혁사업이 완료되었다는 보고서[11]가 작성되었다.

앞서 살펴본 소련군이 작성한 보고서를 종합하여 보면, 소련군은 북한에 대한 농업개혁이 필요하다는 인식하에 체계적으로 개혁방향을 논의하였고, 매단계마다 현장조사를 하면서 현실에 맞는 방안을 찾으려 노력하였다. 토지개혁법령을 제정한 이후에는 그 집행과정에서 발생한 사건을 구체적으로 수집하였고, 긍정적인 측면과 부정적인 측면을 모두 자세히 기재하였다. 또한 당시 소련군의 토지개혁은 북한뿐만 아니라 동유럽의 여러 나라에서도 시행되었음을 알 수 있다. 북한에서 일어난 토지개혁은 소련군의 지도아래 진행되었음이 역사자료로 확인되었다.

2. 미군 노획문서로 본 토지개혁 당시의 상황

사회주의 국가들은 공직자 개개인들로부터 자서전과 이력서를 제출받아 이를 주민관리 자원으로 활용하는 경향이 있다. 통상 자서전과 이력서라는 명칭의 문서이다. 북한도 공직자, 간부, 노동당원, 교원, 학생, 군인 등에게 자서전과 이력서 제출을 의무화했다.12) 북한 당국이 수집하여 보관 중이던 자서전과 이력서 중의 일부가 한국전쟁 기간 중에 38선 이북지역을 점령한 미군에 의해 노획되었고, 현재 미국 국립문서기록관리청(NARA, National Archives and Records Administration)에 소장돼있다.13)

북한 당국은 개인들로부터 수집한 자서전과 이력서에 평정서라는 문건을 끼워 한 세트로 보관하였는데, 평정서는 당국자가 그들을 평가한 문건이다. 자서전과 이력서14)는 일정한 양식에 따라 작성되었고, 이력서에는 수십 개의 기재 란을 두고 있다.15) 한편 자서전에도 작성요강이 있는데, 출생 당시부터 해방 전까지 가정의 경제상태 및 부모의 직업변동과 사상동향, 본인의 8세 이래 경력, 해방 전 사회관계, 교제한 친우의 성명과 교제시기, 현 직장에 누구의 추천으로 들어왔으며 근무 기간 중 상벌 사항이 있는지, 자신의 사상작풍과 사업역량 상의 장단점 등을 국문을 사용해 횡서로 쓰며 오자 없이 정서할 것 등으로 작성방법이 구체적이다.16)

김재웅 박사가 쓴 책『고백하는 사람들』7장에서 "혁명의 시작, 토지개혁"이란 항목을 두었는데, 소제목으로 '몰수와 분여', '환호와 보답', '시련과 저항'이란 항목을 두었다. 각 항목별로 인상적인 내용을 정리한다.

'몰수와 분여' 항목에는 토지개혁의 정당성,17) 역사의 현장에서 본 토지개혁,[18] 과열된 계급투쟁과 2차 토지개혁으로[19]라는 제목으로 토지개혁 초반부의 혼란상을 다루었다. 1946년 3월 5일부터 시작된 토지개혁의 궁극 목표는 모든 농민들의 안정된 생활기반을 창출하는데 있었다. 그에 따라 몰수된 모든 소작지가 빈농들에게 분여되었다. 자작농들은 기존의 토지 소유권을 인정받았고, 축출된 지주들도 타지에서 토지를 분여받았다. 그러나 토지개혁 이후 계급투쟁이 격화되자 초점은 농민들의 안정된 생활기반 창출에서 지주로 대표되는 착취계급 청산으로 무게 중심이 이동하는 경향을 보였다. 경작지를 소작 준 전력이 있는 농민들을 축출한 1947~1948년의 과열된 계급투쟁은 1946년 토지개혁의 목표가 퇴색했음을 보여주었다.[20]

'환호와 보답'이라는 소제목의 항목에는 토지개혁이 낳은 기적,[21] 체제의 버팀목이 된 빈농들[22]이란 제목으로 토지개혁의 성과를 다루었다. 한편 '시련과 저항'이란 소제목에서는 토지개혁이 불러온 절망과 시련,[23] 불만을 넘어 저항으로[24]라는 제목으로 부작용을 다루었다. 토지개혁은 가족 구성원들 간의 불화를 낳기도 했다. 가족들 간에도 생각이 달라 형제간에 토지개혁을 지지하는 쪽과 찬성하는 쪽으로 갈리기도 했고, 지주인 아버지와 토지개혁에 찬성하는 자식이 서로 헤어지는 경우도 있었다. 토지개혁에 불만을 품은 유산층 상당수는 조선민주당에 가입했다. 조선민주당은 무산층의 정당인 공산당에 맞서 세를 규합할 수 있는 현실적 방안이었다. 경쟁상대인 공산당원으로부터 억압을 당한 그들은 민주당 깃발 아래 자신들의 권익을 지키며 때로는 저항을 모색하기도 했다.[25]

위 책에 소개된 다수의 사례를 보면, 토지개혁 당시 주민들의 상황이 복잡하게 얽혀있었음을 알 수 있다. 재산소유 정도에 따른 이해상충의 갈등, 세대 간의 갈등, 1946년 개혁초반기와 1947년 이후의 계급투쟁 당시의 상황 등 한마디로 정리하기 어려울 정도로 복잡한 양상을 보였다. 또한 혁명적인 방식의 토지개혁은 필연적으로 폭력을 수반하게 되었고, 그 결과 상당한 피를 흘리게 되었다. 계급을 기준으로 토지개혁의 수혜자와 피해자가 구분됨으로써 향후 수혜자들 중심의 국가운영이 더욱 탄력을 받게 되었다는 사실도 확인하였다. 이런 복잡한 상황을 종합적으로 고려하지 않은 채 특정한 시기, 특정한 관점에서만 토지개혁 문제를 논의하기는 어려울 것이다.

3. 토지개혁 이후 북한사회는 어떻게 변화했나?

토지개혁에 대한 북한 당국의 평가는 긍정적이다. 1946년 4월 10일 북조선공산당 중앙조직위원회 제6차 확대집행위원회에서 한 보고 자료에 의하면, "우리는 예정한 기간 내에 위대한 민주주의적 개혁인 토지개혁을 순조롭게, 성공적으로 수행하였다. 토지개혁의 역사적 의의는 첫째로, 토지개혁은 조선의 민주화과업을 실천하기 위한 첫 조치이다. 둘째로, 토지개혁은 북조선농촌을 반동의 근거지로부터 민주주의의 근거지로 전환시켰다. 셋째로 토지개혁은 거대한 국제적 의의를 가진다. 조선인민은 아세아에서 처음으로 철저한 토지개혁을 실시하였다."고 평가한 후 토지개혁실시의 경과와 그 성과를 정리하였는데, 농촌위원회[26]의 조직을 활용하였고, 토지개혁의 성공원인[27]을 요약하였다. 이어서 '토지개혁을 실시하는 과정에서 나타난 결함과 우리가 얻은 경험'이란 제목으로 '토지개혁 실시과정에서 나타난 결함과 오류[28]'를 정리한 후 '우리의 과업[29]'을 밝혔다.

한편 1947년 3월 5일에는 '토지개혁법령반포 1주년에 대하여'라는 문건을 통해 토지개혁으로 98만 1,390정보의 토지를 72만 4,522호에 달하는 고용농민과 토지없는 농민, 토지적은 농민들에게 무상으로 분여하였고, 토지의 주인이 된 농민들은 수확의 25%를 현물세로 국가에 납부하고 나머지는 자기가 가지게 되었다는 사실을 홍보하고 있다.

토지개혁을 제도적 측면에서 살펴보면, 1946년의 토지개혁으로 무상 몰수 무상분배된 토지에 대해 개인소유권이 인정되었으나, 처분권은 제한되었다.[30] 1948년 9월 8일 채택된 북한 헌법은 토지개혁의 성과를 반영하고 있다. "토지는 자기의 로력으로 경작하는 자만이 가질 수 있다. 전 일본국가와 일본인의 소유토지 및 조선인 지주의 소유토지는 몰수한다. 소작제도는 영원히 폐지한다."(제6조), "법령에 규정한 토지, ... 주택과 그 부속시설, 가정용품, 수입, 저금에 대한 개인소유는 법적으로 보호한다. 개인소유에 대한 상속권은 법적으로 보장한다."(제8조)

토지개혁 이후 1950년부터 3년간 한국전쟁을 겪었고, 전후 복구과정에서 1958년까지 농업협동화가 추진되었다. 분배한 토지를 다시 회수하여 집단화하는 데에는 상당한 저항이 있었다.[31] 그 이후 1972년 사회주의 헌법을 통해 토지에 대한 개인소유권을 전면 금지하여 현재에 이르고 있다.[32]

한편 북한 당국은 1951년 5월 22일 '경작자 없는 토지를 공동경영함에 대하여'를 공포하여 전쟁기간 중 국유화된 월남자 토지에 대해 협동조합원들에게 공동경작권을 부여하였고, 1951년 8월 22일 '협동단체들의 조직 및 사업강화에 관한 결정'을 공포하고, 1953년 3월 27일 '생산협동조합들의 경제활동을 강화하기 위한 제 대책에 관한 결정'을 공포하여 국가기관, 국영기업소, 기타 단체들이 부속농장을 조직하는 한편 경작자 없는 토지를 부업경영하게 함으로써 점차 협동적 집단적 토지소유제도를 정비하였다.[33]

농업협동화시기의 법제도로는, 1958년 '지적문건보관관리규정'을 제정하여 지적공부와 측량기계의 보관 및 관리책임을 정하였고, 1960년 7월 5일 '토지관리규정'을 제정하여 토지를 5가지 용도(농업용, 산림지, 도시토지, 특수용토지, 기타토지)로 구분하여 관리하였다. 1961년 2월 9일에는 '국가 수수료에 관한 규정'을 제정하여 각종 토지관련 수수료를 결정하였다. 1963년 12월 17일에는 토지법을 제정하였다.

북한 현행 토지법(1977년 제정되었고, 1999년에 수정되었음)에 의하면, "토지는 국가 및 협동단체의 소유"이며, "나라의 모든 토지는 인민의 공동소유로서 그것을 누구도 팔고 사거나 개인의 것으로 만들 수 없다."(제9조)고 규정하여 토지소유와 처분을 엄격히 제한하였다. 또한 토지관리도 엄격히 하고 있는데, "토지를 아끼고 사랑하는 것은 전체 인민들과 농업근로자들, 국가기관들의 신성한 의무"이며(제80조), "논밭은 허가없이 묵이거나 버릴 수 없으며"(제65조), "산업토지를 관리하는 기관, 기업소는 공장, 기업소와 산업시설물의 부지를 필요 이상 넓게 잡아놓고 토지를 람용하는 일이 없도록 하며 산업토지의 보호관리사업을 철저히 하여야 한다."(제73조)

Ⅲ. 남한의 농지개혁은 어떻게 진행되었나?

1949년 남한 지역에서 실시된 농지개혁 상황을 살펴보자.

1. 조봉암은 농지개혁과정에서 어떤 역할을 하였나?

대한민국 정부의 초대 농림부장관 죽산 조봉암은 농지개혁을 구상하고 실천한 인물이다. 조봉암 평전[34]에서 해당 부분을 살펴본다.

조봉암은 남한만의 단독정부를 지지하면서 총선거에 출마하여 인천에서 당선되었다. 이때 그의 결심은 "미군정 3년을 지내고 우선 남한만으로라도 우리 민족이 정권을 이양받고 통일을 도모한다는 것은 정치적으로 지극히 단순하고 당연한 일입니다."[35]라고 표현되었다. 조봉암은 선거유세 연설에서, "우리는 오직 민족자주주의를 고수해야 합니다. 나는 국회에 나가면 남북통일을 위해 싸울 것입니다. 여러분이 남북통일이 좋은 일이라면 저를 지지하시고 그렇지 않으면 배척하십시오.”36)라고 주장하였다.

국회에 진출한 죽산은 생활의 기본적 수요, 국민경제의 균형적 발전, 토지개혁 경제조항의 정립과 통과에 힘을 기울였다. ‘토지는 천부성(天賦性)을 가진 자원이므로 모든 국민이 평등한 권리를 누린다.’는 평등지권의 신념에 젖어 있던 그는 농민 대부분이 소작농인 농지문제를 해결하지 않으면 안 된다고 역설했다.37) 한편 이승만 대통령은 조봉암을 불러 농림장관을 맡아달라고 부탁했다. 조봉암은 농정을 그르치면 중국에서처럼 이 나라가 공산화될 것이 필지인데 한민당이 모든 개혁을 반대하니 그를 물리치고 대대적인 개혁을 지지해준다면 맡아보겠다고 했고, 이승만은 조봉암의 제안에 동의했다.38)

어느 날 국무회의를 마치고 나서 그는 대통령에게 농지개혁의 복안을 말했다.

> “개인의 재산권을 어느 정도 보장하면서 농지를 분배하는 게 최선입니다. 그래야 빠른 속도로 토지 균등성을 확보할 수 있습니다. 토지개혁은 농지에 한정하되 강제몰수나 무상분배는 피하고 정부가 개입해 현물보상을 하는 것입니다. 정부방침을 천명하십시오.”

이승만 대통령은 조봉암의 의견에 찬성하고 1948년 9월 30일 국회 시정연설을 통해 정부계획을 밝혔다. 소작제도를 철폐하고 경자유전의 원칙을 확립할 것이며 균등한 농지를 적당한 가격 또는 현물보상의 방식으로 농민에게 분배할 것이라는 내용이었다.39)

당시 전체 농가는 200만호였다. 자기 땅이 전혀 없는 완전 소작농이 49%, 약간의 토지를 갖고 소작을 병행하는 반소작농이 35%, 완전자립농과 지주가 17%였다. 농민을 붙잡는 데 땅을 나눠주는 것보다 더 좋은 것은 없다고 죽산은 생각했다. 농지개혁의 의지는 더 커졌다.40)

2. 농지개혁은 어떻게 진행되었나?

미군정은 1945년 9월 25일 군정법령 제2호로 '패전국 소속 재산의 동결 및 이전 제한의 건'과 1945년 12월 6일 군정법령 제33호로 '조선 내에 있는 일본인재산권 취득에 관한 건'을 제정하여 구 일본정부와 일본인 소유의 재산권을 몰수하였다.[41]또한 미군정은 농지개혁을 추진하였는데, 미군 내 개혁을 중시하는 인물들은 반공의 전제하에 사회경제 개혁을 추진하였고, 그 결과 좌우합작위원회[42]에서 '합작7원칙'을 만들면서 좌우를 절충한 토지개혁안을 제시하였다.

죽산은 농지개혁법 제정을 위해, 농정전문가들을 모아 농정심의위원회라는 자문기구를 만들고 양곡공출제도의 중단, 농지개혁, 농업협동조합 설립, 농민신문의 창간 등을 추진했다. 그는 먼저 양곡매입법안을 입안해 국회에 상정했다. 농민이 양곡을 팔 때는 정부에만 팔되 정부가 양곡을 매입할 경우 소작농이 지주에게 내는 지대를 우선 매수하고 양곡의 국외수출을 금하는 내용이었다. 지주 편인 한민당이 반대했으나 농림부 안은 농민들의 절대적인 지지를 받고 있어서 법안은 통과되었다.[43]

1948년 12월 21일 조봉암 장관의 농지개혁법 시안이 완성되었는데, 시안의 가장 큰 특징은 '유상몰수 유상분배'와 '무상몰수 무상분배'를 섞은 절묘한 방안이었다. 소작제도를 청산해야 한다는 시대적 요구에 충실하되 '공공의 필요에 의하여 국민의 재산권을 수용 또는 제한함은 법률이 정하는 바에 의하여 상당한 보상을 지급함으로써 행한다.'는 헌법 제15조를 더 중시한 것이었다. 지주 보상액은 평년작의 15할로 하되 3년 거치 후 10년간 분할 보상하게 되어 있었다. 이것이 북한과 중국의 토지개혁과 다른 점이었다. 죽산은 다음날인 12월 22일 전국농업경제과장 회의에서 전격적으로 발표해 버렸다.[44] 한편 제헌의회에서는 헌법에 농지개혁을 명시하였고,[45] 1949년 6월 농지개혁법(별첨 6)이 통과되었다.

1950년 봄 남한 정부는 일체의 소작농지와 3정보 이상의 소유농지를 유상으로 매수하여 이를 소작인등에게 유상으로 분배하는 농지개혁을 실시하였다. 분배농지에 대한 보상은 지주에게 연평균 소출의 150%를 액면가치로 하는 지가증권을 발행해 주고 그중 30%씩을 매년 정부고시 가격으로 환산하여 향후 5년간 현금으로 보상하도록 하였고, 상환은 농지를 분배받은 농민에게 상환증서를 발급한 후 위와 같은 액수를 5년간 현물로 균분 상환하게 하였다. 농지개혁으로 분배된 농지는 59만 정보로 전체 농지의 26%, 소작지의 40%였다.[46]

1945년 말에 전체 농지의 35%였던 자작농지는 농지개혁 후인 1951년에 96%로 급증함으로써 지주제가 무너지고 자작농 체제가 성립하였다. 한국 농지개혁의 특징은 농지의 유상매수, 지주전업(地主轉業), 귀속기업체 불하를 정책적으로 연계해서 추진한 것으로 다른 나라와 달랐다. 농지개혁의 결과 혁명의 온상이었던 농촌을 보수화하고 지주자본의 산업자본으로의 전환도 일부 촉진하여 반공-자본주의 체제가 수립되는데 큰 영향을 미쳤다. 농지개혁으로 자작농이 된 농민이 반공체제의 지지층이 된 반면에 지주층은 소멸하였고 양반신분제 및 종족집단의 결집과 유대도 함께 약화되는 사회변화가 촉진되었다.[47]

3. 농지개혁 이후 남한사회는 어떻게 변화했나?

농지개혁은 농민들에게 토지를 소유하게 함으로써 세계 최고 수준의 토지균등성을 빠른 속도로 이룩해냈다. 농민들에게 희망을 안겨줘 혁명을 포기하게 만들었고 1950년 한국전쟁시기 나라 전체가 공산화되는 것을 막는 원인이 되었다. 토지소유자가 된 농민들의 저력이 자녀 교육으로 집중됐고 이것은 지금 우리가 누리는 비약적인 경제성장의 동력이 되었다.[48] 여순 반란사건이 민간인으로 확대되지 않은 건 죽산이 토지개혁의 기틀을 잡았기 때문이라는 의견도 있다. 곧 자기 땅이 생길 텐데 농민들이 왜 빨치산과 손을 잡겠느냐는 말이다.[49]

농지개혁은 내전인 한국전쟁과 동시에 진행되어 그 후 농촌사회에 많은 변화를 가져왔다. 많은 대지주가 도시로 떠나자 그보다 하위의 인사들이 그 자리를 메워 농촌지역의 엘리트 구성에 변화가 나타났다. 전쟁 후에는 원래 자작농이었거나 농지개혁으로 자작농이 된 이들의 프티부르주아 의식과 거기에 기반을 둔 반(反)지주, 반공 정서가 한동안 지속되었고 자유당은 그런 정서를 정치적으로 잘 활용하였다.[50]

농지개혁은 남한주민들 특히 농민들에게 역사상 한 번도 경험해 보지 못한 '평등주의'가 실현되는 과정을 목격하게 하였다. 농지개혁을 통한 '평등주의의 정착'은 남한사회의 성격을 근본적으로 규정한 요인으로 작용하였다. 경제적으로는 산업화과정에 경제잉여를 투입하라는 정부의 지시에 자발적으로 순응하면서도, 정치적으로는 민주화에 대한 강렬한 열망을 가진 한국사회의 특징은 '평등주의의 정착'이라는 농지개혁의 성과를 빼놓고는 효과적으로 설명할 수 없다.[51]

Ⅳ. 다른 나라도 토지개혁을 하였나?

1. 여러 나라에서 토지개혁 현상이 나타난 이유는 무엇인가?

앞서 남북한의 토지개혁 과정을 살펴보았다. 그런데 토지개혁이 한반도에서만 생긴 일인지 혹은 당시의 동아시아 다른 나라에서도 생긴 일인지 살펴볼 필요가 있다. 여기에서는 한, 중, 일, 베트남의 사례를 살펴봄으로써 당시 각국의 토지개혁에서 공통점을 찾아보려 한다.[52]

1945년 2차 세계대전의 종결은 세계 각지에서 국민국가 건설의 열망과 함께 토지개혁에 대한 요구를 폭발시켰다. 새로운 세계질서를 주도할 미국과 소련은 우호적인 체제를 확산시키기 위해 다른 나라에 개입할 명분을 찾았는데, 그것은 '민주주의의 확산'이었다. 소련은 동유럽과 북한에 민주개혁의 이름으로 인민민주주의적 토지혁명을 후원하였고, 미국도 이에 대응하여 공산혁명을 예방하고 자유민주주의를 확산하기 위하여 동아시아 국가의 토지개혁에 개입하였다.[53]

당시 동아시아 각국은 식민지에서 벗어난 독립국 또는 패전국으로서 새로운 국가를 건설해야 하는 과제를 안고 있었다. 이때 각국의 산업구조는 농업 위주인데다가 토지는 대부분 지주의 소유로 되어 있어서 지주제를 폐지하고 토지를 농민의 소유로 전환시켜 산업화의 기반을 다지는 것이 급선무라는 인식, 즉 경자유전론이 널리 퍼져 있었다.[54] 이런 이유로 동유럽과 동아시아 국가에서 토지개혁이 실시되었고, 토지개혁에 성공한 동아시아 국가들은 정치체제의 안정, 경제민주화 등의 성과를 얻었다.

2. 일본의 농지개혁

2차 세계대전에서 일본이 패배한 이후 연합군은 1945년부터 1952년까지 일본을 점령하였는데, 이때 연합국 최고사령부 사령관 맥아더가 수행한 임무는 비무장화, 정치범 석방 등의 자유화, 경제개혁을 위한 재벌해체, 농지개혁으로서 일본전체 경작지의 38%를 소작인들에게 분배하여 지주를 붕괴시키고, 자작농지 비율을 90%로 상승시키며, 여성들에게 참정권과 평등권을 부여하는 개혁정책의 추진이었다.[55]

일본의 농지개혁 법안은 1946년 10월에 의회를 통과하여 실시되었는데 부재지주의 모든 임대지와 재촌지주의 임대지 가운데 보유한도 평균 1헥타르가 넘는 부분은 국가가 강제 매수한 후 소작농에게 매도하며 사업은 2년 내에 완료하도록 하였다.[56]

농지개혁에 의해 전체 농지의 37%가 매수되어 소작인들에게 싼 값에 매도되었다. 전후 인플레이션이 급격히 진행되는 바람에 지가는 실질가격하락이 이루어져 농지개혁이 종료될 시점에는 사실상 무상몰수 무상분배나 마찬가지가 되었다. 한편 지주들이 농지 매수가격이 부당하다는 소송을 제기했으나, 1953년 12월 최고재판소는 일본헌법 제29조 제2항에 규정된 공공의 복리를 이유로 들어 지가가 정당한 보상에 해당한다며 기각하였다.[57]

농지개혁에 따라 농지를 소유하는 것은 단순히 자유로운 사적소유가 아니라 일정한 사회적 책임을 수반하는 일이 되었다. 농업생산 측면에서 국민에게 식량을 공급한다는 공공성을 띠는 정책관념이 생겼고, 그런 관념을 배경에 두고 농지개혁이 이루어졌다. 전후에 농지법으로 농지 소유와 임대를 엄격히 규제한 데에는 농지개혁이라는 역사적 배경이 있다. 또한 농지개혁은 안정적 농촌사회를 낳았고, 일본경제의 고도성장에도 기여했다. 자작농 체제에서 농민의 영농의욕이 향상되면서 농가의 투자력이 신장되어 농업생산이 확대되고 기술혁명이 가능하게 되었다.[58]

3. 대만의 토지개혁[59]

대만의 토지개혁은 대륙에서 국공내전에 패하고 건너온 국민당 정부에 의해 추진되었다. 1949~1953년의 37.5 감조(減租), 1951~1952년 공유지 매각, 1953년 경자유전의 3단계를 거쳐 진행되었다. 경자유전은 1953년 1월 공포된 법령에 따라 지주 사유지의 유상매수와 유상분배 방식으로 진행되었는데 그해 12월 완료되었다.

대만의 토지개혁은 높은 역사적 평가를 받았고, 토지개혁은 대만이 2차 세계대전 이후 국민정부의 통치하에 정치 경제 및 사회 각 방면에서 이룩한 발전의 기초로서 대만기적의 주요 근원으로 여겨져 왔다.

4. 중국의 토지개혁

2차 세계대전 종료 후 중국의 경자유전은 공산당의 주도하에 1946년 5월 개시되어 1952년 12월에 완료되었다. 공간적으로는 화북의 공산당 지배구역에서 시작되어 점차 화중과 화남으로 확대되었다. 그 결과 3억 명의 농민에게 7억 무(1畝=610 평방미터)가 분배되었고 그 면적은 당시 전체 경지의 44%였다. 이 과정에서 공산당의 토지정책은 크게 세 차례 바뀌었는데 5.4지시(1946.5.), 토지법대강(1947.10.), 토지개혁법(1950.6.) 이 그것이다. 전 인구의 1/3이 거주한 화북과 화중의 일부 공산당 해방구는 토지개혁법 이전에, 전 인구의 2/3가 거주한 화중과 화남은 그 이후에 진행되었다.[60)

토지개혁의 경제적 효과는 농민경제보다 국민경제의 부흥과 발전을 위한 토대를 마련한 점에 있다. 농업생산물의 대부분이 지주계급의 비생산적 소비로 사라지게 하던 분배구조가 혁신되어 국가와 농민 사이에 직접 분배하되 그 대부분이 국가의 산업화 재원으로 투입되었다. 또 다른 효과는 정치적 사회적 효과인데, 토지개혁을 통해 지주계급과 그들 중심의 향촌정권이 소멸되고 농민을 주체로 하는 새로운 향촌정권이 수립된 점, 그로 인해 무력에 의지한 향촌권력자의 자의적 폭력행사가 종식된 점이다. 이 점에서 토지개혁은 향촌의 계급구조를 혁신한 민주혁명의 의의를 갖는다. 신해혁명이 해결하지 못한 미완의 과제가 비로소 완수된 것이다.[61)

토지개혁 이후 1956년 6월 제1기 전국인민대표대회 제3차 회의에서 통과된 '고급농업생산합작사시범정관'에 의해 농민들의 사유 토지가 집체소유토지로 전환되는 토지소유제 개혁이 실시되었고, 중국 공산당 제8기 중앙위원회 제10차 회의에서 '농촌 인민공사 업무조례 개정 초안' (1962년)의 시행을 결정함으로써 농촌의 토지가 집체소유권과 사용권으로 구분되어 농민들의 토지사유권이 완전히 소멸되면서 토지의 전민소유제(全民所有制)와 농민집체소유제(農民集體所有制)가 시행되었다.[62]

5. 베트남의 토지개혁

1945년에서 1953년까지 북베트남의 토지정책은 3개의 연속적인 단계를 거쳤다. 첫째 "제국주의자들과 봉건적인 극우반동분자들에게 토지정책이라는 창끝을 겨누기 위해서" 제국주의자와 배신자에 속한 토지를 몰수하고 공유지, 개간지, 부재지주가 소유한 토지를 재분배하는 단계, 둘째, "봉건주의자들의 경제력을 약화시키고, 농촌에서 그들의 정치적 권위를 무너뜨리기 위한" 첫 번째 조치를 취하며, 근로농민을 강화시키기 위해서 소작료와 이자율을 인하하고 부채를 탕감하는 단계, 셋째, "봉건주의자들의 토지점유권을 철폐시키고 그들의 정치력을 무력화시키며 '토지를 경작농민에게, 농촌의 진정한 주인은 농민이다'라는 구호를 실현하는" 진정한 의미의 토지개혁을 실현하는 단계이다.[63]

토지개혁은 그 경제적 요소로서, 약간의 토지를 가장 가난한 농민들에게 줌으로써 잠시 동안 베트남 북부의 농업을 다시 활성화시키고 인구당 곡물 비율의 질적 하락과정을 잠시 멈추게 했다. 그러나 토지개혁과정에서 행해진 자주 폭력적이었던 이데올로기적 일탈과 과도한 지나침 역시 부인할 수 없다.[64] 토지개혁과정에서 일어난 거대한 변혁은 사회 자체를 전복시키며 사상과 문화의 혁신으로까지 나아가서 전통적인 마을의 거주공간을 재분배하고 혈족의 관계망을 약화시키며 민속신앙을 혁파하여 상징적 심리적 결속력을 약화시켰다.[65]

한편 법무부 자료[66]에서 베트남 토지제도를 개괄해 보면 아래와 같다. 베트남의 과거 토지소유권은 국가 등 공공 소유의 토지, 귀족과 관리들 소유의 토지, 마을 등 공동체 소유의 토지, 개인 소유의 토지 등 4가지 형태였다. 국가 등 공공 소유의 토지를 분배받은 자는 그 토지를 사용하거나 임대할 수는 있었지만 매도할 수는 없는 반면 마을 공동체 소유의 토지는 마을의 모든 주민들이 공동으로 소유할 수 있었다.

베트남 통일 후인 1980년 12월에 선포된 베트남 헌법 제19조에서 "토지, 산림, 강 등 자연자원은 전 인민의 소유이다."고 명시하여 토지 소유제도를 중앙집중화하고 국가 중심의 토지 관리체제를 구축하였다.

그런데 사회주의 형태의 토지제도는 토지이용의 비효율성과 농업생산성 저하를 초래하였고, 이런 문제를 해결하기 위해 1986년 도이모이 정책을 시작으로 한 개혁개방정책이 실시되면서 토지사용권에 대한 법적 확장을 통해 토지사용의 효율성을 확보하려 하였다. 1987년 토지법을 제정하여 토지소유권과 사용권에 대한 권리와 의무를 규정하였고, 1991년 6월 제7차 공산당 전당대회에서 토지사용권에 대한 양도, 임대, 저당, 상속을 가능하도록 개혁한다는 내용의 결정을 채택하고, 1993년 토지법을 개정하여 토지사용권의 거래가 가능하도록 하여 시장 경제질서 내에서 토지사용을 허용하였다. 2003년에도 토지법을 개정하여 토지용도를 구체적으로 세분화하고 토지등록절차와 보상절차, 토지 분쟁해결절차등을 명확히 하였다. 베트남의 토지제도는 토지소유권과 사용권을 분리하며, 토지와 건물도 엄격히 구분하여 건물은 개인이 소유할 수 있도록 인정하며, 토지사용권을 대폭 강화하였다.

6. 토지개혁 이후 각국은 어떻게 변화했나?

동아시아 각국은 모두 나름의 방식에 따라 경자유전을 실행함으로써 지주제를 혁파하였다. 이는 동아시아 역사상 전에 없던 획기적인 일이며, 동아시아 국가들 상호 간에 모종의 영향을 주고받았다. 유상매수의 경자유전은 일본, 한국, 대만 순으로 진행되었는데 각기 자국의 역사적 맥락으로부터 요청되는 필요성을 바탕으로 하면서도 미국의 반공정책과 관련하여 혁명 예방적 필요에서 서둘러 단행된 측면이 있다. 한편 무상몰수의 경자유전은 북한, 중국, 베트남 순으로 진행되었으며 이들 상호간에 그리고 유상매수 유형으로부터 영향을 받으면서 진행되었다. 동아시아 지역의 토지개혁은 동시성과 상호 관련성을 가지고 있으며 탈냉전시기에 새로 공개된 문서를 통해 재조명되고 있다.[67)]

7. 독일 토지개혁 사례의 시사점

앞서 동아시아 각국의 사례를 살펴보았는바, 추가로 독일통일과정에서 토지개혁문제가 어떻게 처리되었는지 살펴보고자 한다. 독일의 토지개혁 판결[68)]을 참고한다. 독일 통일 후, 소련군정하에서 토지개혁의 대상이 되었던 동독지역 토지와 관련한 분쟁이 다수 있었는데 독일연방헌법재판소의 판결[69)]이 중요한 쟁점을 다루었다. 이 사건의 주요쟁점은 남북한 토지문제에도 시사하는 점이 있다.

소련 점령지구였던 구 동독지역에서 1945년부터 1949년 사이에 토지개혁이 실시되었고, 대토지 소유자의 토지는 몰수되어 토지기금에 적립된 후 농민들에게 분배되었다. 1946년 토지가 수용된 지주들의 후손들이 통일 후 수용당한 토지의 소유권자라고 주장하며 소송을 제기하였다. 청구인들은 기존질서의 파괴를 통해 사회주의적 공동체질서를 형성한 것이 목적의 측면이나 수단의 측면에서 공공복리라는 이름 아래 덮어질 수는 없으므로 완전한 보상이 이루어져야 한다고 주장하였다. 또한 통일조약법이라는 법률의 제정을 통해 토지개혁의 불법성을 덮으려 한다면 이는 결국 국민을 단순히 국가 통치행위의 대상으로 전락시키는 것이 되어 기본법에 위배된다고 주장하였다.[70)]

연방헌법재판소는 통일조약의 체결은 통일의 달성이라는 고도의 헌법적 과제의 완수를 위한 연방정부의 의무에 기인한 것이며, 그 통일조약에서 이미 발생한 재산권 침해에 대해서는 기본법 적용을 배제한다고 규정하였다. 또한 과거 소련점령지역의 수용조치는 소유권자의 법적 지위를 완전하고도 종국적으로 박탈하였다. 서독 기본법 제23조 제1항에는 우선 서독지역에서만 책임을 가지며 나머지 지역에서는 나머지 연방주들이 가입한 후에 책임을 진다고 명시하고 있다. 또한 입법자는 보상의 정도를 정함에 있어서 광범위한 입법형성의 재량권을 가지며, 입법자는 원상회복의 총량에 따라 보상의 정도를 판단해야 하며 단순히 재산적 손해만 평가하는 것이 아니라 당시에 발생한 삶, 건강, 자유, 직업적 전망 같은 다른 법익들을 함께 평가하여야 하고 동시에 입법자는 신연방주 재건이라는 측면을 함께 고려하여야 한다는 이유로 청구인의 주장을 기각하였다.[71]

V. 맺음말

앞서 살펴본 역사적 사실을 바탕으로, 북한 토지개혁을 어떻게 이해할 것인가 생각해 본다. 토지개혁은 북한 토지제도의 출발점이다. 북한 토지법[72] 제3조는 "토지에는 토지개혁을 위하여 고귀한 생명을 바친 혁명선렬들의 붉은 피가 스며 있"으므로 "국가는 혁명의 전취물인 토지를 보위하기 위하여 투쟁한다"고 규정한다. 북한에서 토지개혁은 혁명적 과정을 거쳐 기존의 질서를 파괴하고 새로 세운 질서다. 그 과정은 한 번에 끝난 것이 아니고 하나의 원칙으로 진행된 것도 아니다. 토지개혁법이라는 법에 근거하였지만 집행과정에서는 계급투쟁이라는 혁명투쟁의 방식에 의해 진행되었고 그 과정에서 희생된 생명도 무수히 많았다.

이런 역사적 현실을 고려해 볼 때, 1946년 3월 이전에 소유권을 보유하였다는 역사적 사실을 근거로 하여 그 이후에 수립된 현실을 부정하기는 어렵다고 생각한다. 특히 1946년의 토지개혁이 그것으로 끝난 것이 아니라 그 이후 농업협동화과정을 거쳐 재국유화된 상황을 고려한다면 과거의 권리에 기한 주장을 허용하기는 더욱 어렵다. 또한 그로부터 지금까지 70여 년이 지난 시간과 그동안 북한 주민이 그 토지에 근거하여 생활을 하고 있다는 점도 고려해야 한다.

한편 필자의 견해와 다른 견해도 경청하고자 한다. 특히 북한이탈주민이 남한에서 상속받은 토지에 대해 권리를 주장한 사건과의 형평성 및 원소유자의 소유권을 인정하는 것이 원칙이라는 주장이 있는바, 서로 다른 두 견해 사이에 어떤 차이가 있는지, 그 차이를 극복할 방법은 무엇인지 논의하는 토론의 장이 마련되기를 희망한다.

결국 북한 토지개혁의 효력 인정 문제는 장래의 남북간 합의나 입법으로 정리될 사항이지만 그 경우 입법자는 광범위한 재량권을 가지게 될 것이다. 독일연방헌법재판소의 판결처럼 입법자는 재산권 보호 외에도 정치적인 사정, 그 당시에 발생한 삶, 건강, 자유 등의 여러 요소에다가 미래 사회의 건설이라는 측면까지 고려하여야 할 것이다. 필자는 북한 토지의 장래에 대해서는 현재의 북한 토지제도를 출발점으로 삼아야 할 것이며, 과거, 특히 1946년 3월 이전의 소유권에 기한 주장은 허용할 수 없다고 생각한다. 또한 토지문제를 생각할 때는 그 땅에 근거한 사람이 늘 있었다는 사실과 토지가 그들 삶의 기반이었다는 점을 명심한다.[73]

1946년 북한 토지개혁법

북조선 토지 개혁에 대한 법령(1946.3.5)

제1조　북조선 토지 개혁은 역사적 또는 경제적 필요성으로 된다.

　　토지 개혁의 과업은 일본인 토지 소유와 조선인 지주들의 토지 소유 및 소작제를 철폐하고 토지 이용권은 경작하는 농민에게 있다. 북조선에서의 농업 제도는 지주에게 예속되지 않은 농민의 개인 소유인 농민 경제에 의거한다.

제2조　몰수되어 농민소유지로 넘어가는 토지들은 아래와 같다.

　　ㄱ. 일본국가, 일본인 및 일본인단체의 소유지

　　ㄴ. 조선 민족의 반역자, 조선 인민의 이익에 손해를 주며 일본 제국주의자의 정권기관에 적극 협력한 자의 소유지와 일본 압박 밑에서 조선이 해산될 때에 자기 지방에서 도주한 자들의 소유

제3조　몰수하여 무상으로 농민의 소유로 분여하는 토지는 아래와 같다.

　　ㄱ. 1 농호에 5정보 이상 가지고 있는 조선인 지주의 소유지

　　ㄴ. 스스로 경작하지 않고 전부 소작 주는 소유자의 토지

　　ㄷ. 면적에 관계 없이 계속적으로 소작 주는 전 토지

　　ㄹ. 5정보 이상을 소유한 성당, 사원 기타 종교 단체의 소유지

제4조 몰수되지 않은 토지는 아래와 같다.

　　ㄱ. 학교, 과학연구회, 병원 소유지

　　ㄴ. 북조선 인민위원회의 특별한 결정으로 조선의 자유와 독립을 위하여 반일 침략 투쟁에서 공로 있는 자들과 그의 가족에 속하는 토지, 조선 민족 문화 발전에 특별한 공로자와 그의 가족에 속한 토지

제5조 제2조, 제3조에 의하여 몰수한 토지 전부 농민에게 무상으로 영원한 소유지로 양여함

제6조

　　ㄱ. 몰수한 토지는 고용자, 토지 없는 농민, 토지 적은 농민에게 분여하기 위하여 인민위원회 처리에 위임함

　　ㄴ. 자기 노력에 의하여 경작하는 농민의 소유지는 분할치 아니함

　　ㄷ. 자기 노력으로 경작하려는 지주들은 본 토지 개혁에 대한 법령에 의하여 농민들과 같은 권리로써 다만 다른 군에서 토지를 가질 수 있음

제7조 토지를 농민 소유로 분여하는 식을 도 인민위원회가 토지 소유권에 대한 증명서를 교부하며 이를 토지 대장에 등록함으로써 완결됨

제8조 본 법령에 의하여 농민에게 준 토지는 일반 부채 부담에서 면제함

제9조 본 법령에 의하여 토지를 할양당한 지주에게서 차용한 고용자와 농민의 일체 부채는 취소함

제10조 본 법령에 의하여 농민에게 분여된 토지는 매매치 못하며 소작주지 못하며 저당하지 못함

제11조 지주의 축력 농업기구 주택의 일체 건축대지 등은 제3조 【ㄱ】항에 의하여 몰수되어 인민위원회의 처리에 위임하되 인민위원회는 본 법령 제6조에 의하여 토지 가지는 고용자, 토지 없는 농민에게 분여함. 몰수된 일체 건물은 학교, 병원 기타 사회기관의 이용으로 넘길 수 있음

제12조 일본 국가, 일본인 및 일본인 일체 단체의 과수원 기타 과목들은 몰수하여 도 인민위원회에 맡김. 본 법령 제3조 【ㄱ】항에 의하여 토지를 몰수당한 조선인 지주의 소유인 과수원 기타 과목들은 몰수하여 인민위원

회에 보류됨

제13조 농민들이 소유한 적은 산림을 제외하고 전 산림은 몰수하여 북조선 인민위원회의 처리에 위임함

제14조 본 법령에 의하여 토지를 몰수당한 소유자에게 소유된 관개시설의 전부는 무상으로 북조선 인민위원회의 처리에 위임함

제15조 토지 개혁은 북조선 인민위원회의 지도하에 실시됨. 지방에서 토지 개혁을 실시할 책임은 도, 군, 면 인민위원회에 부담되며 농촌에서는 고용자, 토지 없는 소작인, 토지 적은 소작인들의 총회에서 선거된 농촌위원회에 부담됨

제16조 본 법령은 공포한 시기부터 실행력을 가짐

제17조 토지 개혁 실행은 1946년 3월 말일 전으로 마칠 것
토지 소유권 증명서는 금년 6월 20일 전으로 교부할 것

1946년 3월 5일
북조선임시인민위원회
위원장 김일성
서기장 강양욱
조선중앙통신사, 『조선중앙연감』, 1950

1949년 남한 농지개혁법

농지개혁법 [법률 제31호, 1949. 6. 21. 제정]

제1장 총칙

제1조 본법은 헌법에 의거하여 농지를 농민에게 적정히 분배함으로써 농가 경제의 자립과 농업생산력의 증진으로 인한 농민생활의 향상 내지 국민 경제의 균형과 발전을 기함을 목적으로 한다.

제2조 본법에서 농지는 전, 답, 과수원, 잡종 기타 법적지목 여하에 불구하고 실제경작에 사용하는 토지현장에 의한다.

농지경영에 직접 필요한 지소, 농도, 수로 등은 당해몽리농지에 부속한다.

제3조 본법에 있어 농가라 함은 가주 또는 동거가족이 농경을 주업으로 하여 독립생계를 영위하는 합법적 사회단위를 칭한다.

제4조 본법 시행에 관한 사무는 농림부장관이 차를 관장한다.

본법의 원활한 운영을 원조하기 위하여 중앙, 시도, 부군도, 읍, 면, 동, 리에 농지위원회(以下 委員會라 함)을 설치한다.

제2장 취득과 보상

제5조 정부는 좌에 의하여 농지를 취득한다.

1. 좌의 농지는 정부에 귀속한다.

(가) 법령급 조약에 의하여 몰수 또는 국유로 된 농지

(나) 소유권의 명의가 분명치 않은 농지

2. 좌의 농지는 적당한 보상으로 정부가 매수한다.

(가) 농가 아닌 자의 농지

(나) 자경하지 않는 자의 농지, 단, 질병, 공무, 취학등 사유로 인하여 일시 이농한 자의 농지는 소재지위원회의 동의로써 도지사가 일정기한까지 보류를 인허한다.

(다) 본법 규정의 한도를 초과하는 부분의 농지

(라) 과수원, 종묘포, 상전등 숙근성 작물재배토지를 3정보이상 자영하는 자의 소유인 숙근성작물재배이외의 농지

제6조 좌의 농지는 본법으로써 매수하지 않는다.

1. 농가로서 자경 또는 자영하는 일가당 총면적 3정보이내의 소유농지 단, 정부가 인정하는 고원, 산간등 특수지역에는 예외로 한다.

2. 자영하는 과수원, 종묘포, 상전 기타 숙근성 작물을 재배하는 농지

3. 비농가로서 소규모의 가정원예로 경작하는 500평이내의 농지

4. 정부, 공공단체, 교육기관등에서 사용목적을 변경할 필요가 있다고 정부가 인정하는 농지

5. 공인하는 학교, 종교단체급 후생기관등의 소유로서 자경이내의 농지 단, 문교재단의 소유지는 별로히 정하는 바에 의하여 매수한다.

6. 학술, 연구등 특수한 목적에 사용하는 정부인허범위내의 농지

7. 분묘를 수호하기 위하여 종전부터 소작료를 징수하지 아니하는 기존의 위토로서 묘매일위에 2반보이내의 농지

8. 미완성된 개간 급 간척농지 단, 기완성부분은 특별보상으로 매수할 수 있다.

9. 본법 실시이후 개간 또는 간척한 농지 단, 국고보조에 의한 것은 전호

단서에 준한다.

전항 제1호의 농가로서 제2호, 제7호 내지 제9호의 비매수토지를 겸유할 경우에는 기면적은 제1호 면적에 합산하지 않는다. 단, 본법 실시후 신규로 기경작농지를 제2호의 숙근성 작물에 전용하는 부분은 합산한다.

제7조 매수농지에 대한 평가는 정부에서 각 소재지위원회의 의를 경하여 좌와 여히 정한다.

1. 각 시읍면별로 각 지목별 표준 중 급농지를 선정하여 차의 평년작 주산물 생산량의 15할을 당해 토지임대차가격과 대비하여 당해 시읍면의 공통배률을 정하고 차에 의하여 동 지구내 각 지번별의 보상액을 정한다.

2. 농지의 상황변천 기타로 인하여 종래의 생산량 또는 임대차 가격에 의거하기 곤란한 농지는 인근유사농지에 준하거나 또는 기타 적당한 방법으로써 정한다.

3. 과수원, 종묘포, 상전 기타 숙근성 작물지는 시가에 의하여 별로히 사정한다.

4. 개간, 간척 기타 특수지에 대하여는 기실정을 심사하여 특별보상액을 첨가 작정한다.

5. 농지의 분배를 받은 빈농가와 농지를 정부에 매수당한 소지주에게 정부는 그 정상에 의하여 가격 3할이내의 금액을 보조할 수 있다.

전 각호에서 정한 보상액은 갱히 동일피상자의 총면적 급 가금고에 의한 체감률을 적용한다. 단, 정부가 인정하는 육영, 교화, 학술급 후생재단에 대한 보상에는 본항을 적용치 않고 또한 본항 체감액에 해당한 자본세액을 면제한다.

제8조 보상은 좌의 방법에 의하여 정부에서 발행하는 정부보증부용통식증권으로 소유명의자 또는 기선정한 대표자에게 지급한다.

1. 증권액면은 전조에서 결정된 보상액을 환산한 당해연도 당해농지 주산물수량으로 표시한다.

2. 증권의 보상은 5년균분년부로 하여 매년 액면농산물의 결정가격으로

산출한 원화를 지급한다. 단, 보상액이 소액이거나 또는 정부가 인정하는 육영, 교화, 학술재단에 대한 보상은 일시불 또는 기간을 단축할 수 있다.

제9조 매수농지에 설정한 담보권부 급 기타채무는 매수와 동시에 정부가 차를 인수하되 보상액 한도내에서 제8조 방법에 의준하여 채권자에게 변제한다.

제10조 본법에 의하여 농지를 매수당한 지주에게는 그 희망과 능력 기타에 의하여 정부는 국가경제발전에 유조한 사업에 우선삼획케 알선할 수 있다.

제3장 분배와 상환

제11조 본법에 의하여 정부가 취득한 농지 급 별도 법령에 의하여 규정한 국유농지는 자경할 농가에게 좌의 순위에 따라 분배 소유케 한다.
  1. 현재 당해농지를 경작하는 농가
  2. 경작능력에 비하여 과소한 농지를 경작하는 농가
  3. 농업경영에 경험을 가진 순국렬사의 유가족
  4. 영농력을 가진 피고용 농가
  5. 국외에서 귀환한 농가

제12조 농지의 분배는 농지의 종목, 등급 급 농가의 능력 기타에 기준한 점삭제에 의거하되 1가당 총경영면적 3정보를 초과하지 못한다.
    제6조말항은 전항 면적에 준용한다.
    제6조제1항제1호의 농지에 관하여는 점삭제를 적용하지 않는다.

제13조 분배받은 농지에 대한 상환액 급 상환방법은 다음에 의한다.
  1. 상환액은 당해농지의 주생산물 생산량의 12할5분을 5연간 납입케 한다.
  2. 상환은 5연간 균분 년부로 하여 매년 주생산물에 해당하는 현곡 또는 대금을 정부에 납입함으로써 한다.
  3. 농가의 희망과 정부가 인정하는 사유에 따라서 일시상환 또는 상환기간을 신축할 수 있다.

제14조 본법을 시행하기 위하여 직접 소요되는 소유권이전등기세, 부동산

취득세 및 이득세는 부과하지 않는다.

제4장 보존과 관매

제15조　분배받은 농지는 분배받은 농가의 대표자 명의로 등록하고 가산으로서 상속한다.

제16조　분배받은 농지에 대하여는 상환 완료까지 좌의 행위를 제한한다.

　　1. 매매, 증여 기타 소유권의 처분

　　2. 저당권, 지상권, 선취특권 기타 담보권의 설정

제17조　일체의 농지는 소작, 임대차, 위탁경영등 행위를 금지한다. 단, 제5조제1항제2호 단서의 경우 급 정부가 본법 기타 법령에 의하여 인허한 경우에는 예외로 한다.

제18조　농지의 분배을 받은 농가가 상환금, 조세, 수세 기타 정부 또는 공인단체가 대부 또는 인수한 채무를 지변하지 못하는 경우에는 정부는 당해 농지의 소유권을 반환시키기 위하여 당해농지 소관 재판소에 소송을 제기할 수 있다. 이 경우에 최종 재판소는 2심상급 재판소까지로 한다.

　　재판소가 농지의 소유권 반환을 판결한 때에는 정부는 그 농지를 좌의 가격에 의하여 매수하고 미변제의 채권액을 공제한 잔액을 제8조에 의준하여 농가에게 반환한다.

　　1. 상환 미완료한 때에는 기상환액의 75%로 한다.

　　2. 립모작물이 있는 때 급 농가가 자력으로 실시한 개량, 시설등에 대하여는 그 전부 혹은 일부를 별도 심사 보상한다.

제19조　상환 미완료한 농가가 절가, 전업, 이주 등으로 인하여 이농케 되거나 또는 경작 능력의 변동등으로 인하여 경작지의 전부 혹은 일부를 포기하려 할 때에는 소재지위원회를 경유하여 정부는 좌의 가격 급 제8조 방법에 의하여 차를 매수한다.

　　1. 기상환액 전액으로 한다.

　　2. 립모 급 개량, 시설등은 심사실비 금액을 첨가 보상한다.

　　3. 본법에 의하여 분배받지 않은 농지 급 상환을 완료한 농지는 소재지

관서의 증명을 얻어 당사자가 직접 매매할 수 있다.

제20조 전2조 또는 기타에 의하여 정부가 취득한 농지는 본법에 의하여 분배한다.

제21조 정부는 농업경영의 능률화 급 합리화를 위하여 농지의 개량, 교환, 분합, 정리, 용도변경등 수시 적절한 조치를 취할 수 있다.

농민은 전항의 조치를 소재지위원회를 경유하여 정부에 신청할 수 있다.

제5장 조정 기타

제22조 본법 실시에 관한 사항으로 이의를 가진 이해관계자는 소재지위원회의 재사를 신청할 수 있다.

전항의 재사 결정에 대하여서는 순차로 상급 위원회에 최종으로 시도위원회까지에 항고할 수 있다.

전2항의 이의 또는 신청기간은 결정통지서를 받은 익일로부터 20일이내라야 한다.

제23조 이의신청 또는 항고를 받은 위원회는 부군도이하 위원회에 있어서는 1주일이내에 시도위원회에 있어서는 2주일이내에 이해관계자를 소삼케 하여 심사를 개시하고 심사가 끝난후 1주일이내에 재사에 관한 결정통지서를 발송하여야 한다.

각급 위원회는 이해상대자가 없는 사건에 관하여 전항의 시일을 도과할 때에는 이의 또는 항고자의 주장을 승인한 것이 된다.

제24조 이해관계자는 다음에 해당할 때 당해 농지소재지관할재판소에 제소할 수 있다. 이 경우에 최종재판소는 제18조제2항과 같다.

1. 법령의 해석적용에 관하여 이의가 있을 때
2. 사건관여위원중 불공평한 사실이 있을 때
3. 기타 공정한 결정을 조해한 사정이 있을 때

제25조 본법 시행후 차를 거부, 기만 또는 위반한 자는 그 농지를 무상 몰수 또는 그 농지의 경작권을 상실케 하고 백만원이하의 벌금을 병과할 수 있다.

대리인, 대표자 혹은 사용인이 전항의 행위를 범한 때에는 그 행위자에 대하여 1년이하의 징역 또는 50만원이하의 벌금에 처한다.

부   칙

제26조 본법 제2조제2항의 부속지 급 기타 각 조항에 관하여 본법 실시상 필요한 규정은 별로히 대통령령으로써 정한다.

제27조 본법 통과이후의 좌기행위를 금지한다. 단, 본법 시행상 필요한 행위는 예외로 한다.

  1. 자경하지 않는 농지의 매매와 증여 단, 교육, 자선 기타 공공단체에 대한 증여는 예외로 한다.

  2. 소작권의 이동 및 박탈

제28조 본법에 저촉되는 법령은 그 저촉되는 부분의 효력을 상실한다.

남조선과도정부법령 173호는 본법 시행과 동시에 폐지한다.

대동령에 의하여 기히 처분된 농지에 대하여는 본법에 의하여 일률적으로 적용된다.

제29조 본법은 공포일로부터 시행한다.

다시 보는 남북관계

- 특수관계에서 정상관계로 -

제4장

─────

다시 보는 남북관계*
─ 특수관계에서 정상관계로 ─

Ⅰ. 특수관계를 바꿀 수 있는가?

현재의 남북관계를 법률적으로는 남북한 특수관계론으로 설명한다. 이런 설명이 현재까지는 타당할 수 있었지만, 장래 교류협력이 전면화¹⁾될 시기에는 달라져야 한다는 문제의식을 가지게 되었다. 이 장에서 남북한 특수관계론의 변화가능성을 모색해 본다. 남북한 특수관계론이 형성된 1990년대와 비교하여 변화된 현재의 상황을 먼저 살펴보자.

입법 측면을 보면, 남북교류협력 재개에 대비하여 정부 부처별로 그 부처 소관법률에 남북교류협력에 관한 사항을 포함하는 개정안을 지속적으로 발의하고 있다. 문화부는 관광기본법 개정안 제3조 제2항에서 기본계획에는 '남북관광 활성화에 관한 사항'이 포함되어야 하며, 제13조의 2에서 "정부는 남북교류 증진과 관광사업 육성을 위하여 남북관

─────────────

* 이 장은 "남북한 특수관계론에서 정상관계론으로 변화가능성 연구", 헌법논총 제32집 (2021년호)에 발표된 논문을 수정·보완한 것이다.

광을 활성화시키는 데에 필요한 시책을 강구하여야 한다. 정부는 남북 관광 활성화를 위하여 북한의 관련 현황 및 정책 등에 대하여 조사 연구하여야 한다."는 내용이 추가되어야 한다는 입장이다. 이에 대하여 통일부는 반대한다. 반대 이유는 남북관광 활성화를 위한 법적 뒷받침은 남북교류협력법과 남북관계발전법에 따라 충분히 가능하고, 아직 남북관계가 제도화되지 않은 상황을 고려하여 대북관계는 전략적 측면이 중요하므로 개별법에 구체적 사업 내용을 법제화하기 보다는 현행 법체계 내에서 사업을 추진하고 향후 여건 조성시 법제화를 검토하는 것이 바람직하다는 입장이다. 이런 문제는 국토부(철도, 도로, 공항), 문화재청(남북 공동 유네스코 등재) 등 여러 부처에서 발생하고 있다. 또한 지방자치단체도 남북협력사업을 독자적으로 추진하려고 한다. 개정된 남북교류협력법 제24조의 2[2])에 따라 지방자치단체가 남북교류협력사업의 주체가 됨으로써 남북교류협력사업의 활성화가 가능하게 되었다. 2020년 12월 말 기준으로 남북관계에 관한 조례를 제정한 지자체는 161개이다(광역 17, 기초 144). 이 문제는 각자 의견이 모두 이유가 있다. 새로운 요구가 제기되는 것은 기존의 법체계가 한계에 부딪쳤음을 드러내는 것이다. 통일부 중심의 정책, 원칙적 금지와 예외적 허용이라는 포지티브 시스템의 남북협력이 변화해야 함을 보여주는 사례이다.

다음으로 정부 정책 측면에서 보면, 문재인 정부는 한반도평화프로세스를 추구[3])하였는데, 이는 북한을 평화와 통일의 동반자로 인정하고 비핵 평화 및 화해협력과 공동번영을 추진하는 대북 포용정책의 총칭이다. 문재인 정부가 추진하는 한반도 신경제구상의 장래를 예상하여 보면, 남북한 간 교류의 재개에서 시작하여, 일반적인 교역에서 산업부문으로 교류를 확장하고, 물류와 생산시스템까지 연결함으로써 남북공동시장기반을 마련하는 변화를 추구할 것이다.[4]) 이러한 변화에 대비하기 위해서는 변화된 환경에 맞는 법과 제도가 마련되어야 하는데, 남북한 특수관계론으로 이런 변화된 미래를 맞이하기는 어렵다.[5] 이런 변화를 맞이하려면 법제도도 새롭게 바뀌어야 한다는 것이 필자가 가지는 문제의식이다.

마지막으로 국민의 통일의식 변화 측면이다. 통일연구원이 진행한 2020년 조사는 통일에 대한 인식이 임계점을 넘어서고 있다는 것을 보여준다. 더 이상 혈연적 민족주의에 기반한 당위적 통일론으로는 국민들의 공감을 얻을 수 없다. 설문참가자들은 통일이 장기적으로 국가에 이익이 될지 몰라도 그 과정에서 개인들이 부담해야 할 생활수준의 하락에 대해 걱정하고 있다. 따라서 통일의 의미와 필요성, 그리고 그것이 구체적으로 우리의 삶에 미칠 영향에 대한 새로운 연구와 국민적 토론, 그리고 합의가 이루어지지 않는다면 정부의 통일 및 대북정책 수행에 대한 구체적인 합의 도출이 힘들어질 것이다.[6][7] 통일의식조사 결과를 보면, 국민의 통일인식이 질적으로 변하고 있음을 알 수 있다. 법과 제도도 국민의식변화에 맞추어 변화해야 할 것인데, 그 시작은 북한의 법적 지위에 대한 인식 변화[8]와 남북관계에 대한 인식변화에서 시작해야 한다. 이런 이유로 기존의 남북관계에 대한 법이론인 '남북한 특수관계론'을 비판적으로 재검토하고 대안을 모색해 보고자 한다.

필자는 북한연구에서 법의 역할이 무엇인지를 생각해 보았다. 해방 이후 대한민국 초기에 북한문제는 정치와 군사분야의 영향이 강했고 법이 개입할 여지가 적었다. 국가보안법이 주로 문제되었던 시기에서 벗어난 것은 1988년 7.7 선언[9] 이후 북한과도 교류와 협력을 할 수 있다는 사고의 전환에서 시작되었다. 이때부터 법이 북한문제에 개입할 수 있었다. 이때 고안된 이론이 북한의 이중적 지위론 내지 남북한 특수관계론이다. 그로부터 다시 30년이 지났다. 한 세대가 지나는 사이에 교류협력은 확대와 중단을 반복하고 있고, 그에 맞추어 법률의 제정과 개정이 계속되었다. 이런 과정을 거치면서 북한문제에서 법도 하나의 독자적인 영역이 되었다. 그런데 현재의 법과 제도로 미래로 나아갈 수 있을까를 생각해 보면 의문이 든다. 이 시점에서 또 한 번의 사고 전환이 필요하다는 생각을 하게 되었다.[10] 필자가 주장하는 변화의 방향은 현실에 근거하여 미래지향적으로 접근하는 것이다. 남북관계에서 법이 문제되는 영역은 주로 교류협력의 일선에서 발생한다. 이때 법의 역할은 고고한 원칙을 선언하는 것이 아니라 당면한 문제를 해결하고 통일을 지향하는 방향으로 제도를 개선하는데 이론적 근거를 제공하는 것이어야 한다.

II. 남북한 특수관계론은 어떻게 형성되었나?

1. 남북한 특수관계론은 무엇인가?

남북한 특수관계론은 남북관계의 특수성을 규범적 측면에서 설명하는 헌법이론이다. 남북관계에서 발생하는 법률의 충돌과 모순을 해결하는 이론적 도구이며 헌법규범과 헌법현실, 남북한의 국내법적 지위와 국제법적 지위 사이의 모순을 합리적으로 설명하려는 규범적 분석틀이다. 기존의 논의를 살펴본다.

이효원 서울대학교 법학전문대학원 교수는 남한과 북한은 자신을 한반도의 유일한 합법정부로 주장하면서 상대방을 규범적으로 인정하지 않기 때문에 남한의 입장에서 북한의 법적 지위를 어떻게 인정할 것인지가 문제라면서 3가지 측면에서 설명한다.[11] 국내법적 규범영역의 소극적 의미는, 남북관계가 나라와 나라 사이의 관계가 아니라는 의미인데, 남북관계를 규율할 직접적인 기준을 제시하는 것은 아니다. 국내법적 규범영역의 적극적 의미는 북한의 이중적 지위다. 북한이 반국가단체로 활동하는 영역에서는 국가보안법등 국내법이 적용되고, 대화와 협력의 동반자로 활동하는 영역에서는 북한의 실체를 인정하고 국제법원칙을 적용12)한다. 국제법적 규범영역에서는 국제사회에서 남북한이 각각 국제법의 주체로서 활동하고 있는 현실과 국내법을 이유로 국제법의 적용을 배제할 수 없다는 국제법원칙이 고려되어야 하고, 따라서 남북한이 제3국이나 국제기구와 법률관계를 형성할 경우에는 원칙적으로 국제법원칙이 적용된다.13)

한편 송진호 판사는 남북한 특수관계론이란 헌법 제3조와 제4조14)의 규범조화적 해석, 남북기본합의서, 남북교류협력에 관한 법률, 남북관계 발전에 관한 법률, 대법원 판례, 헌법재판소 결정례 등을 근거로 하여 "남북한 사이의 관계는 나라와 나라 사이의 관계가 아닌, 통일을 지향하는 과정에서 잠정적으로 형성되는 특수관계"라는 기본원리에서 이를 구체적인 법률관계에 적용할 수 있도록 도출된 법이론이라 한다.15) 구체적 적용에서 남북한 관계가 국내법적 규범영역에서 적용될 경우에는 북한의 이중적 지위에 따라 북한이 반국가단체로서 활동하는 영역과 대화와 협력의 동반자로 활동하는 영역으로 구분하여 전자는 남한법을 후자는 국제법을 적용한다고 설명한다.16)

특수관계론17)은 남한 헌법은 규범적으로 북한을 인정하지 않고 있어 남북관계에서는 국제법을 적용할 수 없으며 분단으로 인해 한반도 전체에 단일한 국내법을 적용할 수도 없는 현실18)에서 구체적인 사안에서 법을 적용하기 위해 고안된 이론이다. 그런데 이 이론은 적용과정에서 해당 사례가 국내법적 규범영역에 속하는지 혹은 국제법적 규범영역에 속하는지 구분해야 하고, 국내법적 규범영역에 속하는 경우에도 또 다시 반국가단체로 활동하는 영역인지 혹은 교류와 협력의 동반자로 활동하는 영역에 속하는지 구분해야 한다. 이론적으로 이런 구분이 가능할 수도 있지만 실제 현실에서 발생하는 사안은 국내법과 국제법이 혼재하고, 또한 북한을 보는 시각에 따라 반국가단체 활동인지 교류와 협력 활동인지 구분하는 기준과 범위가 달라질 수 있기 때문에 특수관계론의 적용이 명쾌하지 않다.[19] 필자는 특수관계론은 일시적 잠정적인 이론이 될 수는 있지만 교류와 협력이 전면화될 시기에는 필연적으로 한계를 드러낼 수밖에 없는 이론이라고 본다.

2. 남북한 특수관계론이 등장한 시대상황은 어떠했는가?

남북한의 관계 및 북한의 국가성 인정에 대한 기존의 논의를 정리해보면, "대한제국은 일제강점기와 미소점령기에도 계속해서 존재하였고, 남북한에 정부가 수립되면서 대한제국은 소멸되었지만 대한민국은 1948년 당시 UN에 의해 승인된 유일한 합법적인 정부로서 대한제국과 계속성과 동일성을 가진다."[20]는 견해가 다수의견이다. 그런데 위 주장의 근거가 된 1948년 유엔 결의문에는 당시 선거가 가능한 지역에 대한 합법적 정부라는 내용이 있는바, 실효적 지배가 가능한 현재의 남한 영역에만 효력을 미친다고 보는 것이 현실적일 것인데, 다수의견은 효력의 범위를 한반도 전역으로 확장하고 있다.[21]

남북한 특수관계론이 등장한 것은 냉전체제의 해체라는 국제환경의 변화에 남북이 대응한 결과라 할 수 있다. 1989년 미소정상은 몰타회담에서 냉전체제의 종식과 평화공존을 선언하였고, 그 결과 미소의 전략무기감축협정체결과 전술핵 폐기선언으로 이어지면서 냉전체제가 해체되었다. 이 시기 남한은 사회주의 국가들을 상대로 적극적인 외교정책을 펼치는 북방정책을 추진하였는데 1989년 헝가리와 수교한 이후 동구권 국가들, 소련, 중국과 국교를 수립하였다. 남한은 국내적으로도 1988년 7.7.선언에서 남북 상호교류와 자유왕래를 포함한 남북한 협력방안을 제안하고, 1990년 남북교류협력법을 제정함으로써 남북교류를 제도화하였다. 한편 이 시기 북한은 냉전체제 붕괴로 위기가 심화되었다. 이미 생산성 저하, 관료주의, 폐쇄사회의 경직성 등 사회주의 체제의 구조적 결함을 안고 있었고, 북한에 우호적이었던 사회주의권이 경제적 지원을 중단함에 따라 북한의 산업은 거의 마비상태에 이르게 되었다. 이런 위기에서 북한은 남한과의 관계개선을 통해 활로를 찾고자 했다.[22]

남북한은 이러한 시대상황의 변화에 따라 1991년 남북한의 유엔 동시가입,[23] 남북기본합의서 체결(별첨 7), 한반도 비핵화 공동선언 채택을 통해 공존전략을 선택하였다. 특히 남북기본합의서는 남북한의 대표가 공식적 접촉을 통해서 합의를 도출하였으며 남북한의 공식 국호와 서명자의 직함이 명시되었다는 상징성이 있고, 또한 남북한이 통일을 과정으로 이해하고 이를 위해 남북관계의 개선과 평화공존을 기본적인 방향으로 제시했다는 의미가 있다.[24] 남북기본합의서의 전문은 "(남북 쌍방은) 나라와 나라 사이의 관계가 아닌 통일을 지향하는 과정에서 잠정적으로 형성된 특수관계"라 규정했다.

3. 독일과 비교하면 어떤가?

남북기본합의서는 독일의 동서독기본조약에 영향받은 것이라는 견해가 있다. 여기서 동서독의 합의과정을 살펴본다. 1969년 10월 28일 서독수상 빌리 브란트는 "독일에 두 개의 국가가 존재하더라도 그 국가는 상호 외국이 아니며, 그 상호관계는 특수한 종류인 것"이라 했다. 이 말의 의미는 독일에 두 개의 나라, 독일연방공화국과 독일민주공화국이 존재하고 있다는 사실을 서로 인정하자는 것이고, 그리고 그 두 국가는 서로 외국이 아닌 특수관계라는 의미를 부여했다. 즉 하나의 민족이 이룬 두 개의 국가로서 특수하다고 한 것이다.[25]

한편 1972년 체결된 동서독기본조약은 서문, 10개 조문의 구조로 되어 있는데, 조약 쌍방을 정식국호인 독일연방공화국과 독일민주공화국으로 분명히 칭하고, 두 국가의 주권과 영토를 상호 인정한다는 것을 전제로 하고 있다.[26] 독일연방헌법재판소는 1973년 7월 31일 판결에서 양독간의 특수한 관계에 대하여, "첫째 동독은 국제법상 국가로서 국제법 주체이기는 하나 이것은 서독에 의한 동독의 국제법상 승인문제와는 별개이고, 둘째 서독이 동독과 기본조약을 체결한 것은 동독을 '특수한 형태의 사실상 승인'을 한 것으로 간주될 수 있고, 셋째 기본조약은 형식적으로는 국제법상의 조약으로 다른 국제법상의 조약과 같은 효력을 갖는 2국가 간의 쌍무조약이나 내용상으로는 전체 독일이라는 포괄적 국가의 두 부분인 양독간의 내부관계를 규정하는 이중적 성격의 조약이다."27)라고 설명했다.

김상준 경희대 교수는 남북기본합의서가 동서독기본조약에 비해 상호인정의 수준이 크게 떨어지는 불완전한 합의라 지적한다. 남북기본합의서는 합의서 전체에서 합의 당사자를 서로의 정식국호로 부르지 못하고 쌍방 또는 남과 북이라 애매하게 지칭하는데, 이는 반쪽국가 의식에 머물렀기 때문이라 평가한다. 그에 비해 독일은 기본조약을 통해 서로를 주권국가로 인정함으로써 반쪽국가 의식을 극복하고 양국체제로 확실히 이행하였다는 견해를 취한다.28)

필자는 남북기본합의서의 '나라와 나라 사이의 관계가 아닌'이란 말이 무슨 뜻일까 생각해 보았다. 굳이 이렇게 표현한 것은 현실에서 두 나라29)이기 때문에 우리끼리는 그렇게 보지 말자는 합의를 한 것은 아닐까 싶다. 또한 이 내용이 곧바로 남북한 특수관계론의 내용과 같이 북한의 법적 지위를 이중적 지위로 본다는 의미인지 의문이 든다. 이런 의문이 이 글을 쓰게 된 이유이기도 하다. 남과 북이 각자 독립된 나라임을 확인하면서 통일을 지향할 수는 없을까? 생각해 볼 문제다. 이런 문제는 엄밀한 법학의 영역이라기보다는 정치의 영역이 강한 분야이고, 현실과 규범 중간에 끼인 분야라 법적으로 엄밀한 논증이 어렵다는 생각도 하게 되었다.

4. 법률에는 남북한 특수관계론이 어떻게 반영되었나?

현행 법률 중에서 남북한 특수관계론과 관련된 조항을 살펴보자.

『남북관계발전에 관한 법률』 제3조 제1항은 "남한과 북한의 관계는 국가간의 관계가 아닌 통일을 지향하는 과정에서 잠정적으로 형성되는 특수관계이다." 동조 제2항은 "남한과 북한간의 거래는 국가간의 거래가 아닌 민족내부의 거래로 본다."고 규정한다.

『남북교류협력에 관한 법률』은 제1조에서 "이 법은 군사분계선 이남지역과 그 이북지역 간의 상호 교류와 협력을 촉진하기 위하여 필요한 사항을 규정함으로써 한반도의 평화와 통일에 이바지하는 것을 목적으로 한다." 제3조에서 "남한과 북한의 왕래·접촉·교역·협력사업 및 통신 역무(役務)의 제공 등 남한과 북한 간의 상호 교류와 협력을 목적으로 하는 행위에 관하여는 이 법률의 목적 범위에서 다른 법률에 우선하여 이 법을 적용한다."고 규정한다.

『남북주민 사이의 가족관계와 상속 등에 관한 특례법』은 제2조에서 "이 법을 해석·적용할 때에는 남한과 북한의 관계가 국가 사이의 관계가 아닌 평화적 통일을 지향하는 과정에서 잠정적으로 형성되는 특수관계임을 고려하여야 한다."고 규정한다. 위 법률의 규정은 모두 남북한 특수관계론에 기초하고 있다.[30]

Ⅲ. 판례가 북한을 보는 시각은 어떻게 변했나?

북한의 국가성 인정여부에 대해 남한 헌법학계는 1972년 7.4남북공동성명이 발표된 이후 기존의 판례에 비판적인 견해가 발표되기 시작하다가 1987년 헌법 개정 이후에 본격적으로 논의되었다. 평화통일 조항의 신설(1987), 남북교류협력법 제정(1990), 남북한 유엔 동시가입

(1991), 남북기본합의서 체결과 발효(1992) 등의 현실변화에 따라 북한이 더 이상 불법단체가 아니라 합법적인 국가로 존재한다는 새로운 해석이 나타났다.[31]

학설 중에는 남북한 특수관계론의 틀 안에서는 북한의 국가성을 인정하기 어렵다는 견해[32]가 있고, 다수의견은, "북한에도 대한민국의 주권이 미치고 있다. 따라서 북한은 반국가단체로서 활동하고 있다. 대법원과 헌재도 반국가단체로 인정하고 있다."[33]는 견해를 택한다. 다수의견의 주요 논거는 판례인데, 여기서는 실제 사건에서 판례는 어떤 입장을 취하였는지를 살펴봄으로써 북한에 대한 법적 취급의 변화과정을 검토한다. 시기별 구분에 대하여는 기준이 다양할 수 있지만,[34] 필자는 9차례의 헌법 개정 중 북한 관련하여 중대한 변화가 있었던 1972년과 1987년 헌법에 주목하여 남한헌법을 3개의 시기로 구분한다.[35] 특히 판례가 결론에 도달한 과정의 논리전개에 주목한다.

1. 북한의 존재를 부인하고 타도의 대상으로 인식한 시기

1948년 제정된 남한 헌법은 북한과 통일에 대해 아무런 규정을 두지 않았고, 제4조(현행 헌법 제3조)에서 "대한민국의 영토는 한반도와 그 부속도서로 한다."고 규정[36]함으로써 북한의 실체를 인정하지 않고 북한 지역도 대한민국의 일부라고 선언하였다.[37] 1948년 8월 15일 정부수립시 이승만 대통령은 대한민국이 한반도의 유일한 합법정부임을 천명하고 무력을 사용해서라도 선거가 보류된 북한지역의 국회의원 의석 100석이 조속히 채워지도록 하겠다고 선언했다. 이 시기의 남한은 북한지역을 남한의 영토인데 미수복된 지역으로, 그곳을 지배하는 북한은 국가보안법상 반국가단체로 보았다. 한편 1962년 제5차 개정헌법 부칙 제8조에는 "국토수복후의 국회의원의 수는 따로 법률로 정한다."고 규정했다. 이는 한반도가 분단되어 있다는 사실을 처음으로 헌법에 반영한 것이다.

이 시기 대법원 판례를 살펴보자. 대법원 1961.9.28. 선고 4292형상 48 판결은, "헌법 제3조는 "대한민국의 영토는 한반도와 그 부속도서로 한다."고 규정하고 있어 법리상 이 지역에서는 대한민국의 주권과 부딪치는 어떠한 국가단체도 인정할 수가 없는 것이"라고 선언하였고, 이후의 판례에서 자주 인용되었다.[38]

이러한 판례의 입장은 현행 헌법 이전까지 지속되었다. 판례는 북한의 법적 지위에 대해 "헌법 제3조에 따르면 대한민국의 영토는 한반도와 그 부속도서로 하는데, 대한민국이 한반도 내 유일한 합법정부이고 북한은 반국가단체로서 국가보안법 등에 따라 처벌대상으로 삼는 등 국가성을 인정하지 않고 있다."[39]고 선언한다.

그런데 이 시기 판례의 판단근거는 헌법 제3조의 문언이다. 필자는 헌법 제정에 참여하지 않은 북한지역과 그 주민에게 제헌헌법이 효력을 가진다는 것은 민주적 정당성의 측면에서 문제가 있다고 보고, 헌법 제3조의 효력범위는 남한의 실효적 지배 영역에 한정된다고 보는 입장이다. 따라서 영토조항의 효력범위를 한반도 전체로 확대하는 판례의 결론에 동의하기 어렵다.[40] 한편 이 시기 판례가 형성된 사건은 주로 국가보안법위반 형사사건이었는바, 이 영역은 정치적 판단이 우선되는 사안으로 엄밀한 의미의 법해석이라고 하기는 어려운 점이 있다.

한편 이 시기 북한 헌법을 살펴보면, 1948년 9월 8일 제정된 조선민주주의인민공화국 헌법은 남북관계와 통일에 대해 직접적으로 규정하지 않았다. 하지만 제7조, 제53조, 제103조를 종합해보면 북한의 영토에는 남한지역도 포함되는 것으로 선언한 것으로 해석되고, 이러한 입장은 1972년 헌법 개정 전까지 유지된다.[41]

2. 북한의 실체를 인정하면서 평화통일의 상대방으로 인식한 시기

1972년 7.4 남북공동성명 발표(별첨 8)는 지금까지 서로의 존재를 부정하던 남과 북이 서로의 실체를 인정한 첫 사건이라는 점에서 의미가 있다. 1972년 제7차 개정헌법에서 "조국의 평화적 통일"은 헌법전문에서 역사적 사명으로 규정되었고, 통일주체국민회의가 국가의 최고의사 결정기관이 되었으며(제35조), 대통령에게는 "조국의 평화적 통일을 위한 성실한 의무"가 부과되었다(제43조 3항, 제46조).

이 시기의 변화는 먼저 정치적인 선언으로 남과 북이 그 실체를 서로 인정한 이후 헌법에 통일에 관한 규정이 등장하는 순서로 진행되었는 바, '북한'과 '통일'이라는 정치성이 강한 분야에서는 정치적 판단이 법률 규정에 우선하는 현실을 보여준다. 1972년 헌법은 한반도가 남한과 북한으로 분단되어 있다는 현실을 인정하고 평화통일을 민족의 사명으로 명시하였다는 점에서 의미가 있다. 그런데 한편 1972년 헌법 개정은 박정희 대통령이 통일을 명분으로 초헌법적 조치를 단행함으로써 통치권강화를 위해 통일을 이용한 측면이 있었고, 그런 이유로 남북관계와 통일에 관한 헌법규정이 실질적으로 규범력을 갖는 데는 한계가 있었다.[42]

평화적 통일은 상대방이 있는 개념이다. 통일은 다수가 하나가 되는 것이고, 이는 분리된 서로 다른 하나 또는 여럿의 상대방이 있어야 한다. 그런데 분리된 여럿이 각자 별개의 국가들인지 혹은 한나라가 쪼개어진 일부들인지가 통일의 성취여부와 직접적인 관련이 있는 것은 아니다.[43] 또한 평화적 통일은 상대방을 부정하고 일방적으로 무력으로 점령하거나 강제 병합시키는 것을 부정한다. 따라서 평화통일은 상대방의 실체를 인정하지 않으면 성립될 수 없다. 1972년 헌법은 북한을 통일의 상대방으로 인정하였다는 점에서는 적대관계로 보던 종전의 태도를 바꾼 것이지만 헌법 개정의 주된 의도가 통치력 강화에 있었고, 통일에 대한 주장은 명분으로 이용당한 측면이 있었기 때문에 실제 사건에서 판례의 변화로 이어지지는 못했다. 이 시기에는 정부 차원의 남북대화가 있었으나, 대표단의 이동과 회담은 통치행위의 차원에서 이행되었고 법과 제도의 틀로 규율하지는 못하였다.

이 시기의 판례를 살펴본다. 먼저, 대법원 1983. 3. 22. 선고 82도3036 판결은, 판결이유에서 "북한괴뢰집단은 우리 헌법상 반국가적인 불법단체로서 국가로 볼 수 없음은 소론과 같으나, **간첩죄의 적용에 있어서는 이를 국가에 준하여 취급하여야 한다**는 것이 당원의 판례이며, 현재 이 견해를 변경할 필요는 느끼지 않는다. 위와 같은 견해가 헌법에 저촉되는 법률해석이라는 논지는 독단적 견해에 불과하여 받아들일 수 없다."라 하였다. 이를 분석하여 보면, 북한괴뢰집단이라는 용어가 현재의 관점에서는 낯선 표현이고, 변호인이 기존의 판례가 헌법에 저촉된다는 주장을 하였지만 대법원은 특별한 논증없이 기존의 견해를 유지하였다. 또한 간첩죄의 적용 등 법적용의 구체적인 영역에서는 북한을 국가에 준하여 취급하여야 한다고 예외를 인정하는 문제점이 발견되었다. 전체적으로 보면, 이 시기의 판결은 정치적 판단을 전제하고 그 틀 안에서 법리적인 해결책을 모색하고 있었음을 알 수 있다.

다른 사건[44]에서, 변호인은 국가보안법이 헌법에 위배된다고 주장하였다. 이에 대하여 대법원은, "헌법이 지향하는 조국의 평화통일과 자유민주적 기본질서를 부인하면서 공산계열인 북한공산집단등 불법집단이 우리나라를 적화변란하려는 활동을 봉쇄하고 국가의 안전과 국민의 자유를 확보하기 위하여 제정된 국가보안법이 헌법에 위배된다고 할 수 없다."고 판단하였다. 논리적 주장과 정치적 판단이 격돌하던 시기였다. 이 판결은 서적소지가 문제되었는데, 대법원은 "헌법상 학문의 자유도 진리의 탐구를 순수한 목적으로 하는 경우에 한하여 보호를 받는 것이므로 객관적으로 북괴의 대남선전활동과 그 내용을 같이 하는 내용이 담긴 서적을 **반국가단체를 이롭게 한다는 인식하에** 소지하고 **있었다면 그것은 학문의 자유에 대한 한계를 넘은 것이라** 하겠고 또 그 서적이 **국내에서 번역 출판된 것이라** 하여도 순수한 학문의 목적으로 **소지하는 것이 아닌 이상** 국가보안법 제7조 제5항, 제1항의 구성요건을 충족함에 아무런 영향이 없다."는 견해를 취하였다. 서적을 소지한 동기가 무엇인지에 따라 유무죄가 구분된다는 논리는 학문의 자유를 제한[45]할 수 있는 근거로 삼기에는 무리하다. 결국 이 시기의 판례는 정치적인 판단을 전제로 하고 그 한계 내에서 법을 해석한 것으로 평가한다.

또 다른 사건은 집회, 시위와 관련된 사건[46]인데, 대법원은 "국가보안법은 헌법이 지향하는 조국의 평화통일과 자유민주적 기본질서를 부인하면서 공산계열인 북괴등 불법집단이 우리나라를 적화변란하려는 활동을 봉쇄하고 국가의 안전과 국민의 자유를 확보하기 위하여 제정된 것이어서 **헌법에 위배될 리가 없다**."고 하였는데, 이 표현은 변호인의 주장에 대한 논리적 해명이라기보다는 국가보안법의 의도에 대한 긍정적인 신념의 표현이다. 마치 국가보안법의 위헌성 여부는 대법원의 판단 영역이 아니라는 고백처럼 보인다.

한편 북한은 1972년 헌법에서 북한이 유일하게 정통성을 지닌 합법정부라는 입장은 유지하면서도 한반도가 남북으로 분단되어 있는 사실과 북한의 통치권은 남한지역에 미치지 않는다는 현실을 헌법에서 명시적으로 규정하고 평화통일을 국가적 목표로 설정한 것에 의미가 있다. 그 이후 1991년 신년사에서 김일성은 '하나의 민족, 하나의 국가, 두 개의 제도, 두 개의 정부에 기초한 연방제'를 주장하였다.[47]

3. 북한을 교류협력의 상대방으로 인식하고 교류협력을 시작한 시기

1987년 개정된 현행헌법[48]은 전문에서 "대한국민은 …조국의 민주개혁과 평화적 통일의 사명에 입각하여 정의 인도와 동포애로써 민족의 단결을 공고히 하고…"라 하여 통일에 대한 사명을 규정하고, 대통령의 평화적 통일을 위한 의무 등은 기존 헌법을 유지하면서 제4조를 신설하여 "대한민국은 통일을 지향하며, 자유민주적 기본질서에 입각한 평화적 통일정책을 수립하고 이를 추진한다."고 규정하였는바, 이는 통일에 대한 기본원리와 방법을 구체적으로 제시한 것이며 영토조항과 관련하여 규범적 의미에 대해 다양한 해석의 기초를 제공하였다. 또한 노태우 대통령의 1988년 7.7선언과 동구 사회주의권의 붕괴, 남북한 유엔 동시가입, 남북기본합의서 체결, 남북교류협력법 제정 등의 변화를 통해 헌법규정의 규범력을 강화하였다. 1994년 8월 15일 김영삼 정부는 '한민족공동체 건설을 위한 3단계 통일방안'(별첨 9)을 발표하였는데, 이는 하나의 민족공동체를 건설하는 것을 목표로 통일의 과정을 화해협력단계, 남북한 연합단계, 통일국가의 완성단계로 구분하여 점진적으로 통일국가를 완성하자는 내용이며 현재까지 남한의 공식적인 통일방안이다.

이 시기에는 판례도 변화하기 시작했다. 변화는 헌법재판소 사건에서 먼저 나타났다. **"현 단계에 있어서의 북한은 조국의 평화적 통일을 위한 대화와 협력의 동반자임과 동시에 대남적화노선을 고수하면서 우리자유민주체제의 전복을 획책하고 있는 반국가단체라는 성격도 함께 갖고 있음이 엄연한 현실**인 점에 비추어, 헌법 제4조가 천명하는 자유민주적 기본질서에 입각한 평화적 통일정책을 수립하고 이를 추진하는 한편 국가의 안전을 위태롭게 하는 반국가활동을 규제하기 위한 법적 장치로서, 전자를 위하여는 남북교류협력에관한법률 등의 시행으로써 이에 대처하고 후자를 위하여는 국가보안법의 시행으로써 이에 대처하고 있는 것이다."[49]고 함으로써 북한의 이중적 지위를 인정하였다. 이 판례는 천주교전국사제단이 1989년 7월 미국영주권을 가진 재외국민인 신부 문규현을 북한에 파견한 사건을 다룬 것이다. 방북목적은 남한과 북한과의 남북교류 및 협력이었고, 방북 전에 뉴욕주재 대한민국 총영사에게 신고를 마친 사건이다. 검찰은 국가보안법 제6조의 잠입·탈출죄에 해당한다고 기소하였는데 변호인은 남북교류협력법이 적용되어야 한다고 주장하였다. 변호인은 "남·북한을 왕래한 남·북한 주민에 대하여 남북교류협력법의 전면적 적용원칙을 일부 배제하고 '정당하다고 인정되는 범위 안에서'만 적용하도록 하였는데, '정당하다고 인정되는 범위'라는 개념은 매우 애매하여 보는 사람의 입장과 주관에 따라 그 뜻을 달리할 수 있는 막연한 표현이어서 이는 인신보호 대헌장인 죄형법정주의에서 요구되는 형벌법규의 명확성의 원칙에 반한다. 남북을 왕래한 행위가 정당한 것이냐의 여부를 오로지 법집행기관이나 재판기관의 주관적 판단에 맡겨짐으로써 이쁘면 처벌하지 않고 미우면 처벌한다는 식의 법률이 되고 만 것이다. 결국 위 법률조항은 죄형법정주의와 평등의 원칙에 반하여 위헌이다."고 주장하였다.[50] 변호인의 논리적인 주장에 대해 헌법재판소가 기존의 논리에 얽매이지 않고 합리적인 대안을 제시하였다. 이때 개발된 논리가 현재까지 지속되고 있다.

한편 위 결정문에는 재판관 변정수의 반대의견이 있는바, **"과거 권위주의적 군사정부하에서는 대북한관계에 대하여 경직된 냉전적 사고로 일관하여** 북한을 우리의 자유민주주의체제의 전복을 획책하는 반국가단체로서만 취급했음은 주지의 사실이다. 바로 이 당시에 이러한 행위를 처벌하기 위하여 제정된 법률이 국가보안법이었으며 동법상의 '잠입·탈출'이라는 행위는 이처럼 과거 북한을 반국가단체로서만 파악하던 냉전시대에서의 행위유형으로서 그 당시의 입법자의 시각에서는 타도해야 될 반국가단체로서의 북한과의 그 어떤 '왕래'도 바로 '잠입·탈출'에 해당될 수밖에 없었던 것이다. **그러나 북한에게 평화적 통일을 같이 완수해야 하는 동반자·협력자로서의 지위도 부여해야 하는 오늘날** 남·북한을 오고 가는 행위를 모두 '잠입·탈출'이라고 할 수는 없으므로 남·북한을 오고 가는 행위 중 남북교류협력을 위한 행위는 '왕래'로 분류하여 남북교류협력에관한법률을 적용하고 그렇지 아니한 경우에는 '잠입·탈출'로 분류하여 국가보안법을 적용시키고자 하는 것이 바로 남북교류협력에관한법률이다."라는 의견을 제시하였다. 이 판결의 논리전개를 보면 북한의 법적 지위를 어떻게 볼 것인지는 논리적인 이유가 아니라 현실적인 이유, 즉 시대상황에 대한 정치판단에 큰 영향을 받고 있음을 알 수 있다. 필자는 변정수의 의견에 동의하면서, 더 나아가 2022년 현재의 시점에서 북한의 지위를 어떻게 볼 것인지는 새롭게 논의할 필요가 있다고 생각한다. 이것이 30년 전에 형성된 판례를 재검토하는 이유이다.

위 결정에 대하여, 남북관계의 특수성을 반영하여 북한의 이중적 지위를 인정하고 북한을 대화와 협력의 일방 당사자로 인정하는 헌법적 근거로 제4조를 직접 제시한 점,[51] 또한 북한을 반국가단체로 보는 법적 근거로 '국가의 안전과 국민의 자유보장, 자유민주적 기본질서의 유지라는 헌법적 가치를 위협하고 있는 객관적 실체라는 점'을 제시하고 있을 뿐 헌법 제3조를 제시하지 않은 것은 제3조의 규범력을 제4조와의 관계에서 상대적인 것으로 이해하려고 하는 노력으로 판단된다[52]는 평가가 있다.

이 시기 대법원 판결을 살펴본다. **"비록 남북 사이에 정상회담이 개최되고 그 결과로서 공동선언이 발표되는 등 평화와 화해를 위한 획기적인 전기가 마련되고 있다 하더라도,** 그에 따라 남북관계가 더욱 진전되어 남북 사이에 화해와 평화적 공존의 구도가 정착됨으로써 앞으로 북한의 반국가단체성이 소멸되는 것은 별론으로 하고, **지금의 현실로는** 북한이 여전히 우리나라와 대치하면서 우리나라의 자유민주주의 체제를 전복하고자 하는 적화통일노선을 완전히 포기하였다는 명백한 징후를 보이지 않고 있고, **그들 내부에 뚜렷한 민주적 변화도 보이지 않고 있는 이상,**53) 북한은 조국의 평화적 통일을 위한 대화와 협력의 동반자임과 동시에 적화통일노선을 고수하면서 우리의 자유민주주의 체제를 전복하고자 획책하는 반국가단체라는 성격도 아울러 가지고 있다고 보아야 하고, 남북정상회담의 성사 등으로 바로 북한의 반국가단체성이 소멸하였다거나 국가보안법의 규범력이 상실되었다고 볼 수는 없다54).”고 함으로써 현실의 변화를 소극적으로 따라가는 태도를 보였다. 결국 판결 당시 대법관의 현실 인식이 북한의 법적 지위를 판단하는데 결정적인 영향을 미쳤다. 그렇다면 현실 인식은 시기마다 다를 수 있기 때문에 2022년 현 시점에서 남북한 관계를 어떻게 보아야 할지, 현재의 북한지위를 어떻게 보아야 할지는 새롭게 논의해볼 가치가 있다.

헌법재판소와 대법원의 판단이 가지는 의미에 대하여, 이는 남한의 공식적 태도를 확립한 것으로 최종적 유권해석이므로 이 판례가 변경되지 않는 한 남한의 모든 국가기관은 이 판례의 취지에서 벗어나는 행위를 할 수 없다는 견해55)가 있다. 그런데 이런 의견은 기성의 질서를 존중하는 안정성이 있다는 장점이 있는 반면에 변화하는 정치현실을 제때 수용하지 못할 우려가 있다. 즉, 권리구제가 본연의 목적인 사법부의 판단은 과거에 발생한 사건을 사후적으로 판단하는데 중점을 두게 되는바, 미래지향적인 측면에서 남북관계의 법과 제도를 형성하고 이를 통해 현실의 변화를 추구하는 현실 정치의 측면은 사법부의 판단과 다르거나 앞설 수 있다. 이런 구조적인 문제에도 불구하고 정치의 영역 또는 행정의 영역에서 독자적인 판단을 하지 않은 채 사법부의 판단을 주요근거로 전제하고 법제도를 형성하는 것은 문제가 있다. 필자는 이 글을 쓰면서 변화된 현실을 바탕으로 미래지향적인 법제도를 구축할 때는 기존의 판례에 얽매일 이유가 없다는 생각을 하게 되었다. 실제로도 판례변화과정을 살펴보면 현실의 변화에 따라 판례도 변해왔다는 점에서 매시기마다 남북한관계는 새롭게 규정하여야 한다.

또한 대법원은 2010.7.23. 선고한 사건56)에서 "북한은 조국의 평화적 통일을 위한 **대화와 협력의 동반자이기도 하지만 다른 한편 남·북한 관계의 변화에도 불구하고** 여전히 적화통일노선을 고수하면서 우리의 자유민주주의 체제를 전복하고자 획책하는 반국가단체로서의 성격도 아울러 가지고 있고, 그 때문에 반국가단체 등을 규율하는 국가보안법의 규범력도 계속 유효하다는 것이 대법원의 확립된 견해이다"고 판단하여 북한의 이중적 지위에 대한 기존 입장을 유지했다. 다만 이 판결에는 국가보안법의 해석에 대해 반대의견이 있다.

현실에서 발생하는 문제는 이중적 지위론만으로 해결하기 어려운 것도 있다. 헌법재판소 사건57)에서, "우리 헌법이 "대한민국의 영토는 한반도와 그 부속도서로 한다"는 영토조항(제3조)을 두고 있는 이상 대한민국의 헌법은 북한지역을 포함한 한반도 전체에 그 효력이 미치고 따라서 북한지역은 당연히 대한민국의 영토가 되므로, 북한을 법 소정의 "외국"으로, 북한의 주민 또는 법인 등을 "비거주자"로 바로 인정하기는 어렵지만, **개별 법률의 적용 내지 준용에 있어서는 남북한의 특수관계적 성격을 고려하여 북한지역을 외국에 준하는 지역으로, 북한주민 등을 외국인에 준하는 지위에 있는 자로 규정할 수 있다고 할 것이다**(대법원 2004. 11. 12. 선고 2004도4044 판결 참조)."고 판단함으로써 특정 사건에서는 북한을 외국에 준하는 지역으로 인정하였다. 이 결정문의 구조를 보면, 북한이 대한민국의 영토라는 것은 당연하다고 전제한 후, 그렇게 전제한 논리로는 해결하기 어려운 문제가 생기는 영역에서는 외국에 준하는 지역으로 규정한다고 선언했다. 논리적으로 일관되지 않는 판단을 할 수 밖에 없는 고민이 엿보인다. 이런 고민을 뒤집어 보면 문제가 생긴 이유는 남북한 관계에 대하여 정치적인 선언을 먼저 하고 그 틀 내에서 법률해석을 하였기 때문이다.

위 결정문을 조금 더 살펴보면, "남한과 북한의 주민 사이의 투자 기타 경제에 관한 협력사업 및 이에 수반되는 거래에 대하여는 우선적으로 남북교류법과 동법시행령 및 위 외국환관리지침이 적용되며, 관련 범위 내에서 외국환거래법이 준용된다. 그 결과 남한과 북한 주민 사이의 외국환 거래에 대하여는 대한민국 안에 주소를 둔 개인 또는 법인인지 여부가 문제되는 것이 아니라, 남북교류법상 "남한과 북한" 주민인지 여부가 문제되는 것이다. 그러므로 아태위원회가 '거주자'나 '비거주자'에 해당하는지 또는 남북교류법상 '북한의 주민'에 해당하는지는 법률해석의 문제에 불과한 것이고, 헌법 제3조의 영토조항과는 관련이 없는 것이다."라 했다. 필자가 헌법재판소의 긴 설명을 요약했는데, 남북한 주민의 외국환거래에서는 남한의 외국환거래법이 준용된다는 결론을 도출하고 있지만 논리전개는 명쾌하지 않다.

남북한 특수관계론은 사건유형별로 그때그때의 상황에 따라 북한주민을 국민 또는 외국인이라는 이분법적 틀로 나누고 있다.[58] 남북교류협력에 관해서는 북한주민은 사실상 외국인으로 취급되고 국가보안법이 적용될 때에는 대한민국 국민으로 처벌된다. 북한이탈주민도 입국 전에는 무국적자이고 대한민국 영역 안으로 들어와 보호를 받겠다는 의사를 표시한 경우에만 국민으로 보호할 수 있다.[59]

한편 북한은 1992년 헌법 제9조에서 종전의 규정을 일부 수정하였으나 사회주의혁명을 통한 통일이라는 기본원칙을 그대로 유지하고 있어 실질적인 내용에는 변화가 없다. 또한 1998년 헌법에서 서문을 두면서 통일에 대한 내용을 추가하였으나 그 기본원칙은 사회주의혁명을 바탕으로 하는 통일이다. 그 이후의 개정에서도 큰 변화는 없는바, 북한이 한반도에서 유일한 정통성을 가진 합법정부라는 입장을 유지하면서 통일은 미수복지구인 남조선을 미제국주의로부터 해방하는 것이라고 인식한다.[60]

4. 장래에 판례는 어떻게 변화해야 할까?

앞서 본 바와 같이 북한의 법적 지위 및 이를 바탕으로 한 남북한 특수관계론은 시대상황의 변화에 따라 만들어지고 변해왔다. 현재의 이론은 1990년대 초반에 형성되었다. 그런데 그 이후 지금까지 30년 동안 5차례의 남북정상회담과 258건의 남북합의서 체결 등 남북관계는 상당한 변화가 있었다. 그렇다면 2022년 현 시점에서는 남북한 특수관계론을 재검토할 필요가 있다. 특히 장래의 법제도를 형성함에 있어서는 더욱 그렇다. 앞서 언급한 것처럼 판례는 기왕에 발생한 사건에 대한 법적 평가라는 특성으로 인해 시대상황을 뒤늦게 반영하는 특성이 있고 그 성향상 기존질서를 유지하려는 보수적인 특성이 있음을 인정해야 한다. 따라서 남북관계의 장래에 대한 법제도를 구축함에 있어 기존 판례의 논리를 추종하거나 이를 유력한 근거로 제시하는 것은 조심해야 한다.

현 시점의 남북한관계는 1990년대와 비교하여 질적 양적으로 크게 변화하였다. 이런 변화를 법제도에 반영하고 바람직한 미래를 구상하기 위해서는 기존의 남북한 특수관계론을 정상관계론으로 변화시킬 필요가 있다. 기존의 남북한 특수관계는 일시적이고 임시적인 상황을 전제로 할 것인바, 분단 70년이 지난 현재는 과거와 달리 현 상태의 남북한 관계를 정상관계로 보고 법제도를 형성해 나가야 할 것이다. 또한 북한의 법적 지위와 관련하여 생각해 보면, 한 나라의 법적 지위는 객관적 상황에 따라 정해지는 것이지 다른 나라의 그 나라에 대한 인식(남한이 북한을 어떻게 보는지 여부에 따라 혹은 그 반대상황에 따라)에 좌우

된다고 보기는 어렵다. 북한 지역에서 정부가 수립된 1948년 이후 70년이 지났고, 북한이 전 세계 160여 개 국과 외교관계를 맺고 있으며 유엔에도 가입하였다는 객관적 사실이 중요하다. 이런 정도의 실체를 가지고 있는 북한을 국가가 아니라고 하기는 어렵다. 이 문제와 관련한 남한 판례는 앞서 본 바와 같이, 북한을 반국가단체로 보는 입장에서 출발하여 반국가단체와 교류협력의 상대방이라는 이중적 지위를 가진 집단으로 입장을 바꾸었는데, 이것은 정치상황의 변화에 따라 남한 사회내의 인식이 그렇게 변했기 때문이다. 그런 인식 변화는 남한이 북한을 국가로 승인할지 여부를 판단하는 결정요인이 될 수는 있겠지만 북한이 국가로서의 실체를 가지고 있는지를 판단하는 직접 자료는 아니다. 또한 앞서 언급한 대로 판례는 과거의 사건에 법률을 적용하는 과정에서 형성되는 것이기 때문에 과거지향적일 수밖에 없는 한계와 이미 형성된 사실관계와 판결 당시의 국민 여론을 반영하는 보수성을 띨 수밖에 없는 한계가 있다. 그런데 장래의 남북관계 정책은 변화된 현실에 맞추어 미래지향적으로 진행되어야 하는바 과거의 판례가 미래로 나아가는데 제약이 되어서는 안 된다.

필자는 현 시점 이후 북한의 법적 지위가 문제되는 사건이 있다면, 지난 30년간의 남북관계 변화상황, 장래 추구해야 할 통일방향을 종합적으로 고려하여야 하며 북한이 남한과는 별개의 국가라는 현실을 인정하는 모습을 보여야 한다고 생각한다. 판례의 특성상 변화가 조심스럽다면 적어도 변화된 현실을 고민하는 모습은 보여야 한다. 이러한 문제의식 없이 기존의 판례를 그냥 따르는 것은 현실에 눈감고 변화 시도를 방해하는 잘못을 범하는 일이 될 것이다. 또한 연구자들의 입장에서도 남북관계의 제도를 구축함에 있어 판례를 주장의 근거로 삼는 것은 신중해야 한다. 과거 특정 시점에서 특정사건을 해결하기 위해 전개된 판례의 논리가 변화된 현실에도 그대로 적용되어야 하는지는 비판적인 검토가 필요하다.

IV. 특수관계론을 넘어 정상관계론으로

1. 특수관계론의 배경이 된 현실이 변화했다

중국과 북한의 접경지역인 단동의 일상을 연구한 문화인류학자 강주원의 보고[61]를 보면, 남북한 특수관계론을 전제로 한 현행 남북교류협력법의 한계가 보인다.

> "그는 2006~07년, 대북사업을 하는 한국인 회사의 자칭 '술상무'로, 여행사 가이드로, 한글학교 선생으로 일하며 연구를 진행했다. 우리말을 쓰는 네 종류의 인류인 북한인, 한국인, 조선족, 북한 화교의 삶 곁으로 뛰어든 것이다. 2000년 이후 단동의 북한 사람과 북한 화교는 2,000여 명, 조선족은 8,000여 명, 한국인은 2,000명 전후로 추산됐다. 2010년을 기점으로 북한 사람이 중국 공장에 대거 취업하면서 인구가 증가했다. 중국 공장 취업 인원은 2만 명으로 추산된다. 네 인류가 공존하는 삶은 거리에서, 풍경으로 드러나지 않는다. 그는 매일 북한 사람들이 드나드는 세관, 기차역, 조선족 거리를 걸었다. 개성공단 이전부터 남북교역은 단동에서 이뤄져왔다. 단동엔 북한의 전 계층이 나온다. 파출부, 노동자, 음식점 복무원, 주재원까지. 도강증이라고, 통행증으로도 나올 수 있다."[62]

강주원이 생활한 단동에선 남북한 주민이 수시로 만나는데, 그런 상황에선 남북교류협력법이 정한 바에 따라 북한주민접촉에 대해 사전에 승인을 받거나 사후에 신고하는 것이 불가능하다. 1990년 남북교류협력법 제정시에는 남북한주민의 접촉이 예외적인 상황이었고, 법률제정자는 휴전선을 넘는 남북접촉을 상정했다.[63] 그런데 그 이후 한중수교 등의 현실변화로 접촉 장소가 중국 접경지대인 단동까지 확대되면서 남북교류협력법의 한계가 드러나고 있다. 현실이 이렇게 변화하고 있는데도 이를 무시하고 장래에도 남북한 주민의 일상적 접촉에 대해 모두 승인을 받아야 한다는 현재의 제도를 유지하기는 어려울 것이다. 이제는 기존의 교류협력제도를 근본적으로 바꾸어야 한다. '원칙적 금지와 예외적 허용'이라는 현재의 제도는 '원칙적 허용과 예외적 금지'로 바꾸어야 한다. 한편 이러한 구조변화에 대해, 국가안보에 대한 우려가 있을 수 있다. 국가안보의 문제는 지난 30년간 발달한 정보통신의 신기술을 활용하여 정보기관이 주도적으로 해결해 나갈 수 있을 것이다. 막연한 우려가 법제도의 변화에 영향을 미쳐서는 안 될 것이다.

2022년 현재는 국제사회의 대북제재로 인해 남북경협은 물론이고 인도적 지원마저도 쉽지 않은 상황이다. 한편 남한 정부가 추진하는 한반도 신경제구상의 주요 내용은 3대 경협벨트 구축, 남북 인프라 연결, 하나의 시장을 위한 경협 제도화, 평화경제이다. 이중 이 주제와 관련하여 의미 있는 것은 경협제도화이다. 하나의 시장형성을 위해서는 기존의 4대 경협합의서의 재정비와 함께 분야별로 남북합의서를 체결해 나가야 한다. 또한 남북한 사이의 인적 물적 교류를 확대하여 다양한 분야의 기술적 제도적 협력을 추진할 필요가 있고, 이를 위해서는 남북기본협정의 부속협정으로 남북경제협력협정을 체결하는 것도 고려할 수 있다.[64] 이런 미래를 상정할 때 현재의 남북한 특수관계론 체제는 변화가 불가피하다.

과거 남북관계가 적대관계에서 상호인정관계로 변한 것은 정치상황의 변화에서 영향을 받았다. 국내적으로는 7.7선언, 국제적으로는 1990년 9월 남한과 소련의 수교[65]에서 시작되었다. 1988년 7월 '민족자존과 통일번영을 위한 특별선언(7.7선언)' 발표와 동년 10월 '대북 물자교류에 관한 기본지침' 발표를 계기로 남한은 남북교류협력을 시작하였다. 교역액 "0원"에서 시작된 완전히 새로운 출발이었다. 이어서 1991

년 9월 17일 유엔 동시 가입으로 남북은 국제적으로 두 개의 독립된 주권국가임을 인정받았다. 양자 차원에서는 1991년 12월 13일 남북기본합의서를 체결하여 통일을 지향하는 특수관계임을 선언했다. 또한 1991년 12월 31일 '한반도 비핵화 공동선언'을 함으로써 비핵 평화 한반도를 함께 선언하였다. 1991년 가을과 겨울 사이에 이루어진 일은 '먼저 온 미래[66]'였다.

이런 현실변화를 정리해 보면, 남북사이에 교류와 협력이 없었던 시기(1단계)에서 제한된 방법으로 교류협력을 하던 시기(2단계)로 변화하였다면, 장래에는 전면적 교류협력을 추구하는 시기(3단계)로 변화해 나갈 것이다. 이렇게 3단계의 변화를 전제로 할 때 법과 제도도 그 단계별로 달라질 수밖에 없다.

2. 남북한의 법과 제도도 변화했다

남북한 사이의 법제도는 두 방향으로 추진될 수 있다. 하나는 남북한이 합의서를 체결함으로써 남북교류와 경제협력의 원칙을 세우는 것이고, 다른 하나는 남북합의서가 남북 각각에서 법적인 효력을 갖도록 연결하는 조치이다.[67] 남북한은 1972년 7.4 남북공동성명과 1991년 남북기본합의서 체결 이후 교류협력에 대한 여러 합의서를 체결하였다. 또한 남북이 합의한 사항을 이행하기 위한 연결법제로 남한은 1990년 '남북교류협력에 관한 법률', 2005년 12월 '남북관계 발전에 관한 법률'(별첨 10)을, 북한은 2005년 7월 '북남경제협력법'을 제정하였다.

남북관계 특수론에 의하면, 남북은 민족적 이익을 극대화하기 위하여 남북경제관계를 민족내부 거래로 규정하여 남북교역을 무관세로 거래하고 상호에게 우대적 지위를 보장한다.[68] 이것은 남북기본합의서에서 남북이 합의한 것이다. 문제는 이것이 국제규범에 위배될 수 있다는 점이다. 남북한은 독자적인 관세주권지역을 운용하고 있기에 WTO에 따라 남북교역을 대외무역과 동일하게 대우해야 하며 남북 상호투자도 외국인투자와 동일하게 대우하여야[69] 하는 문제가 있다. 즉 남북한 특수관계론을 끝까지 밀고 나가기도 어려운 것이 현실이다. 한편 2007년 10.4선언에서는 '공동번영과 상호 호혜적인 협력관계'를 합의하였는데, 이는 상품교역과 노동, 자본 투자, 서비스로 확장한 경협분야는 국제협정에 준하는 형식으로 남북합의서를 체결하는 한편 남북경협도 남북의 모든 경제협력 분야를 포괄할 수 있도록 확대해야 한다는 의미[70]이다. 10.4선언의 합의를 법과 제도로 뒷받침하기 위해서는 남북한 특수관계론을 넘어서는 남북한 정상관계론을 받아들일 필요가 있다.

3. 특수관계론에서 벗어나 정상관계론으로 바꾸자

남북한 관계를 보는 시각은 시기에 따라서 분단직후의 적대관계, 1972년 이후의 '적대적 의존관계'[71]를 거쳐 1990년대 이후에는 특수관계론이 다수 의견이다. 앞서 보았듯이 남북한 특수관계론은 정치상황의 변화에 따라 고안된 이론이다.[72] 남북한 특수관계론은 남북한 교류가 전무하던 시절에서 제한된 범위 내에서 교류협력이 허용되던 시기로 변화된 남북관계를 설명하기 위한 것이었다.[73] 그런데 지금은 1990년으로부터 다시 30년이 경과하였을 뿐만 아니라 남북한 특수관계론의 문제가 드러나고 있으므로, 이제는 전면적인 남북교류의 시대를 대비하기 위해 특수관계론의 한계를 극복해야 한다. 그 출발은 현행 헌법의 재해석에서 시작할 수 있다.[74]

(1) 헌법상 영토조항[75] 및 통일조항의 재해석 필요성

헌법 전문에서, "유구한 역사와 전통에 빛나는 우리 대한국민은 3·1운동으로 건립된 대한민국임시정부의 법통과 불의에 항거한 4·19민주이념을 계승하고, 조국의 민주개혁과 평화적 통일의 사명에 입각하여…우리들과 우리들의 자손의 안전과 자유와 행복을 영원히 확보할 것을 다짐하면서… ”라 규정하였는데, 평화적 통일의 사명을 이루기 위해서 현재의 남북한 관계를 정상국가간의 관계로 보고 통일정책을 펴나가는 견해를 취할 수도 있다. 또한 “제3조 대한민국의 영토는 한반도와 그 부속도서로 한다.”“제4조 대한민국은 통일을 지향하며, 자유민주적 기본질서에 입각한 평화적 통일 정책을 수립하고 이를 추진한다.”는 조항을, 장차 통일된 한국의 영토는 한반도와 그 부속도서라는 것으로 그리고 남한은 북한의 실체를 인정하고 통일을 위하여 평화적 통일 정책을 수립하고 추진한다는 의미로 해석할 수 있다. 이런 해석을 할 경우에는 남북한관계를 국가 대 국가 간의 정상국가관계로 보면서 통일정책을 추진할 수 있을 것이다. 한편 이 문제를 헌법규범과 헌법현실 사이의 괴리로 파악하면서 극복하려는 시도가 있다. 즉 기왕의 다수의 견과 판례는 동서냉전시대의 분단논리에서는 문제가 없었지만 남북한이 유엔에 동시가입하고 남북기본합의서가 체결되는 현실의 변화를 제대로 반영하지 못하므로 기존의 견해를 보다 전진적인 자세로 해석할 필요가 있다는 의견76)인바, 타당하다고 본다. 또한 평화통일의 원칙을 헌법을 지배하는 기본원칙으로 보면서, 그 어떠한 헌법해석론이나 법률도 이 원칙에 반해서는 안되므로 영토조항도 평화통일의 원칙에 부합하는 범위 내에서 재해석이 불가피하다는 견해77)가 있는바, 필자는 이 견해에 동의한다.

(2) 정상관계론에 따른 법제도 변화방향

필자의 주장처럼 남북한이 별개의 국가라고 인정한다면 두 국가 간의 관계를 정상국가관계로 수립하는 것은 법리적으로는 문제될 것이 없고, 남한 법률의 제정과 해석에서 북한이 별개 국가라는 현실을 어떻게 인정할 것인지 여부에 대한 정치적 결단만 남는다. 그런데 판문점

선언[78] 등 남북정상회담 합의서에 의하면, 남북은 서로를 별개의 국가로 인정한 것으로 볼 여지가 있다. 판문점 선언에서 남북정상이 각자의 국호를 밝히고 서명한 합의서의 형식이나 그 내용을 보면 남북은 각자 상대방을 국가로 승인한 것은 아니라 하더라도 사실상 인정한 것이라 할 수 있다.

필자는 이 문제는 엄밀하게 논증되어야 하는 법이론의 문제가 아니라는 점을 주목하고자 한다. 1990년대에 북한에 대한 적대적 관계를 특수관계로 바꾼 것은 정치적 상황변화에 따른 논리의 변경일 뿐이었다. 그렇다면 이미 도래한 상황변화 또는 장차 도래할 새로운 정치환경에서 그에 맞는 정치적 결단으로 남북한은 정상관계라 선언할 수 있다.[79] 이때의 정상관계가 어떤 모습이 되어야 할지, 그에 따른 법률 변화는 또 어떠해야 하는지는 공론의 장에서 논의하고 국가정책으로 채택하는 과정을 거쳐야 한다. 그 과정에서 시민의 동의를 받아야 정상관계론이 생명을 가질 수 있을 것이다. 필자가 생각하는 정상관계론은 남북한이 두 개의 나라라는 점, 그렇지만 두 나라는 역사와 문화의 공통성을 바탕으로 통일을 지향한다는 점, 통일의 방법과 절차는 기존의 남북합의에 따르고 장래 도래할 통일 완성 때까지는 두 나라의 관계가 제3국에 비하여 특수성이 있을 수 있다는 점, 남북한 두 나라의 특수성은 두 나라의 법률에서 적극적으로 고려되어야 하고 그 결과가 법제도에 반영되어야 한다는 점, 이 모든 과정에서 기본적으로 두 나라는 별개의 독립국가라는 점을 선언하고 존중한다는 것이다. 기존의 특수관계론과 다른 것은 법률에서 1국가 2체제를 2국가 2체제로 바꾸는 것이다. 그동안의 1국가 2체제 주장 하에서는 법률상 북한은 법적용 대상이 되지 못했다. 남북한이 하나의 나라라는 명분과 북한에 대한 실효적 지배력이 없다는 현실 속에서 북한은 남북교류협력법 등 일부의 법률에서만 법적용 대상이 되었을 뿐 대부분의 일반법은 북한에 대한 고려가 없었다.

한편 남북한 정상관계론을 수용하였을 때 현재의 법제도에 어떤 영향을 미칠 것인지 생각해 보면, 우선 개별 법률의 적용대상에서 북한과 북한 주민이 그 법의 적용대상에 포함되는지 여부가 명확해진다. 예컨대 남한의 사회보장 관계법에서 북한주민을 지원할 의무가 있는지가 문제될 경우 그 법의 적용범위는 남한주민에 한정될 것이므로 북한주민 지원이 법적 의무가 아님을 분명히 할 수 있다. 또한 제3국을 지원하는 국제개발협력 관련 법령에서 북한을 지원대상에 포함시킬 수 있다. 그리고 북한이탈주민에 대한 법적용 기준도 명확해질 것이다.[80] 북한을 이탈하여 제3국에 체류 중인 북한이탈주민은 아직 남한 국민이 아니므로 그런 전제하에서 보호해야 할 것이고, 만일 북한이탈주민이 남한에 보호신청을 한 경우에는 북한이탈주민보호법에 따라 보호하게 될 것인바, 북한이탈주민과 관련한 논쟁[81][82]을 정리할 수 있을 것이다.

보다 근본적으로는 현재의 판례 입장인 '대화와 협력의 동반자'가 무슨 의미인지 명확하지 않아 법적용에서 자의적 요소가 개입할 가능성이 있고, 남북한 관계가 국가간의 관계가 아니라면 도대체 무슨 관계인지, 지방자치단체와 같은 공법단체간의 관계인지, 교전단체인지, 아니면 다른 어떠한 실체인가를 밝혀야 하는 문제[83]가 있는데, 남북한 정상관계론은 이런 문제를 해결하는데도 도움이 될 것이다.

더 나아가 남북한 정상관계론을 수용할 경우에는 현재의 남북교류협력법제를 전면 개정하는 논의가 시작될 수도 있다. 즉 현행법은 상대지역에 대한 방문을 출입국으로 표현하지 않고, 수출입을 반출입으로 표현하면서 정부가 북한과의 교류를 제3국에 비하여 엄격한 태도를 취하고 있는바, 장래 전면적 교류협력에 대비하기 위해서 남북교류협력제도를 재검토할 필요가 있다. 또한 현행법은 남북한 사이를 특수관계로 규정함에 따라 대외무역법, 외국환관리법 등 다수의 법을 준용하는데 이 과정에서 복잡한 현실에 제대로 대응하지 못하여 남북교류협력법의 적용과 해석에서 혼란이 초래되는 경우84)가 있는데, 남북한 정상관계론에서는 이런 문제를 근본적으로 해결할 수 있다. 남북한 정상관계론을 통해 남북한 사이가 국가 대 국가의 관계로 법제도에서 규정된다면 법제정과 적용에 대한 기준이 명확해질 것이다.

Ⅴ. 맺음말

이 장에서는 남북한 특수관계론의 형성과정과 의미를 살펴보고, 현 시점에서 특수관계론을 정상관계론으로 변화시키는 것이 가능한지를 점검해 보았다. 앞서 살펴본 바와 같이 특수관계론은 남북한 사이의 정치상황 변화에 판례가 적응하는 과정에서 형성된 것으로 1990년대 초반에 정립된 이론이다. 그런데 그로부터 약 30년이 지난 현 시점에서는 특수관계론으로 해결하기 어려운 문제가 생기고 있어 기존 이론을 재검토해야 할 필요가 있다. 또한 남북관계의 미래를 위하여 그리고 통일을 위하여도 이제는 남북한 특수관계론을 남북한 정상관계론으로 변화시키는 논의를 해야 한다. 필자의 견해가 분단을 고착화함으로써 통일에 장애가 될 수 있다고 우려할 수도 있지만 필자의 생각은 다르다. 통일은 서로 다른 둘이 하나가 되는 과정인바, 서로 다른 존재가 단일 국가이든 분단국이든 그 주체의 법적 성질이 문제가 되는 것은 아니다. 오히려 현실을 인정하면서 통일의 필요성과 방법을 논의하는 과정을 거치는 것이 합리적이고 현실성이 있다고 본다.

남북한 정상관계론은 남북한이 별개의 국가라는 점에서 출발하겠지만 남한의 개별 법제도에서 이를 어떻게 반영하고 운영할 것인지는 구체적인 법률과 사안별로 논의해야 할 것이다. 1990년대에 형성된 특수관계론이 30년 동안 기능한 공적은 객관적으로 평가하되, 이론 정립 후 30년이 지난 현 시점에서는 그 이론의 변화가능성을 모색할 수 있다. 필자는 공론의 장에서 이 문제가 논의되기를 희망한다. 법과 이론도 특정사회의 구성원들을 위한 것일진대, 남북한 주민의 현재 생활과 장래를 위해서는 어떤 법이론이 더 적절한가를 같이 고민해 보자고 제안한다.

남북사이의 화해와 불가침 및 교류 · 협력에 관한 합의서 (남북기본합의서)

1991년 12월 13일 서울에서 개최된 <제5차 남북고위급회담>에서 화해 및 불가침, 교류협력 등에 관한 <남북기본합의서>를 채택하였다. 그동안 5차례의 남북고위급회담과 13차례의 실무대표접촉을 통해 합의문이 완성되었고, 1992년 2월 19일 평양에서 열린 <제6차 남북고위급회담>에서 발효되었다. 합의서는 전문 외에 4장 25조항으로 구성되었다.

남북사이의 화해와 불가침 및 교류 · 협력에 관한 합의서

전문

남과 북은 분단된 조국의 평화적 통일을 염원하는 온 겨레의 뜻에 따라 7.4 남북 공동 성명에서 천명된 조국통일 3대원칙을 재확인하고, 정치군사적 대결상태를 해소하여 민족적 화해를 이룩하고, 무력에 의한 침략과 충돌을 막고 긴장완화와 평화를 보장하며, 다각적인 교류 · 협력을 실현하여 민족공동의 이익과 번영을 도모하며, 쌍방사이의 관계가 나라와 나라사이의 관계가 아닌 통일을 지향하는 과정에서 잠정적으로 형성되는 특수관계라는 것을 인정하고 평화통일을 성취하기 위한 공동의 노력을 경주할 것을 다짐하면서 다음과 같이 합의하였다.

제1장 남북 화해

제1조 남과 북은 서로 상대방의 체제를 인정하고 존중한다.

제2조 남과 북은 상대방의 내부문제에 간섭하지 아니한다.

제3조 남과 북은 상대방에 대한 비방·중상을 하지 아니한다.

제4조 남과 북은 상대방을 파괴·전복하려는 일체행위를 하지 아니한다.

제5조 남과 북은 현 정전상태를 남북사이의 공고한 평화상태로 전환시키기 위하여 공동으로 노력하며 이러한 평화상태가 이룩될 때까지 현 군사정전협정을 준수한다.

제6조 남과 북은 국제무대에서 대결과 경쟁을 중지하고 서로 협력하며 민족의 존엄과 이익을 위하여 공동으로 노력한다.

제7조 남과 북은 서로의 긴밀한 연락과 협의를 위하여 이 합의서 발효후 3개월 안에 판문점에 남북연락사무소를 설치·운영한다.

제8조 남과 북은 이 합의서 발효후 1개월 안에 본회담 테두리 안에서 남북 정치분과위원회를 구성하여 남북화해에 관한 합의의 이행과 준수를 위한 구체적 대책을 합의한다.

제2장 남북 불가침

제9조 남과 북은 상대방에 대하여 무력을 사용하지 않으며 상대방을 무력으로 침략하지 아니한다.

제10조 남과 북은 의견대립과 분쟁문제들을 대화와 협상을 통하여 평화적으로 해결한다.

제11조 남과 북의 불가침 경계선과 구역은 1953년 7월 27일자 군사정전에 관한 협정에 규정된 군사분계선과 지금까지 쌍방이 관할하여 온 구역으로 한다.

제12조 남과 북은 불가침의 이행과 보장을 위하여 이 합의서 발효후 3개월 안에 남북 군사공동위원회를 구성·운영한다. 남북군사공동위원회에서는

대규모 부대이동과 군사연습의 통보 및 통제문제, 비무장지대의 평화적 이용문제, 군인사 교류 및 정보교환 문제, 대량살상무기와 공격능력의 제거를 비롯한 단계적 군축실현문제, 검증문제 등 군사적 신뢰 조성과 군축을 실현하기 위한 문제를 협의·추진한다.

제13조   남과 북은 우발적인 무력충돌과 그 확대를 방지하기 위하여 쌍방 군사당국자 사이에 직통전화를 설치·운영한다.

제14조   남과 북은 이 합의서 발효후 1개월 안에 본회담 테두리 안에서 남북 군사분과위원회를 구성하여 불가침에 관한 합의의 이행과 준수 및 군사적 대결상태를 해소하기 위한 구체적 대책을 협의한다.

제3장 남북 교류·협력

제15조   남과 북은 민족경제의 통일적이며 균형적인 발전과 민족전체의 복리 향상을 도모하기 위하여 자원의 공동개발, 민족내부교류로서의 물자교류, 합작투자등 경제교류와 협력을 실시한다.

제16조   남과 북은 과학·기술, 교육, 문학·예술, 보건, 체육, 환경과 신문, 라디오, 텔레비전 및 출판물을 비롯한 출판·보도 등 여러 분야에서 교류와 협력을 실시한다.

제17조   남과 북은 민족구성원들의 자유로운 왕래와 접촉을 실현한다.

제18조   남과 북은 흩어진 가족·친척들의 자유로운 서신거래와 왕래와 상봉 및 방문을 실시하고 자유의사에 의한 재결합을 실현하며, 기타 인도적으로 해결할 문제에 대한 대책을 강구한다.

제19조   남과 북은 끊어진 철도와 도로를 연결하고 해로, 항로를 개설한다.

제20조   남과 북은 우편과 전기통신교류에 필요한 시설을 설치·연결하며, 우편·전기통신 교류의 비밀을 보장한다.

제21조   남과 북은 국제무대에서 경제와 문화 등 여러 분야에서 서로 협력하며 대외에 공동으로 진출한다.

제22조   남과 북은 경제와 문화 등 각 분야의 교류와 협력을 실현하기 위한

합의의 이행을 위하여 이 합의서 발효후 3개월 안에 남북 경제교류·협력 공동위원회를 비롯한 부문별 공동위원회들을 구성·운영한다.

제23조 남과 북은 이 합의서 발효후 1개월 안에 본회담 테두리 안에서 남북 교류·협력분과위원회를 구성하여 남북교류·협력에 관한 합의의 이행과 준수를 위한 구체적 대책을 협의한다.

제4장 수정 및 발효

제24조 이 합의서는 쌍방의 합의에 의하여 수정 보충할 수 있다.

제25조 이 합의서는 남과 북이 각기 발효에 필요한 절차를 거쳐 그 문본을 서로 교환한 날부터 효력을 발생한다.

1991년 12월 13일

남북고위급 회담 남측대표단 수석대표 대한민국 국무총리 정원식

북남고위급 회담 북측대표단 단장 조선민주주의인민공화국 정무원총리
연형묵

7 · 4 남북공동성명

최근 평양과 서울에서 남북관계를 개선하며 갈라진 조국을 통일하는 문제를 협의하기 위한 회담이 있었다.

서울의 이후락 중앙정보부장이 1972년 5월 2일부터 5월 5일까지 평양을 방문하여 평양의 김영주 조직지도부장과 회담을 진행하였으며, 김영주 부장을 대신한 박성철 제2부수상이 1972년 5월 29일부터 6월 1일까지 서울을 방문하여 이후락 부장과 회담을 진행하였다.

이 회담들에서 쌍방은 조국의 평화적 통일을 하루빨리 가져와야 한다는 공통된 염원을 안고 허심탄회하게 의견을 교환하였으며 서로의 이해를 증진시키는데서 큰 성과를 거두었다.

이 과정에서 쌍방은 오랫동안 서로 만나보지 못한 결과로 생긴 남북사이의 오해와 불신을 풀고 긴장의 고조를 완화시키며 나아가서 조국통일을 촉진시키기 위하여 다음과 같은 문제들에 완전한 견해의 일치를 보았다.

1. 쌍방은 다음과 같은 조국통일원칙들에 합의를 보았다.

첫째, 통일은 외세에 의존하거나 외세의 간섭을 받음이 없이 자주적으로 해결하여야 한다.

둘째, 통일은 서로 상대방을 반대하는 무력행사에 의거하지 않고 평화적 방법으로 실현하여야 한다.

셋째, 사상과 이념·제도의 차이를 초월하여 우선 하나의 민족으로서 민족적 대단결을 도모하여야 한다.

2. 쌍방은 남북사이의 긴장상태를 완화하고 신뢰의 분위기를 조성하기 위하여 서로 상대방을 중상 비방하지 않으며 크고 작은 것을 막론하고 무장도발을 하지 않으며 불의의 군사적 충돌사건을 방지하기 위한 적극적인 조치를 취하기로 합의하였다.

3. 쌍방은 끊어졌던 민족적 연계를 회복하며 서로의 이해를 증진시키고 자주적 평화통일을 촉진시키기 위하여 남북사이에 다방면적인 제반교류를 실시하기로 합의하였다.

4. 쌍방은 지금 온 민족의 거대한 기대속에 진행되고 있는 남북적십자회담이 하루빨리 성사되도록 적극 협조하는데 합의하였다.

5. 쌍방은 돌발적 군사사고를 방지하고 남북사이에 제기되는 문제들을 직접, 신속 정확히 처리하기 위하여 서울과 평양 사이에 상설 직통전화를 놓기로 합의하였다.

6. 쌍방은 이러한 합의사항을 추진시킴과 함께 남북사이의 제반문제를 개선 해결하며 또 합의된 조국통일원칙에 기초하여 나라의 통일문제를 해결할 목적으로 이후락 부장과 김영주 부장을 공동위원장으로 하는 남북조절위원회를 구성·운영하기로 합의하였다.

7. 쌍방은 이상의 합의사항이 조국통일을 일일천추로 갈망하는 온 겨레의 한 결같은 염원에 부합된다고 확신하면서 이 합의사항을 성실히 이행할 것을 온 민족 앞에 엄숙히 약속한다.

서로 상부의 뜻을 받들어

이 후 락   김 영 주

1972년 7월 4일

별첨9

민족공동체통일방안*

「민족공동체통일방안」은 남한 정부의 공식 통일방안이다. 1994년 8월 15일 김영삼 대통령이 제시한 통일방안으로서, 1989년 9월 11일 노태우 정부 시기에 발표된 「한민족공동체통일방안」을 계승하면서 남북기본합의서 발효 등 상황변화를 반영하여 보완·발전시킨 것이다.

(1) 배경 및 특징

1994년 8월 15일 김영삼 대통령은 광복절 경축사를 통해 새로운 통일방안을 제시했습니다. 「한민족공동체 건설을 위한 3단계 통일방안」(약칭, 민족공동체통일방안」)이다. 「민족공동체통일방안」은 기본적으로 1989년 9월 11일 천명된 「한민족공동체통일방안」을 계승하면서 보완·발전시킨 것으로, 세계적인 탈냉전과 남북 체제경쟁의 종결, 그리고 1992년 2월 19일 '남북기본합의서' 발효 등 여러 가지 새로운 국면 조성에 부응하여 제시된 것이다. 「민족공동체통일방안」은 동족상잔의 전쟁과 장기간의 분단이 지속되어온 남북관계 현실을 고려한 바탕위에서 통일의 접근방법을 제시하고 있다. 우선 남북 간 화해협력을 통해 상호 신뢰를 쌓고 평화를 정착시킨 후 통일을 추구하는 점진적·단계적 통일방안이다. 남과 북의 이질화된 사회를 하나의 공동체로 회

---

* https://www.unikorea.go.kr/unikorea/policy/Mplan/Pabout/

복·발전시켜 궁극적으로는 '1민족 1국가'의 통일국가 실현을 목표로 하고 있다. 1989년 천명된 「한민족공동체통일방안」은 화해와 신뢰구축의 과정을 남북연합으로 나아가기 위한 자연스러운 과정으로 본데 비해, 「민족공동체통일방안」은 이 과정을 단계화한 것이 특징이다. 「민족공동체통일방안」은 현재까지 대한민국 정부의 공식 통일방안으로 지속되고 있다.

(2) 주요 내용

① 통일의 기본철학과 원칙

「민족공동체통일방안」에서는 통일의 기본철학으로서 자유민주주의를 제시하고 있다. 이는 우리가 통일로 나아가는 과정이나 절차에서 뿐만 아니라 통일국가의 미래상에서도 일관되게 추구해야 할 가치는 자유와 민주가 핵심으로 되어야 한다는 것을 의미한다. 이와 함께 통일의 접근시각으로 민족공동체 건설을 제시하였다. 민족통일을 통하여 국가통일로 나가자는 뜻이다. 통일은 권력배분을 어떻게 하느냐보다는 민족이 어떻게 함께 살아가느냐에 초점이 맞추어져야 하며, 계급이나 집단중심의 이념보다는 인간중심의 자유민주주의가 바탕이 되어야 한다는 것이다. 또한 「민족공동체통일방안」은 통일을 추진함에 있어서 견지해야 할 기본 원칙으로서 자주, 평화, 민주를 제시하고 있다. '자주'의 원칙은 우리 민족 스스로의 뜻과 힘으로, 그리고 남북당사자 간의 상호 협의를 통해 통일이 이루어져야 한다는 것을 의미한다. '평화'의 원칙은 통일이 전쟁이나 상대방에 대한 전복을 통해서 이루어질 수 없으며, 오직 평화적으로 이루어져야 한다는 점을 강조한다. '민주'의 원칙이란 통일이 민족구성원 모두의 자유와 권리를 바탕으로 이루어지는 민주적 통합의 방식으로 이루어져야 한다는 원칙이다.

② 통일의 과정

「민족공동체통일방안」에서 통일은 하나의 민족공동체를 건설하는 방향에서 점진적·단계적으로 이루어 나가야 한다는 기조 하에 통일의 과정을 화해·협력단계 → 남북연합단계 → 통일국가 완성단계의 3단계로 설정하고 있다.

1단계인 '화해·협력단계'는 남북이 적대와 불신·대립관계를 청산하고, 상호 신뢰 속에 긴장을 완화하고 화해를 정착시켜 나가면서 실질적인 교류 협력을 실시함으로써 평화공존을 추구해 나가는 단계다. 즉 남북이 상호 체제를 인정하고 존중하는 가운데 분단상태를 평화적으로 관리하면서 경제·사회·문화 등 각 분야의 교류협력을 통해 상호 적대감과 불신을 해소해 나가는 단계다. 이러한 1단계 과정을 거치면서 남북은 상호신뢰를 바탕으로 민족동질성을 회복하면서 본격적으로 통일을 준비하는 방향으로 나가게 된다. 「민족공동체통일방안」은 남북 간의 공존을 제도화하는 중간과정으로서 과도적 통일체제인 '남북연합'을 2단계로 설정하였다. 이 단계에서는 남북 간의 합의에 따라 법적·제도적 장치가 체계화되어 남북연합 기구들이 창설·운영되게 된다. 남북연합에 어떤 기구를 두어 어떤 일을 할 것인가는 남북 간의 합의에 의해 구체적으로 정해질 것이지만, 기본적으로는 남북정상회의, 남북각료회의, 남북평의회 그리고 공동사무처가 운영될 것이다. 마지막 '통일국가 완성' 단계는 남북연합 단계에서 구축된 민족공동의 생활권을 바탕으로 정치공동체를 실현하여 남북 두 체제를 완전히 통합하는 것으로서 1민족 1국가의 단일국가를 완성하는 단계다. 즉, 남북 의회 대표들이 마련한 통일헌법에 따른 민주적 선거에 의해 통일정부, 통일국회를 구성하고 두 체제의 기구와 제도를 통합함으로써 통일을 완성하는 것이다.

③ 통일의 미래상

「민족공동체통일방안」에서는 통일국가의 미래상으로 민족 구성원 모두가 주인이 되며 민족구성원 개개인의 자유와 복지와 인간존엄성이 보장되는 선진 민주국가를 제시하고 있다. 첫째, 민족공동체 건설을 위한 전제조건인 자유민주주의는 자유와 평등을 기본으로 삼권분립, 법치주의, 의회제도, 시장경제, 시민사회 등을 근간으로 이루어져 있다. 자유민주주의를 제대로 작동시키기 위해서는 이와 같이 민주적 기본원칙을 준수하는 규범적 토대가 마련되어야 한다. 둘째, 경제적으로는 시장경제를 바탕으로 모든 국민이 잘사는 국가, 소외된 계층에게는 따뜻한 사회, 국제사회의 공동번영에 기여하는 나라가 되어야 한다. 셋째, 대외적으로는 성숙한 세계국가로 나아가기 위한 국가역량을 강화해야 합니다. 선진 복지경제 및 확고한 국가안보 역량과 함께 높은 문화적 국력도 갖춘 국가를 지향해야 한다.

통일의 철학 : 인간 중심의 자유민주주의

통일의 원칙 : 자주, 평화, 민주

자주 : 민족자결의 정신에 따라 남북 당사자간의 해결을 통해

평화 : 무력에 의거하지 않고 대화와 협상에 의해

민주 : 민주적 원칙에 입각한 절차와 방법으로

통일의 과정(3단계) : 화해협력 → 남북연합 → 통일국가

화해협력　남북한이 서로의 실체를 인정하고 적대·대립관계를 공존·공영의
　　관계로 바꾸기 위한 다각적인 교류협력 추진

남북연합　남북간 체제의 차이와 이질성을 감안, 경제·사회공동체를 형성
　　·발전시키는 남북연합을 과도체제로 설정(2체제, 2정부)

① 남북정상회의(최고결정기구)

② 남북각료회의(집행기구)

③ 남북평의회(대의기구/100명 내외 남북 동수 대표)

④ 공동사무처(지원기구/상주연락대표 파견)

통일국가　△남북평의회에서 통일헌법 초안 마련 ⇒ △민주적 방법과 절차
　　를 거쳐 통일헌법 확정·공포 ⇒ △통일헌법에 의한 민주적 총선거 실시
　　⇒ △통일정부와 통일국회 구성(1체제 1정부)

통일국가 미래상 : 자유·복지·인간존엄성이 구현되는 선진 민주국가

남북관계 발전에 관한 법률
(법률 제18484호, 2021. 10. 19.)

제1장 총칙

제1조(목적) 이 법은 「대한민국헌법」이 정한 평화적 통일을 구현하기 위하여 남한과 북한의 기본적인 관계와 남북관계의 발전에 관하여 필요한 사항을 규정함을 목적으로 한다.

제2조(기본원칙) ① 남북관계의 발전은 자주·평화·민주의 원칙에 입각하여 남북공동번영과 한반도의 평화통일을 추구하는 방향으로 추진되어야 한다.

② 남북관계의 발전은 국민적 합의를 바탕으로 투명과 신뢰의 원칙에 따라 추진되어야 하며, 남북관계는 정치적·파당적 목적을 위한 방편으로 이용되어서는 아니된다.

제3조(남한과 북한의 관계) ① 남한과 북한의 관계는 국가간의 관계가 아닌 통일을 지향하는 과정에서 잠정적으로 형성되는 특수관계이다.

② 남한과 북한간의 거래는 국가간의 거래가 아닌 민족내부의 거래로 본다.

제4조(정의) 이 법에서 사용하는 용어의 정의는 다음과 같다.

1. "남북회담대표"라 함은 특정한 목적을 위하여 정부를 대표하여 북한과의 교섭 또는 회담에 참석하거나 남북합의서에 서명 또는 가서명하는 권한을 가진 자를 말한다.

2. "대북특별사절"이라 함은 북한에서 행하여지는 주요 의식에 참석하거나 특정한 목적을 위하여 정부의 입장과 인식을 북한에 전하거나 이러한 행위와 관련하여 남북합의서에 서명 또는 가서명하는 권한을 가진 자를 말한다.

3. "남북합의서"라 함은 정부와 북한 당국간에 문서의 형식으로 체결된 모든 합의를 말한다.

4. "군사분계선 일대"라 함은 「군사기지 및 군사시설 보호법」 제2조제7호에 따른 민간인통제선 이북지역을 말한다.

5. "전단등"이라 함은 전단, 물품(광고선전물 · 인쇄물 · 보조기억장치 등을 포함한다), 금전 또는 그 밖의 재산상 이익을 말한다.

6. "살포"라 함은 선전, 증여 등을 목적으로 전단등을 「남북교류협력에 관한 법률」 제13조 또는 제20조에 따른 승인을 받지 아니하고 북한의 불특정 다수인에게 배부하거나 북한으로 이동(단순히 제3국을 거치는 전단등의 이동을 포함한다. 이하 같다)시키는 행위를 말한다.

제5조(다른 법률과의 관계) 이 법 중 남북회담대표, 대북특별사절 및 파견공무원에 관한 규정은 다른 법률에 우선하여 적용한다.

제2장 남북관계 발전과 정부의 책무

제6조(한반도 평화증진) ① 정부는 남북화해와 한반도의 평화를 증진시키기 위하여 노력한다.

② 정부는 한반도 긴장완화와 남한과 북한간 정치 · 군사적 신뢰구축을 위한 시책을 수립 · 시행한다.

제7조(남북경제공동체 구현) ① 정부는 민족경제의 균형적 발전을 통하여 남북경제공동체를 건설하도록 노력한다.

② 정부는 남북경제협력을 활성화하고 이를 위한 제도적 기반을 구축하

는 등 남한과 북한 공동의 경제적 이익을 증진시키기 위한 시책을 수립·시행한다.

제8조(민족동질성 회복) ① 정부는 사회문화분야의 교류협력을 활성화함으로써 민족동질성을 회복하도록 노력한다.

② 정부는 지방자치단체 및 민간단체 등의 교류협력을 확대·발전시켜 남한과 북한간 상호이해를 도모하고 민족의 전통문화 발전을 위한 시책을 수립·시행한다.

제9조(인도적 문제 해결) ① 정부는 한반도 분단으로 인한 인도적 문제해결과 인권개선을 위하여 노력한다.

② 정부는 이산가족의 생사·주소확인, 서신교환 및 상봉을 활성화하고 장기적으로 자유로운 왕래와 접촉이 가능하도록 시책을 수립·시행한다.

제10조(북한에 대한 지원) ① 정부는 인도주의와 동포애 차원에서 필요한 경우 북한에 대한 지원을 할 수 있다.

② 정부는 북한에 대한 지원이 효율적이고 체계적이며 투명하게 이루어질 수 있도록 종합적인 시책을 수립·시행한다.

제11조(국제사회에서의 협력증진) 정부는 국제기구나 국제회의 등을 통하여 국제사회에서 남북공동의 이익을 증진시킬 수 있도록 노력한다.

제12조(재정상의 조치) ① 정부는 이 법에 규정된 정부의 책무를 이행하기 위하여 필요한 재원을 안정적으로 확보하기 위하여 노력한다.

② 정부는 지방자치단체 및 비영리법인·비영리민간단체에 대하여 이 법에 따른 사업에 필요한 비용의 전부 또는 일부를 지원할 수 있다.

제12조의2(남북관계 발전의 기반 조성)

제13조(남북관계발전기본계획의 수립)

제14조(남북관계발전위원회)

제3장 남북회담대표 등

제15조(남북회담대표의 임명 등) ① 북한과 중요사항에 관하여 교섭 또는

회담에 참석하거나 중요한 남북합의서에 서명 또는 가서명하는 남북회담 대표의 경우에는 통일부장관이 관계기관의 장과 협의한 후 제청하고 국무총리를 거쳐 대통령이 임명한다.

② 통일부장관은 북한과의 교섭 또는 회담 참석, 남북합의서의 서명 또는 가서명에 있어 남북회담대표가 된다.

③ 제1항 및 제2항의 경우를 제외한 남북회담대표는 통일부장관이 임명한다.

④ 대북특별사절은 대통령이 임명한다.

⑤ 2인 이상의 남북회담대표 또는 대북특별사절을 임명할 경우에는 서열을 정하고 수석남북회담대표 또는 수석대북특별사절을 지정하여야 한다.

⑥ 그 밖에 남북회담대표 및 대북특별사절의 임명 등에 관하여 필요한 사항은 대통령령으로 정한다.

제16조(공무원의 파견) ① 정부는 남북관계의 발전을 위하여 필요한 경우 공무원을 일정기간 북한에 파견하여 근무하도록 할 수 있다.

② 국가기관 또는 지방자치단체의 장은 제1항에 따라 북한에 파견한 공무원에게 그 파견을 이유로 인사 및 처우에 있어서 불리한 조치를 하여서는 아니 된다.

③ 공무원의 파견과 근무 등에 관하여 필요한 사항은 대통령령으로 정한다.

제17조(정부를 대표하는 행위금지) 이 법에 의하지 아니하고는 누구든지 정부를 대표하여 다음 각 호의 어느 하나에 해당하는 행위를 할 수 없다.

1. 북한과 교섭 또는 회담하는 행위

2. 북한의 주요 의식에 참석하는 행위

3. 북한에 정부의 입장과 인식을 전달하는 행위

4. 남북합의서에 서명 또는 가서명 하는 행위

제18조(지휘·감독 등) ① 통일부장관은 남북회담대표 및 파견공무원의 임무수행, 남북회담 운영에 관하여 필요한 지휘·감독을 한다.

② 남북회담대표 및 파견공무원의 임무수행, 남북회담 운영 등 그 밖에 필요한 사항은 대통령령으로 정한다.

제19조(공무원이 아닌 남북회담대표 등에 대한 예우) 정부는 공무원이 아닌 자를 남북회담대표 또는 대북특별사절로 임명한 때에는 대통령령에 의하여 예우를 하고 수당을 지급할 수 있다.

제20조(벌칙 적용에 있어서의 공무원 의제) 공무원이 아닌 자가 남북회담대표 또는 대북특별사절로 임명되어 이 법에 의한 직무를 수행하는 때에는 「형법」 제127조 및 제129조 내지 제132조의 적용에 있어서는 이를 공무원으로 본다.

제4장 남북합의서 체결

제21조(남북합의서의 체결 · 비준) ① 대통령은 남북합의서를 체결 · 비준하며, 통일부장관은 이와 관련된 대통령의 업무를 보좌한다.

② 대통령은 남북합의서를 비준하기에 앞서 국무회의의 심의를 거쳐야 한다.

③ 국회는 국가나 국민에게 중대한 재정적 부담을 지우는 남북합의서 또는 입법사항에 관한 남북합의서의 체결 · 비준에 대한 동의권을 가진다.

④ 대통령이 이미 체결 · 비준한 남북합의서의 이행에 관하여 단순한 기술적 · 절차적 사항만을 정하는 남북합의서는 남북회담대표 또는 대북특별사절의 서명만으로 발효시킬 수 있다.

제22조(남북합의서의 공포) 제21조의 규정에 의하여 국회의 동의 또는 국무회의의 심의를 거친 남북합의서는 「법령 등 공포에 관한 법률」의 규정에 따라 대통령이 공포한다.

제23조(남북합의서의 효력범위 등) ① 남북합의서는 남한과 북한사이에 한하여 적용한다.

② 대통령은 남북관계에 중대한 변화가 발생하거나 국가안전보장, 질서유지 또는 공공복리를 위하여 필요하다고 판단될 경우에는 기간을 정하여 남북합의서의 효력의 전부 또는 일부를 정지시킬 수 있다.

③ 대통령은 국회의 체결 · 비준 동의를 얻은 남북합의서에 대하여 제2항의 규정에 따라 그 효력을 정지시키고자 하는 때에는 국회의 동의를 얻어

야 한다.

제24조(남북합의서 위반행위의 금지) ① 누구든지 다음 각 호에 해당하는 행위를 하여 국민의 생명·신체에 위해를 끼치거나 심각한 위험을 발생시켜서는 아니 된다.

1. 군사분계선 일대에서의 북한에 대한 확성기 방송
2. 군사분계선 일대에서의 북한에 대한 시각매개물(게시물) 게시
3. 전단등 살포

② 통일부장관은 제1항 각 호에서 금지된 행위를 예방하기 위하여 필요한 경우에는 관계 중앙행정기관의 장 또는 지방자치단체의 장에게 협조를 요청할 수 있다. 이 경우 관계 중앙행정기관의 장 또는 지방자치단체의 장은 특별한 사유가 없으면 협조하여야 한다.

제5장 벌칙

제25조(벌칙) ① 제24조제1항을 위반한 자는 3년 이하의 징역 또는 3천만원 이하의 벌금에 처한다. 다만, 제23조제2항 및 제3항에 따라 남북합의서(제24조제1항 각 호의 금지행위가 규정된 것에 한정한다)의 효력이 정지된 때에는 그러하지 아니하다.

② 제1항의 미수범은 처벌한다.

부   칙〈법률 제18484호, 2021. 10. 19.〉

이 법은 공포 후 6개월이 경과한 날부터 시행한다.

다시 보는 남북합의서

- 합의정신을 살리려면 어떻게 해야 하는가 -

제5장

다시 보는 남북합의서*

– 합의정신을 살리려면 어떻게 해야 하는가 –

Ⅰ. 어떤 합의가 있었나?

1. 합의서는 필요한가?

현재의 남북관계는 소강상태다. 교류협력의 측면에서는 몇 년째 중단상황이 지속되고 있다. 이런 상황이 당분간 더 지속될 가능성이 있지만 남북한의 미래라는 측면에서는 현 상황의 지속이 바람직하지 않다. 필자가 생각하는 남북의 미래는 전면적 교류협력이다. 남한 주민 수천 명이 평양에 상주하고, 북한 주민도 수천 명이 서울에 상주하는 상상을 한다. 미국인과 중국인도 수천 명씩 평양에 상주할 수 있다면 평화정착에도 큰 도움이 될 것이다. 정치적으로 그런 상황에 대한 합의를 할 경우에 현재의 남북한 법령으로 이런 변화를 감당할 수 있을까? 필자는 한반도의 정세변화가 교류협력의 대폭확대라는 방향으로 진행될 경우

---

* 이 장은 "한반도 정세변화에 따른 법제 정비방안", 법무부, 통일부, 법제처 공동학술대회(2021.12.16.); "남북합의서의 규범력 확보방안", 변호사 제54집, 서울지방변호사회(2022.1.)에 발표된 논문을 수정·보완한 것이다.

에 과연 법제는 어떻게 변해야 하는가를 검토해 보고자 한다. 법제변화는 남한의 일방적인 것보다는 북한의 변화를 동반할 수 있는 쌍방향적인 것이 바람직하다. 그런 측면에서 기왕의 남북합의에 주목하면서 합의된 사항을 이행하기 위한 법제정비방안을 살펴본다.

한반도의 정세변화에 따른 남북문제의 변화는 주로 정치, 경제의 영역에서 논의되는 경우가 많았다. 그런데 막상 그런 변화에 대한 합의를 하더라도 이를 안정적으로 추진하기 위해서는 법제도가 뒷받침되어야 한다. 언제부턴가 남북문제에서 법률은 현상변화를 촉진하지는 못할망정 그런 변화를 거부하거나 지연시키는 장애요인이 되는 것이 아닌가 우려스러울 때가 있다. 시대의 변화에 맞추어 법제도를 정비해 나감으로써 정치, 경제, 사회문화 등 다른 영역과 보조를 맞추어 나가야 한다. 법제도가 변화를 주도하기는 어렵겠지만 시차를 최소화하여 변화된 상황을 안정시키는 역할은 할 수 있다. 더 나아가 변화를 법률로 제도화함으로써 뒷걸음치지 않도록 방지할 방지 턱 역할을 할 수도 있을 것이다.

남북한 사이에 수많은 합의서가 체결되었지만 그 합의가 모두 잘 지켜지고 있는지에 대해서는 부정적인 의견이 있다. 관광객 피살사건을 계기로 중단된 금강산관광사업, 개성공단 기업들에 대한 북측의 출입제한 조치와 그로 인한 개성공단 운영 중단사태 등은 합의서가 준수되지 않은 사례이다. 한편 남북합의 중에는 이행된 사례도 다수 있다. 6.15 공동선언 중 경제교류 협력과 관련한 부분은 북측도 적극 호응하였다. 철도와 도로 연결문제 협의를 위한 국방장관회담과 군사실무회담이 개최되었고 개성공단사업과 금강산 관광도 남북합의로 가능하게 되었다.

남북기본합의서가 체결된 지 30년이 지났다. 안보측면에서 남북사이에 체결된 주요 합의의 배경과 이행을 연구한 내용[1])에 의하면, 합의 이행의 결정적 변수는 북한의 의지와 진정성이다. 다른 연구로는 국회동의나 국무회의 심의를 거쳐 발효된 남북합의서가 법에 근거하지 않은 5.24조치로 인해 사실상 이행과 효력이 정지된 상태에 놓여 있다는 문제지적도 있다.[2]

한편 문재인 대통령은 2017년 6월 15일에 행한 6.15 공동선언 17주년 기념식에서 남북합의서의 법제화를 강조하였다.

> "남북 당국 간의 이러한 합의들이 지켜졌더라면, 또 국회에서 비준되었더라면 정권의 부침에 따라 대북정책이 오락가락하는 일은 없었을 것입니다. 그래서 남북합의를 준수하고 법제화하는 일은 무엇보다 중요합니다. 역대 정권에서 추진한 남북합의는 정권이 바뀌어도 반드시 존중되어야 하는 중요한 자산입니다."

아래에서 남북합의서의 체결 현황을 구체적으로 살펴보자.

2. 남북이 체결한 합의서는 얼마나 되나?

2018년 12월 31일까지 체결된 남북합의는 총 258건이다. 이 중 공동보도문을 제외하면 168건의 남북합의서가 있고, 국회의 동의를 받아 공포된 것은 13건이다.[3] 국회동의를 받은 것은 4대경협합의서[4]가 대표적이다. 남북관계발전법이 제정된 2005년 이후에는 국회 비준동의를 받은 것이 한 건도 없고, 2018년의 정상회담에서 합의한 판문점선언의 국회동의문제는 지금까지 논란 중이다. 한편 국무회의 의결만으로 발표한 남북합의서는 15건[5]이다. 이를 종합하면 168건의 남북합의서 중 28건의 남북합의서가 법제화되어 그 비율은 낮은 편이다.[6]

남북합의서가 규범력을 확보하기 위한 방법으로 국회동의가 필수적인지는 논란이 있을 수 있으나 남한 내에서 어떤 합의가 규범력을 갖기 위해서는 국회가 법률로 제정하는 것이 원칙적인 방법이라는 점과 국회가 국민의 대표자들로 구성된 입법기관이란 점을 종합적으로 고려해 보면 국회동의는 남북합의를 법제화하는 기능을 할 것이고, 일단 국회 동의를 거친다면 규범력을 확보하였다고 볼 수 있다. 또한 성질상 모든 남북합의서가 국회동의를 거쳐야 하는 것은 아닐 것이므로 남북관계발 전법등 관련 법령이 정한 절차를 거쳐 효력을 발휘하면 규범력을 가진 다고 할 것이다. 따라서 중요한 것은 법제화 비율이 아니라 남한 내 법 률이 정한 절차를 거쳤는지 여부이다.[7] 규범력 확보 방안은 제도적으 로 합의서를 규범으로 만드는 단계와 합의서를 규범으로 인정하고 이 행하는 실천의지 그리고 합의서를 위반했을 때 대응조치가 결합되어야 완성될 것이다.

3. 남북은 시기별로 어떤 사항을 합의하였나?

통일부가 발간한 남북합의서 총람은 10년 단위로 합의서를 정리하면 서 정치분야, 인도분야, 체육분야, 군사분야, 경제분야 등으로 유형별로 분류하고 있다. 이들 합의서를 개괄하면서 실천과제를 살펴보자.

남북대화가 본격적으로 시작된 시기는 1970년대 초반이었다. 한반도 에서 해방 이후 서로 다른 이념과 체제를 가진 정부가 수립되었고, 남 북 간에는 전쟁을 거쳐 갈등과 반목이 지속되어 왔다.

냉전이 진행되는 가운데 동서 진영 간에 데탕트가 추진되면서 자유진 영과 공산진영 간의 관계에 변화의 움직임이 보이기 시작하였다. 미국 과 중국의 화해, 일본과 중국의 국교수립, 미국과 소련의 평화공존 등 국제사회는 바야흐로 데탕트 시대로 전환되는 흐름을 보였다. 한반도 의 남북 사이에도 대화를 통한 긴장완화와 평화를 모색하는 노력이 필 요하였다. 박정희 대통령은 1970년 8월 15일 제25주년 광복절 경축사 를 통해 「평화통일구상 선언」을 천명하였다. 「평화통일구상 선언」은 한반도에 항구적인 평화를 구축하고 평화통일 기반을 마련하기 위해 남북 간 선의의 경쟁을 촉구한 것이었다. 1971년 8월 12일 남측이 인도적 차원에서 남북이산가족 문제를 해결하기 위한 남북적십자회담을 개최하자고 북측에 제의하였고, 북측이 이에 호응해 나옴으로써 남북대화의 물꼬가 트이게 되었다. 1972년 5월 2일부터 6월 1일까지 서울과 평양에서 남북고위당국자 간 비공개 회담을 통해 「7.4 남북공동성명」이 발표되었다. 이로써 대화 없는 남북관계의 시대에서 대화 있는 남북관계의 시대로 전환되었다.[8] 아래에서 10년 단위로 남북이 합의한 내용을 살펴보자.

1970년대 합의사항

1970년대는 남북간 합의서가 최초로 체결된 시기인데, 체결 당사자를 '서울측'과 '평양측'으로 표기하고 있고, 신변보장, 왕래절차, 통신, 이산가족상봉 등이 주된 합의사항이었다. 또한 남북이 공동으로 참여하는 기구로 '남북조절위원회 구성'이 논의되었다. 남북조절위원회에서는 남북관계를 개선하기 위한 문제를 발굴하고 각종 교류와 경제사업의 실행 문제를 다룬다. 위원회 구성은 공동의 대표 아래 간사회의를 두고, 판문점에 공동사무국을 두기로 했다. 체제가 다른 두 나라가 합의를 할 경우에 생기는 문제가 원초적으로 드러난 시기이고, 이때의 합의대상은 순서상으로도 먼저 해결되어야 할 사항이다. 즉 신변보장과 왕래절차 그리고 공동으로 참여하는 기구의 구성이 그것이다.

보다 구체적으로 살펴보면, 1970년대에는 남북적십자회담을 시작으로 남북조절위원회회의, 남북탁구협회회의가 개최되었다. 정치 분야 회담으로 「7.4 남북공동성명」의 합의에 따라 남북조절위원회 공동위원장회의(3회), 본회담(3회), 부위원장회의(10회) 등이 개최되었다. 남북조절위원회 공동위원장회의에서 남북조절위원회 구성·운영, 대남·대북 방송 및 전단 살포중단 등에 합의하였다. 이에 따라 1972년 11월

30일 남북조절위원회가 정식으로 출범하였다. 남북조절위원회 본회담에서 간사회의 구성, 공동사무국 설치, 운영 세칙 마련 등에 합의하였고, 「7.4 남북공동성명」 합의사항 이행 문제를 논의하였다. 인도 분야 회담으로 남북적십자회담이 열렸는데, 남북적십자 파견원 접촉에서는 남북적십자 예비회담 개최에 합의하였다. 이를 계기로 남북적십자회담을 지원하는 기구로 「적십자남북회담사무국」이 1971년 9월 1일 설치되었다. 남북적십자 본회담에서는 이산가족의 주소와 생사 확인, 자유로운 방문과 상봉, 자유로운 서신 교환, 자유의사에 의한 재결합, 기타 인도적 문제 등에 대해 협의하였다. 사회문화 분야 회담으로 남북탁구협회회의(4회)가 개최되어 제35회 세계탁구선수권대회 남북 단일팀 구성·출전 문제가 협의되었다. 1970년대 남북대화는 정치회담, 인도회담, 사회문화회담 등 총 111회가 개최되었으며, 「7.4 남북공동성명」, 「남북조절위원회 구성 및 운영에 관한 합의서」 등 13건의 합의서가 채택되었다.9)

1980년대 합의사항

1980년대는 남북이산가족방문 관련한 합의가 있었는데, "방문단 명칭은 각기 편리한 대로 부르되"라는 문구가 인상적이고, 안전보장, 통행보장, 신분증 등에 대한 사항이 포함되었다.

보다 구체적으로 살펴보면, 1980년대에는 남북총리회담을 시작으로 남북체육회담, 남북적십자회담, 남북경제회담, 남북국회회담, 남북고위급회담 등이 개최되었다. 1971년 설치된 적십자남북회담사무국이 남북대화사무국으로 조직이 변경되어 중앙정보부에서 1980년 10월 20일 국토통일원으로 이관되었다. 정치 분야 회담으로 1980년 1월 12일 북한 측이 남북총리회담을 제의해 온 데 대해 남측이 수락하여, 남북총리회담을 위한 실무대표접촉(10회)이 개최되어 남북총리회담의 장소와 의

제 등에 대해 협의하였다. 1982년 1월 22일 전두환 대통령은 국회 국정연설에서 '통일헌법 마련을 위한 민족통일협의회 구성'과 '남북한 기본관계에 관한 잠정협정 체결'을 골자로 하는 「민족화합민주통일방안」을 내놓았다. 후속조치로 2월 1일 국토통일원 장관은 대북성명을 통해 「20개 시범실천사업」을 북측에 제안하였다. 1985년부터 국회회담으로 예비접촉(2회), 준비접촉(10회) 등이 열렸다. 1988년 7월 7일 노태우 대통령은 「민족자존과 통일번영을 위한 특별선언」(7.7 선언)을 발표하였다. 「7.7 선언」은 남북 간 인적교류, 이산가족문제 해결, 남북교역, 우방의 비군사적 물자교역용인, 국제사회에서의 남북 협력, 북한의 미·일과의 관계개선 협조와 소련·중국 등 사회주의 국가와의 관계개선 등을 주요내용으로 하였다. 남측은 1988년 12월 28일 국무총리의 대북서한을 통해 남북 간 상호 신뢰구축과 긴장완화문제 등을 협의할 남북총리회담 개최를 제의하여 남북고위급회담 예비회담(5회)이 개최되었다. 1989년 9월 11일 노태우 대통령은 정기국회 특별연설을 통해 「한민족공동체통일방안」을 발표하였다. 통일원칙으로 '자주·평화·민주', 통일로 가는 중간단계로 '남북연합'을 제시하였다. 경제 분야 회담으로 남북경제회담(5회)이 개최되어 물자교역, 경제협력과 합작투자, 경제협력기구 설치, 항구 개방, 공동어로구역 설정, 경의선 연결 등을 협의하였다. 인도 분야 회담으로 1984년 9월 8일 북한 적십자회가 서울과 경기 지역에서 발생한 수해와 관련하여 수해물자 제공을 제의하였다. 남측이 이를 수락하면서 수해물자 인도·인수 관련 남북적십자 실무접촉(1984.9.)이 개최되었다. 이를 계기로 남북적십자 본회담 재개를 위한 예비접촉(1984.11.)이 열렸다. 남북적십자회담 본회담(3회)에서 이산가족 고향방문단과 예술공연단 교환 방문에 합의하고, 제1차 고향방문 및 예술공연단 교환 관련 실무대표접촉(3회)을 통해 「남북이산가족 고향방문 및 예술공연단 교환방문에 관한 합의서」를 채택하였다. 9월 20일부터

23일까지 서울과 평양에서 남북 각각 50명씩의 이산가족들이 헤어져 있던 가족들과 재회하였다. 이후 제2차 고향방문 및 예술공연단 교환 관련 실무대표접촉(8회)도 진행되었다. 사회문화 분야 회담으로 LA올림픽 단일팀 구성 관련 남북체육회담(3회)이 개최되어 남북단일팀 출전 문제가 논의되었고, 서울올림픽 관련 IOC중재 남북체육회담(4회)이 열려 북한에 배정할 종목 문제 등을 협의하였으며, 북경 아시아 경기대회 단일팀 구성·참가 관련 남북체육회담 본회담(9회)과 실무대표접촉(6회)도 개최되었다. 1980년대 남북대화는 정치회담, 경제회담, 인도회담, 사회문화회담 등 총 64회 개최되어 다양한 분야에서 남북간 협의가 이루어졌으나, 남북간 합의서는 「남북이산가족 고향방문 및 예술공연단 교환방문에 관한 합의서」 1건이 채택되었다.[10]

1990년대 합의사항

1990년대는 합의서 총량이 급증하는데, 남북고위급회담 개최를 위한 합의에는 신변보장, 대표단표지, 증명서, 왕래절차 등이 포함되었다. 1991년에는 남북기본합의서가 체결되었는데, 여기에는 체제인정, 이행기구, 남북연락사무소 설치, 경제교류협력, 철도와 도로연결 등이 포함되었고 분과위원회 구성이 합의되었다. 또한 경제교류와 협력이 구체적으로 논의되었는데 위원회의 협의로 정하는 구조를 채택하였고 각종 자료를 교환하고 해당 법규를 상대에게 통보하는 내용도 포함되었다. 물자(비료, 곡물, 구호물자)지원에 대한 합의도 있었는데, 전달방법과 분배과정 입회, 기록협조, 수송차량표지 등이 포함되었다. 한편 체육분야에서는 단일팀 구성과 관련한 합의가 있었는데, 선수단 호칭, 단기와 단가, 선발, 구성, 훈련, 그리고 추진기구 등이 포함되었다. 이 시기에 합의된 사항 중에는 법제적으로 뒷받침되어야 할 사항이 다수 있다. 경제교류를 실현하기 위해서는 남북한에서 각자의 법률제정이 필요하고,

남북연락사무소설치와 운영 그리고 각종 자료교환과 공동위원회 설치도 법률상 근거가 필요하다. 근본적으로 상호간에 체제인정을 약속하였으므로 남한에서 북한의 법적지위를 인정하는 문제와 이를 법제적으로 반영하는 후속조치가 필요하다. 즉 북한을 국가로 인정하고 이를 남한법에 반영하는 기준을 마련하여야 한다. 마찬가지로 북한에서 남한의 법적 지위를 인정하는 문제도 같이 진행되어야 할 것이다. 또한 합의시마다 반복되는 신변보호, 통행방법, 신분증 관련 내용은 남북공동의 기구에서 관리하도록 기능별로 담당기구를 설치하여야 한다. 이러한 공동기구를 상설화하기 위해서는 법률상 근거가 필요하다. 남북이 합의하여 기능별로 공동위원회를 설치할 경우에 남북한은 각자의 국내법으로 공동위원회 구성과 운영에 대한 지원법을 만들고 인력과 재정지원의 근거를 마련할 수 있다. 기능별 기구 구성에 관하여는 외국사례를 참고할 수 있다.

보다 구체적으로 살펴보면, 1990년대 남북대화는 남북정상회담 예비접촉을 비롯하여 남북고위급회담, 남북적십자 대표접촉, 남북체육회담 등이 개최되었다. 소련과 동구권의 체제전환과 독일 통일이 진행되는 가운데 남북 간에도 화해와 협력을 모색하는 남북대화가 본격화되었다. 정치 분야 회담으로 1994년 6월 28일 남북정상회담 예비접촉을 한 차례 개최하여 남북정상회담(1994.7.25.~27. 평양)을 개최하기로 합의하고, 실무절차 협의를 위한 대표접촉, 통신실무자접촉 및 경호실무자접촉 등이 진행되었으나 북측 김일성 주석의 갑작스러운 사망으로 중단되었다. 남북고위급회담은 예비회담(3회), 예비회담 실무대표접촉(2회), 본회담(8회), 단일합의서 문안정리 대표접촉(4회) 등을 개최하여 「남북 사이의 화해와 불가침 및 교류·협력에 관한 합의서」(남북기본합의서)를 채택·서명하고 국무회의 심의, 대통령 재가 등 내부절차를 거쳐 발효시켰다. 유엔 가입 관련 남북고위급회담 실무대표접촉(3회)도 진행되어

1991년 9월 17일 제46차 유엔총회에서 남북한이 각각 유엔회원국으로 가입하였다. 핵문제 협의를 위한 남북고위급회담 대표접촉(3회)에서 「한반도의 비핵화에 관한 공동선언」을 타결하여, 1992년 1월 20일 남과 북의 총리가 서명하고 1992년 2월 19일 제6차 남북고위급회담 본회담에서 발효시켰다. 1992년 5월 7일 제7차 남북고위급회담 본회담에서는 남북연락사무소 설치·운영, 남북군사공동위원회 구성·운영, 남북교류·협력공동위원회 구성·운영 등의 합의서가 채택되었다. 1992년 9월 17일 제8차 남북고위급회담 본회담에서는 남북화해, 남북불가침, 남북교류·협력 등 3개의 부속합의서와 남북화해공동위원회 구성·운영 등의 합의서가 각각 발효되었다. 핵문제를 비롯한 남북 간 현안 문제들을 논의하기 위해 1993년 10월 5일부터 특사교환을 위한 실무대표접촉(8회)이 진행되었다. 1994년 8월 15일 김영삼 대통령은 광복절 경축사에서 기존의 통일방안을 보완한 「한민족공동체 건설을 위한 3단계 통일방안」(민족공동체통일방안)을 천명하여, 화해·협력 단계를 거쳐 남북연합 단계와 통일국가 완성 단계로 이행하는 방안을 제시하였다. 인도 분야 회담으로 제2차 고향방문 및 예술공연단 교환 관련 실무대표접촉과 이산가족 노부모 방문단 및 예술단 교환 관련 적십자실무대표접촉(8회)이 개최되었다. 1995년에 들어와서 대북 쌀 지원을 위한 북경회담(3회)이 개최되어 쌀 15만 톤을 무상지원하기로 합의하였다. 1997년 5월 3일부터 대북 구호물자 전달을 위한 남북적십자 대표접촉(5회)이 진행되어 15만 톤의 옥수수가 전달되었다. 사회문화 분야 회담으로 북경 아시아 경기대회 단일팀 구성·참가 관련 남북체육회담으로 남북 단일팀 구성 문제 등을 협의하였다. 1990년 9월 23일 북경 아시아 경기대회 기간에 남측 체육부 장관과 북측 국가체육위원회 위원장은 남북통일축구대회와 남북체육회담 개최에 합의하였다. 국제경기 단일팀 구성·참가를 위한 남북체육회담을 개최하여 남북 단일팀 구성에 합의하였다. 이렇게 성사된 남북 단일팀은 제41회 세계탁구선수권대회에서 여자단체전 우승, 제6회 세계청소년축구대회에서 8강 진출이라는 성과를 거두었다. 1990년대 남북대화는 정치회담, 인도회담, 사회문화회담 등 총 160회가 개최되었으며, 「남북기본합의서」, 「남북정상회담 개최를 위한 합의서」 등 33건의 합의서가 채택되었다.[11]

2000년대 합의사항

2000년대에도 합의서가 다수 체결되었는데, 각 분야별 실무절차 합의서에는 대표단 구성과 규모, 회담의제, 체류일정, 왕래절차, 증명서 등이 포함되었고, 합의서의 형식과 발표절차에 대한 규정[12]도 있다. 또한 연락사무소 설치와 관광단 교류 등 구체적인 내용이 있고, 경제협력공동위원회 구성과 운영에 관한 합의[13]도 있다. 도로운행, 통신, 통관 등에 대한 합의가 있었고, 특히 개성공단 관련한 합의는 내용이 구체적이다. 이들 분야별 업무를 처리할 공동위원회 등의 기구에 대한 합의도 있었으나, 남한법에 이들 이행기구를 지원할 근거법률이 마련되지 않았고, 합의서 체결시 반복적으로 포함되는 왕래와 신변보장 등을 담당할 공동기구에 대한 합의는 미흡했다. 또한 분야별 실무합의서 체결당사자로 남한은 재정경제부 차관이 서명한 경우가 많았는데, 해당 분야 전문가도 아닌 재정경제부 차관이 합의서 체결에 관여하는 것도 적절하지 않은 측면이 있다. 분야별 공동위원회가 관련 업무를 이행하도록 하고, 장래 유사한 업무까지 계속 관리하도록 한다면 합의서에 반복적으로 포함시키는 내용의 상당부분을 줄일 수 있을 것이다.

보다 구체적으로 살펴보면, 2000년대 남북대화는 두 차례의 남북정상회담을 비롯하여 남북총리회담, 남북경제공동위원회, 남북장관급회담, 남북국방장관회담, 남북경제협력추진위원회, 남북적십자회담 등과 분야별 실무회담이 열렸다. 2000년 3월 9일 김대중 대통령은 「베를린

선언」에서 북한 내 사회간접자본 투자와 농업 구조개혁에 협력할 용의를 표명하고, 「남북기본합의서」 이행을 위한 남북 당국자 간 대화를 촉구하였다. 남북 간에 역사상 최초로 남북정상회담(2000.6.13.~15. 평양)이 개최되었다. 2000년 남북정상회담에서는 통일문제의 자주적 해결, 남측의 연합제 안과 북측의 낮은 단계 연방제 안의 공통성 인정, 이산가족 방문단 교환, 경제협력 및 사회문화 분야의 협력 등을 담은 「남북공동선언」(6.15 공동선언)을 채택하였다. 2007년에는 2007년 10월 2일부터 4일까지 평양에서 남북정상회담이 개최되었다. 2007년 남북정상회담에서 「남북관계 발전과 평화번영을 위한 선언」(10.4 선언)을 채택하여, 「6.15 공동선언」에 기초한 남북관계 발전, 정전체제 종식과 항구적 평화체제 구축, 종전선언 추진, 남북경제협력사업 활성화, 사회문화 교류·협력, 인도주의 사업 추진 등에 합의하였다. 정치 분야 회담으로 「6.15 공동선언」을 이행하기 위한 중심적 협의체인 남북장관급회담(21회)이 열려 정치·군사·경제·인도·사회문화 분야의 합의사항 이행을 점검하고 지원하는 역할을 수행하였다. 2007년에는 「10.4 선언」을 이행하기 위해 남북총리회담(2007.11)이 개최되었다. 군사 분야 회담으로 남북국방장관회담, 남북장성급군사회담, 남북군사실무회담이 열려 군사적 신뢰구축 및 경제협력사업의 군사적 보장 문제 등을 협의하였다. 경제 분야 회담으로 「6.15 공동선언」의 경제 분야 합의사항을 이행하기 위해 남북경제협력추진위원회, 남북철도·도로연결 실무협의회, 남북철도·도로연결 실무접촉, 개성공단건설 실무협의회, 금강산관광 남북당국간회담 등이 개최되어 개성공단, 금강산관광, 철도·도로연결 등 3대 경협사업을 지원하였다. 분야별 실무접촉을 총 80차례 진행하여 투자보장, 이중과세방지, 상사분쟁 해결절차, 청산결제 등 4대 경협합의서를 채택하였고 남북 각각 7개 항구를 연결하는 해로를 개설하였으며, 경공업 및 지하자원 협력 등을 추진하였다. 「10.4 선언」 경제 분야

합의 이행을 위해 남북경제협력공동위원회(2007.12.)를 중심으로 철도협력분과위원회, 도로협력분과위원회, 농수산협력분과위원회, 개성공단협력분과위원회, 보건의료·환경보호협력분과위원회 등 분과위원회와 서해평화협력특별지대 추진위원회, 농업협력 실무접촉 등이 개최되어 분야별 경제협력 활성화 방안을 협의하였다. 2008년 7월 11일 이명박 대통령은 국회 개원 연설에서 남북당국간 전반적인 대화 재개를 제의하면서, 「7.4 남북공동성명」, 「남북기본합의서」, 「비핵화 공동선언」, 「6.15 공동선언」, 「10.4 선언」의 이행에 대해 북측과 진지하게 협의할 용의가 있음을 천명하였다. 2009년에는 개성공단 관련 남북당국실무회담이 개최되어 억류 근로자석방, 토지임대료 등을 협의하였다. 인도 분야 회담으로 이산가족 문제 해결 등을 위한 남북적십자회담을 포함하여 수해복구지원 남북적십자 실무접촉, 금강산 면회소 건설추진단 회의, 용천재난구호 실무접촉, 이산가족 화상상봉 실무접촉 등 총 24회 개최되어 남북이산가족 상봉과 금강산 면회소 건설, 수해복구 및 방역지원 등이 이루어졌다. 2000년대 남북대화는 두 차례의 정상회담을 비롯한 정치회담, 군사회담, 경제회담, 인도회담, 사회문화회담 등 총 250회 개최되었으며, 「6.15 공동선언」과 「10.4 선언」 등 174건의 합의서 및 공동보도문을 채택하였다.[14]

2010년대 합의사항

2010년대에는 2013년 개성공단 정상화 합의서와 관련한 일련의 합의가 있었는데, 일시적 중단사태를 해결하고 재발방지를 약속하는 내용이 포함되었고 구체적인 논의를 위해 남북공동위원회를 구성하였다. 이 공동위원회에는 사무처가 있고, 그 사무처의 명칭과 구성, 기능, 운영에 대한 부속합의서도 있다. 이런 점을 보면, 남북 간에는 기능별로 공동위원회를 두고 사무처를 상시적으로 운영하는 방안이 현실적이다.

이런 방향으로 나아가기 위해 남한 내에서 공동위원회 설립 및 운영에 대한 일반법을 제정하거나 남북관계발전법 등에 근거를 마련하는 것도 고려할 수 있다. 이 시기 합의서 중에는 2018년의 판문점선언(별첨 11), 평양공동선언 등 정상회담 및 이와 관련한 합의서가 있다. 이때에도 공동연락사무소 개설합의가 있었고, 그 합의에 따라 공동연락사무소가 개설되어 운영되었으나 정치적 이유로 북한이 공동연락사무소를 폭파하였다.

보다 구체적으로 살펴보면, 2010년대 남북대화는 세 차례의 남북정상회담을 비롯하여 남북고위급회담, 남북장성급군사회담, 개성공단 남북공동위원회, 분야별 분과회담, 남북적십자회담, 남북체육회담 등이 개최되었다. 2014년 3월 28일 박근혜 대통령은 「드레스덴 선언」에서 한반도 평화통일을 위한 구상으로 남북공동번영을 위한 민생 인프라 구축, 남북주민의 인도적 문제 해결, 남북주민 간 동질성 회복등을 제안하였다. 정치 분야 회담으로 인천 아시아경기대회 폐회식 계기 남북고위급 회담(2014.10.), 북한 목함지뢰 사건을 해결하기 위한 남북고위당국자접촉(2015.8.), 남북당국회담 실무접촉(2015.11.), 제1차 남북당국회담(2015.12.) 등이 개최되어 현안 문제를 논의하고 남북관계 발전을 위해 노력하기로 합의하였다. 군사 분야 회담으로 2010년에 북한의 천안함 폭침을 논의하기 위한 남북군사실무회담과 천안함 폭침과 연평도 포격 도발 등을 논의하기 위한 남북군사실무회담이 개최되었고, 남북군사당국자접촉이 진행되어 서해 북방한계선 월선 문제 등이 논의되었다. 경제 분야 회담은 개성공단 관련 남북당국간 실무회담을 시작으로 금강산·개성 관광 관련 남북당국간 실무회담(2010.2.), 개성공단 3통문제 협의를 위한 남북실무접촉(2010.3.)이 열렸다. 개성공단 잠정 중단 문제 해결과 발전적 정상화를 위해 개성공단 남북당국 실무회담, 개성공단 남북공동위원회, 개성공단 남북공동위원회 분과위원회 등이 개최

되었다. 사회문화 및 인도 분야에서는 인천 아시아경기대회 남북실무
접촉(2014.7.)이 개최되어 북측선수단 파견 등을 협의하였고, 남북적십
자회담 등이 개최되어 이산가족 상봉에 합의하였다. 2017년 7월 6일
문재인 대통령은 독일 쾨르버 재단 연설(신베를린 선언)에서 한반도에서
의 평화, 북한 체제의 안전 보장과 한반도 비핵화, 항구적인 평화체제
구축, 한반도 신경제지도, 비정치적 교류협력사업의 일관된 추진 등을
천명하고, 인도적 문제 우선 해결, 평창 동계올림픽 북한 참가, 군사분
계선에서의 적대행위 중단, 한반도 평화와 남북협력을 위한 접촉과 대
화 재개를 촉구하였다. 2018년 남측의 제의에 따라 제1차 남북고위급
회담을 개최(1.9.)하여 북한의 평창 동계올림픽 참가 등에 합의하였다.
평창 동계올림픽 계기 북한 고위급 대표단 방남, 대북특별사절단 방북
을 통해 남북정상회담 개최에 의견이 접근되어 제2차 남북고위급회담
(2018.3.)에서 남북정상회담(2018.4.27. 판문점 우리측 지역 평화의 집)을 개
최하기로 합의하였다. 문재인 정부의 제1차 남북정상회담에서는 「한반
도 평화와 번영, 통일을 위한 판문점선언」(4.27 판문점선언)을 채택하여
남북관계의 전면적·획기적 개선과 발전, 군사적 긴장상태 완화와 전쟁
위험의 실질적 해소 노력, 항구적이고 공고한 평화체제 구축 협력, 남
북공동연락사무소 설치, 적대행위 전면 중지, 3자 또는 4자회담 추진
등에 합의하였다. 제2차 남북정상회담(2018.5. 판문점 북측 지역 통일각)에
서는 6.12 북미정상회담의 성공적 개최를 위한 상호 협력 등을 협의하
였다. 제3차 남북정상회담은 대북특사 방북(2018.9.)을 통해 9월 18일부
터 20일까지 평양에서 남북정상회담을 개최하기로 합의하였다. 제3차
남북정상회담에서는 「9월 평양공동선언」을 채택하여 군사적 적대관계
종식과 실질적 전쟁위험 제거, 교류협력 증대와 민족경제의 균형적 발
전, 이산가족문제의 근본적 해결, 한반도에서의 핵무기와 핵위협이 없
는 평화의 터전 조성 등에 합의하였다. 또한 「9월 평양공동선언」의 부

속합의서로 「역사적인 판문점선언 이행을 위한 군사분야합의서」가 채택되어, 상대방에 대한 일체의 적대행위 전면중지, 비무장지대 평화지대화, 서해 북방한계선 일대 평화수역 조성, 상호 군사적 신뢰구축을 위한 다양한 조치 등에 합의하였다. 인도 및 체육 분야에서는 남북적십자회담(2018.6.)에서 8.15 계기 이산가족 상봉에 합의하였다. 남북보건의료협력분과회담(2018.11.)이 개최되어 전염병 등 보건의료협력방안이 협의되었다. 남북체육회담(2018.6.)과 남북체육분과회담에서는 남북통일농구경기 개최 등에 합의하였다. 2010년대 남북대화는 세 차례의 정상회담을 비롯한 정치회담, 군사회담, 경제회담, 인도회담, 사회문화회담 등 총 82회 개최되었으며, 「4.27 판문점선언」과 「9월 평양공동선언」 등 37건의 합의서 및 공동보도문이 채택되었다.15)

합의사항 종합

시기별 합의서 현황을 종합해보면, 합의사항은 분야별로 다양하다. 교류협력에 필수적인 사항들은 합의할 때마다 반복되었고, 합의서 이행을 위해 공동연락사무소를 개설하자는 합의도 다수 있었다. 아래에서 이들 합의서가 어떻게 이행되었는지, 그 과정에서 어떤 문제가 있었는지 여부를 살펴보자. 이어서 이들 합의서 내용을 이행하기 위해 어떤 조치가 필요한지를 검토해 보자.

Ⅱ. 합의한 내용은 잘 이행되었나?

지금까지 체결된 합의서 중에서 3가지 주요 합의서를 중심으로 살펴보자.

1. 남북기본합의서: 규범으로서 기능하였는가?

남북기본합의서(별첨 7)[16]는 1991년 12월 13일에 서명되고, 1992년 2월 17일에 국무회의 의결을 거쳐 1992년 2월 19일에 발효되고 1992년 3월 6일에 공포되었다. 당시 남한 정부는 2월 17일 국무회의 의결 후 2월 19일 평양에서 개최된 남북고위급회담에서 발효시키는 절차를 취하였지만 국회의 비준동의 등 헌법적 절차를 거치지 않은 채 대통령의 서명만을 거친 후 명확한 법적 근거도 없이 대통령 공고 제118호로 관보에 게재해 공고하였다.[17] 반면 북한은 1991년 12월 24일에 연형묵 총리가 당중앙위원회 전원회의에서 보고하고, 12월 26일 중앙인민위원회와 최고인민회의 상설회의 연합회에서 승인을 한 후 김일성 주석이 헌법 제96조에 따라 비준한 것으로 알려지고 있다.[18] 남북기본합의서의 법률적 지위에 대해, 이 합의서는 서문에서 "조국의 평화적 통일"과 "민족공동의 이익과 번영"을 포함하고 있는데, 이는 남한 헌법상의 근본규범적인 성격의 내용에 해당하는 것인바, 남북기본합의서는 헌법규범의 일종인 '헌법률'의 성격과 효력을 가지며, 남북교류협력법, 남북협력기금법, 남북관계발전법의 상위법 또는 모법의 역할을 하고 있다는 견해[19]가 있고, 같은 취지에서 남북기본합의서는 분단국인 남한과 북한이라는 민족 내부의 특수관계에서 통일을 지향하며 체결된 특수한 합의로서의 성격을 가지는 특수형태의 조약이고, 합의서의 내용은 '조국의 평화적 통일'이라는 헌법상 근본규범에서 유래하는 헌법적 규범에 해당하므로 합의서는 헌법률에 해당되거나 최소한 법률적 효력을 가진 규범이라는 견해[20]도 있는바, 타당하다고 본다.

남북기본합의서 체결 이후, 화해·불가침·교류협력 3개 분야 이행을 위한 분과위원회 회담이 열렸고, 각 분야별 부속합의서[21]가 타결되었다. 그리고 이행기구로서 화해공동위원회, 군사공동위원회, 교류협력

공동위원회까지 구성되었다. 1992년 기본합의서 발표 직전 북한은 팀 스피리트 한미군사연합연습의 영구중단을 요구해왔다. 남측은 남북관계와 한미동맹은 별개의 문제라면서 북한의 요구를 거부했다. 이에 북한은 1992년 당해 연도 연습만이라도 중단해야 한다고 주장하여 남한은 이를 수용했다. 하지만 모든 합의서가 타결되고 이행 직전 상황이 되자 북한은 1993년 연합연습도 중단할 것을 요구했고 남측이 이를 거부하자 북한은 합의서 이행을 거부함으로써 기본합의서는 사문화되었다.[22] 이런 상황을 종합해 보면, 남북기본합의서는 규범력을 확보하지 못했고, 그 주된 이유는 북한의 정치적인 판단에 의한 불응 때문인 것으로 보인다.[23]

한편 남북기본합의서가 체결된 이후 그 법적 성격에 대해 합의서의 내용과 형식에 비추어 조약으로 보아야 한다는 견해[24]도 다수 있었지만 헌법재판소와 대법원은 모두 법적 구속력이 없는 정치적 선언 내지 신사협정에 불과하다고 판단하였다.

헌법재판소는, "남북합의서는 남북관계를 '나라와 나라 사이의 관계가 아닌 통일을 지향하는 과정에서 잠정적으로 형성되는 특수관계'임을 전제로 하여 이루어진 합의문서인바, 이는 한민족공동체 내부의 특수관계를 바탕으로 한 당국간의 합의로서 남북당국의 성의있는 이행을 상호 약속하는 일종의 공동성명 또는 신사협정에 준하는 성격을 가짐에 불과"[25]하다고 판시하였다. 즉 남북기본합의서가 법률이 아님은 물론 국내법과 동일한 효력이 있는 조약이나 이에 준하는 것으로 볼 수 없다는 것을 명백히 하였다.[26]

대법원은, "남북 사이의 화해와 불가침 및 교류협력에 관한 합의서(남북기본합의서)는 남북관계가 '나라와 나라 사이의 관계가 아닌 통일을 지향하는 과정에서 잠정적으로 형성되는 특수관계'(합의서 전문)임을 전제로, 조국의 평화적 통일을 이룩해야 할 공동의 정치적 책무를 지는 남북한 당국이 특수관계인 남북관계에 관하여 채택한 합의문서로서, 남북한 당국이 각기 정치적인 책임을 지고 상호간에 그 성의 있는 이행을 약속한 것이기는 하나 법적 구속력이 있는 것은 아니어서 이를 국가 간의 조약 또는 이에 준하는 것으로 볼 수 없고, 따라서 국내법과 동일한 효력이 인정되는 것도 아니다."[27]라고 판단하였다.

　헌법재판소와 대법원의 판단에서 남북기본합의서가 조약이 아니라는 근거는 명확하지 않다.[28] 남북 사이가 특수관계라는 점 외에 조약이 아니라는 점에 대한 구체적인 논증이 없다. 필자가 보기에 위 판결은 당시의 시대상황을 고려한 정치적 판단이다. 남북 사이를 적대적으로 보던 기존의 입장을 변화시켜 북한을 반국가단체이면서 동시에 교류협력의 상대방의 지위도 같이 가지는 이중적 지위에 있는 특수관계로 판단하였다는 점에서는 기존의 입장에서 진일보한 점이 있으나 나아가 합의서 체결의 상대방인 북한을 별개의 국가로 인정하지 않고 잠정적으로 형성된 특수관계에 있는 당국으로 본 한계가 있다. 당시 남한 정부도 정치적, 정책적 이유에서 국회동의까지는 받지 않으려는 이유가 있었다는 견해[29]가 있다. 그런데 이런 입장을 지금도 그대로 존중할 필요가 있을지 생각해 본다.

　2022년 현 시점은 남북기본합의서가 체결된 이후 30년이 지났다. 30년간 지속된 상황을 잠정적 상태가 지속된다고 보기는 어렵다. 필자는 현 시점에서는 남북합의서의 법적 성격에 대해 기존 입장을 재검토할 필요가 있다고 본다. 따라서 향후 새로운 남북합의서가 체결될 경우에는 위 판결에도 불구하고 새로운 남북합의서는 법적 구속력을 가지는 조약 또는 이에 준하는 것으로 볼 수 있다. 실제로도 남북기본합의서 이후 체결된 4대 경협합의서는 국회 동의를 거쳐 법적 구속력을 확보한 사례가 있다. 한편 남북합의서가 국회동의 등의 절차를 거칠 경우에는 이를 조약이 아니라고 할 법적 근거는 없다는 견해

도 있다.[30]

결국 남북기본합의서에 대해서는 신사협정이라는 법적 판단이 내려졌고, 그 판단이 30년간 유지된 상황이다. 필자도 남북기본합의서의 법적 성격은 신사협정이라 본다. 또한 판결의 논리와 같이 신사협정이므로 국내법과 동일한 효력이 있는 것은 아니라는 점에서 규범력이 있다고 보기도 어렵다. 다만 필자는 남북기본합의서가 남북 양측이 각기 발효에 필요한 절차를 거쳐 효력을 발생한 점,[31] 남한의 국무총리와 북한의 정무원총리가 공개적인 협의를 거쳐 서명한 합의서라는 점, 내용에 있어 남북화해, 남북불가침, 남북교류 협력에 관한 원칙적인 사항을 포함한 포괄적인 합의라는 점에서 이 합의서는 장래에도 존중되어야 한다는 생각이다. 특정 합의서가 합의 당시 규범력을 가지지 못하였더라도 장래에 새로운 합의를 통해 규범력을 확보하는 것은 가능할 것이다.[32] 즉 향후 남북합의서 작성시에 남북기본합의서의 정신을 존중하는 태도를 보임으로써 사후적으로 규범력을 확보하는 방안을 모색해 볼 수 있을 것이다. 현시점이나 장래 특정시점에서 새로운 합의를 하면서 남북기본합의서를 존중한다거나 남북기본합의서를 구체적으로 실천하기 위해 새로운 합의를 한다는 취지를 명시할 경우에는 남북기본합의서가 사후적으로 규범력을 확보할 수 있을 것이다.

2. 4대 경협합의서: 국회동의로 규범력 확보 절차를 거쳤는데, 현실은 어떠했는가?

4대 경협합의서를 구체적으로 살펴보면, 투자보장, 이중과세방지, 상사분쟁해결절차, 청산결제에 관한 합의서다. 이들 합의서는 모두 2000년 12월 16일에 체결되었고, 2003년 6월 30일에 국회동의를 거쳐 2003년 8월 20일에 발효되었다. 위 합의서에는 효력발생에 관한 규정을 두었다. 즉 '남북사이의 투자보장에 관한 합의서(별첨 12)' 제12조(효력발생 및 폐기) 제1호에서 "합의서는 남과 북이 서명하고 각기 발효에 필요한 절차를 거쳐 그 문본을 교환한 날로부터 효력을 발생한다."고 규정했고, 다른 합의서도 유사한 규정을 두었다. 이에 따라 남한에서는 발효에 필요한 절차로 국회동의를 거친 것이고 북한도 승인절차를 거쳤다.33) 따라서 4대 경협합의서는 규범력 확보를 위한 절차는 모두 거쳤다. 4대 경협합의서는 조약방식으로 처리했다는 점에서 기존의 합의서와는 다른 획기적인 결정이었고, 이로 인해 남북경협 분야에서는 남북관계를 규범적 제도적 차원으로 인식하기 시작했다는 견해34)가 있는바, 타당하다고 본다.

한편 4대 경협합의서에 대해 국회동의까지 거쳐 효력이 발생함으로써 어떤 규범력이 발생하였는지 살펴본다. 남한의 법체계에서는 이들 합의서가 법규범으로 효력이 있지만 합의 상대방인 북한에서도 규범력이 있는지도 살펴본다. 규범력 여부는 이들 합의서의 내용이 실제로 얼마나 잘 지켜졌는지 여부에 달린 것인바, 투자보장합의서를 보면, 이 합의서에서 규정한 수용, 송금, 분쟁해결 등의 조항이 문제된 사건이 많지 않아 위 합의가 지켜졌는지 위반되었는지 판단하는 것 자체가 어렵다.35) 합의서가 규범력이 있는지를 살펴보려면, 실제로 투자보장과 관련된 사건이 다수 발생하고 그 과정에서 합의서 준수 여부가 쟁점이 되어야 하는데, 남북간 경제교류의 규모도 적었을 뿐만 아니라 실제로 발생한 분쟁도 대개 합의로 종결되었기 때문에 합의서가 얼마나 지켜졌는지를 판단하기는 어렵다. 필자가 남북한 분쟁사례를 연구36)한 바에 의하면, 합의서가 무시되었다고 단정할 근거는 없다. 이중과세방지합의서의 영역에서는 합의서의 효력이 인정된 사례가 있고,37) 상사분쟁해결절차합의서는 개성공단 내 분쟁해결을 위하여 후속 절차까지 진행되었지만 실제로 사건을 처리하는 단계까지 나아가지는 못했다. 청산결제합의서는 실제로 청산결제를 실천하는 단계로 나아가지 못했기 때문에 합의서의 규범력 여부를 판단할 근거가 없다. 결국 4대 경협합의서는 법제화단계를 거쳤지만 실제로 이행단계에서 합의서의 효력이 문제된 사례가 적었기 때문에 규범력 확보 정도를 판단하기 어렵다. 필자는 이런 상황에서 4대 경협합의서의 규범력에 대해서는 긍정적인 평가를 하고 싶다. 남북경협과정에서 투자보장, 이중과세방지, 분쟁해결이 문제된 사건은 다수 있었고, 그때마다 4대 경협합의서를 근거로 남측 투자자의 권리가 보장되어야 한다는 주장을 했다. 이에 대하여 북측이 4대 경협합의서의 존재나 효력을 부정했다는 자료는 발견하지 못하였다. 결국 남북 모두 4대 경협합의서의 규범력은 인정했다고 본다. 다만 이들 합의서가 구체화되고 준수사례가 축적될 만큼 경제협력의 규모가 크지 않았고, 4대 경협합의서가 대상으로 한 경제의 영역에도 정치적인 이유에서 발생한 사건들이 큰 영향을 미쳤기 때문에 4대 경협합의서의 효력이 본격적인 쟁점으로 부각되지 못했을 뿐이다. 이런 어중간한 상태지만 4대 경협합의서는 여전히 규범력이 있다고 주장해 나가는 것이 남북관계의 미래에 유리할 것이라 본다.

3. 판문점 선언: 대통령의 법제화 의지에도 불구하고 국회동의를 받지 못한 현실을 어떻게 볼 것인가?

2018년 4월 27일에 남북정상은 판문점에서 회담하고 그 결과로 발표한 것이 판문점선언이다. 합의서 체결 전에 남한은 합의서를 법제화할 의지[38]를 보였고, 북한도 합의 이행이 필요하다고 인식[39]하였다. 판문점 선언의 법적 성격에 대하여, 조약법적으로 볼 때 그 법적 성격은 조약이고, 분단국인 남북관계의 특수성에 의하면 일종의 특수조약으로 보아야 한다는 견해[40]가 있다. 판문점 선언의 내용 중에는, 중대한 재정적 부담사항 및 입법사항에 관한 합의가 포함되었다는 주장[41]이 있다. 즉 남북간 평화와 통일을 위한 대규모 SOC사업을 포함하는

10.4 남북공동선언의 이행을 포함하고 있으며, 10.4 남북공동선언이 구체적으로 합의한 개성공업지구 1단계 조기완공 및 안변과 남포 조선협력단지 건설과 동해선 및 경의선 철도와 도로 연결 및 현대화를 위한 실천적 대책의 조치는 중대한 재정적 부담을 동반하는 사업이며, 또한 합의내용의 이행을 위해 입법이 필요한 사항으로는 비무장지대의 실질적인 평화지대화를 위한 생태, 환경, 관광, 문화 등의 사업추진과 서해 북방한계선 일대의 평화수역설정은 새로운 법률의 제정이 필요하다는 주장이다.

판문점 선언에서 합의한 사항이 국회동의가 필요한 것인지 여부에 대하여는 찬반 논란이 있었다. 정부와 여당은 20대 국회에서 판문점선언에 대한 국회동의절차를 추진했으나 비준동의를 받지 못한 채로 회기가 종료되어 폐기되었다.[42] 이에 대하여 21대 국회에서 다시 국회동의를 추진하자는 주장이 있고, 이와 달리 20대 국회에서 비준동의를 받지 못한 것 자체도 국민의 의사라는 점을 존중하고 신사협정으로 보는 등 다른 해법을 찾자는 주장 등 다양한 의견이 있다. 결국 현재까지 판문점선언은 국내법절차를 완료하지 못하였기 때문에 규범력 확보를 위한 절차를 거치지 않은 미완성의 합의라 할 것이다.

한편 판문점 선언의 후속회담인 2018년의 9.19 평양공동선언과 군사분야합의서는 법제처의 판단에 따라 국무회의 비준 절차를 거쳐 공포되었다. 판문점선언이 국회동의를 받지 못한 현실과 만일 국회동의를 받았다는 가상 상황을 비교해보면 규범력에서 어떤 차이가 있을까? 국회동의를 거쳐 법률과 같은 성격의 규범력을 가진다면 그 합의서 내용을 법제화하는데 유리할 것이고, 관련 공무원들은 합의서 내용을 이행하기 위해 후속조치를 취해야 할 의무를 부담하게 될 것이라는 점에서 국회동의를 거치지 못한 현실과 차이가 있다. 하지만 국회동의를 거치지 않았다고 하여 합의서 내용이 무용의 것이 되는 것은 아닐 것이다.

국회동의 대상인지 논란이 있었고, 동의절차를 추진할 20대 국회 당시의 정치상황에 따라 동의를 받지 못하였다고 하여 합의가 없어지는 것은 아니다. 따라서 장래 이 합의서의 이행을 위한 법제화 추진은 가능할 것이고, 합의 내용을 이행하려는 노력도 가능할 것이다. 다만 그 추진동력이 상대적으로 약해짐으로써 국민적 합의를 도출하거나 국회에서 다수 의견을 모으는 것이 더욱 힘겨울 것이다. 한편 앞서 설명한 바와 같이 장래에 새로운 남북합의를 할 때 판문점선언의 내용을 존중하거나 그 실천을 위해 새로운 합의를 한다는 취지를 명시할 경우에는 사후적으로 규범력을 확보할 수 있을 것이다.

Ⅲ. 남북합의서의 법적 성격은 무엇인가?

헌법상 법규범은 국내법과 국제법으로 나누어지고, 국내법에는 헌법과 법률, 대통령령, 시행규칙과 자치법규가 있고, 국제법에는 헌법에 의하여 체결·공포되는 조약[43]과 일반적으로 승인된 국제법규가 있다. 남북합의서는 국내법에 해당하지 않고 국제법 중 일반적으로 승인된 국제법규도 아니므로 결국 남북합의서가 국내법적 효력을 발생하기 위해서는 조약에 해당되어야 한다는 주장[44]이 있다. 이 주장에 의할 때 남북합의서는 조약인지 여부가 중요하게 된다. 한편 이와 별개로, 남북관계발전법이 정한 절차에 따라 체결된 남북합의서는 국내법이 정한 바에 따라 효력을 발생하는데 이것은 또 어떻게 평가할지 검토해 보겠다. 또한 조약이 되기 위한 요건에 대해서도 살펴보겠다. 남한 헌법 제6조 제1항은 "헌법에 의하여 체결·공포된 조약과 일반적으로 승인된 국제법규는 국내법과 같은 효력을 가진다."고 규정하여 조약에 대한 효력부여조항을 두고 있기 때문에 조약에 대해 별도의 국내법적 조치(이행법률 제정 등)가 필요하지 않다.[45]

1. 남북관계발전법[46]의 절차를 거친 남북합의서는 규범력이 있는가?

어떤 합의가 법적 규범이 된다는 것은 무슨 의미인가? 절차의 문제라면 어떤 절차를 거쳐야 하는가? 합의서가 법적 구속력을 가진다는 것은 국민이나 국가기관이 이를 준수할 의무가 있고, 만일 합의서에 위배되는 법률이 제정되거나 집행될 경우에는 그 행위가 위법하다고 주장할 수 있게 된다.[47]

남북관계발전법(별첨 10)은 제21조와 제22조에서 남북합의서의 체결 비준 및 공포절차를 규정하고 있다. 즉 제21조 제1항에서 대통령은 남북합의서를 체결 비준하며, 통일부장관은 이와 관련된 대통령의 업무를 보좌하며, 제2항에서 대통령은 남북합의서를 비준하기 전에 국무회의 심의를 거치도록 규정한다. 제3항에서는 국가나 국민에게 중대한 재정적 부담을 지우거나[48] 입법사항[49]에 관해서는 국회가 동의권을 가진다고 규정하며, 제4항에서는 단순한 기술적 절차적 사항만을 정하는 남북합의서는 남북회담대표 등의 서명만으로 발효시킬 수 있다고 규정한다. 제22조는 국회의 동의나 국무회의 심의를 거친 남북합의서는 '법령 등 공포에 관한 법률'의 규정에 따라 공포한다고 규정한다. 전체적으로 남북관계발전법은 남북합의서를 유형별로 분류하여 효력부여절차를 달리 정하고 있다. 따라서 법률에서 정한 절차를 거친 남북합의서는 규범력을 가진다고 할 것이다. 이와 관련하여, 남북관계발전법상 절차를 거친 합의서가 '헌법에 의하여 체결 공포되는 조약'으로 인정될 수 있는지에 대한 논란이 있다. 이때 '헌법에 의하여'라는 의미는 조약의 체결에 헌법 제89조의 국무회의 심의, 제73조의 대통령의 체결 비준, 제60조의 국회동의를 의미한다.[50] 필자는 남북관계발전법은 헌법질서 내의 법률이고, 법률을 해석함에 있어서는 합헌성 추정의 원칙이 적용되어야 하므로 남북관계발전법 제21조 제3항은 헌법 제60조 제1항을 입법적으로 확인한 것으로 보는 견해51)를 취한다. 따라서 남북관계발전법에서 정한 바에 따라 남북합의서를 체결 비준 공포하는 절차를 거친 경우에는 국내법적 절차는 모두 거쳤다고 할 것이고 이런 경우의 남북합의서는 규범력을 갖는다고 본다.52)

남북합의서의 효력과 이행을 보장하기 위해 남북관계발전법을 개정하자는 논의도 지속되고 있다. 20대 국회에서 발의된 의안으로는, 남북합의서의 체결, 비준 및 공포의 절차적 근거를 헌법에 둠으로써 합의서의 국내법적 효력발생 근거를 명확히 하려는 개정안(의안번호 2015600), 상호주의에 입각하여 남북한에서 합의서의 발효 여부 및 진행경과와 이행에 필요한 법제 현황을 점검하기 위하여 공동협의기구를 설치하자는 개정안(의안번호 2018505), 국회의 동의 또는 국무회의의 심의를 거쳐 공포된 남북합의서는 국내법과 같은 효력을 갖는다는 개정안(의안번호 2019889) 등이 있었으나 20대 국회 임기만료로 폐기되었다.53)

2. 남북합의서는 조약이 될 수 있는가?

조약54)이란 일반적으로 국제법 주체들 간에 법적 구속력을 발생시키는 국제적 합의를 의미한다. 국제법 주체 상호간에 권리의무의 발생, 변경, 소멸에 관한 효과의 귀속을 목적으로 하는 문서의 형식으로 이루어진 국제법에 의해 규율되는 국제적 합의이다. 북한과 체결하는 합의서가 조약이 될 수 있는지의 관건은 북한이 조약의 체결주체가 되는 국제법 주체가 될 수 있는지 여부에 달려있다는 견해55)가 있다. 북한의 법적 지위를 어떻게 볼 것인지에 대해 다양한 의견이 있는바, 필자는 북한을 남한과는 별개의 독립된 국가로 인정하는 견해56)를 취한다. 따라서 필자의 견해에 의할 경우에는 남북합의서는 조약이 된다. 한편 남한이 북한을 국가로 승인하지 않았다는 입장에서 보더라도 북한은 남한의 국가승인여부와 별개로 국제사회에서 국제법의 주체로서 활동하고 있음을 부인할 수 없고, 설령 북한이 국가로 승인받지 못한 반국가단체라 하더라도 북한이 참여한 한국정전협정(1953), 베트남 평화협정(1973), 이스라엘과 팔레스타인 해방기구의 평화협정(1993) 등 국가 이외의 주체에 의한 조약체결사례가 다수 있다.57) 또한 동서독기본조약(1972)에 대해서 독일 연방헌법재판소는 조약성을 인정하였다. 결국 북한의 법적 지위를 인정하는지 여부와 무관하게 북한은 조약체결의 주체가 될 수 있고, 따라서 남북합의서는 조약이 될 수 있다. 한편 남북합의서의 법적 성격에 대한 북한의 입장을 보면, 북한도 남한을 조약체결의 당사자로 인식하고 있으며 법적 효력의 창출을 의도한 남북합의서는 조약으로 보고 있다.58)

조약의 체결과 효력발생에 대하여, 국제법 교과서는 조약체결능력과 조약체결권자, 조약문의 채택과 확정, 조약의 구속을 받겠다는 동의, 효력발생, 유보, 등록으로 항을 나누어 설명한다.59) '조약의 구속을 받겠다는 동의'와 관련하여, 가장 빈번하게 사용되는 수단은 서명과 비준이다. 조약이 외교관 등의 서명만으로 법적 구속력을 갖는 경우도 있지만 조약체결권자인 국가원수의 비준(즉, 승인)이 있어야만 구속력을 갖는 경우도 있다. 국가원수가 비준을 하기 전에 의회의 동의를 구해야할 경우도 있다.60) 조약이 구속력을 갖기 위해 비준을 필요로 하는지 아니면 서명만으로 충분한지는 어떻게 판단하는가? 이에 대하여 서로 다른 의견이 있고 비엔나협약은 당사자들의 의사에 달린 것이라 규정하고 있다. 즉 비엔나협약 제12조 제1항은 아래와 같이 규정한다.

"조약의 구속을 받겠다는 국가의 동의는 다음의 경우에는 국가대표의 서명에 의하여 표시된다. (a) 서명이 그러한 효과를 가지는 것으로 조약에 규정된 경우, (b) 서명이 그러한 효과를 가진다고 교섭국간에 합의되었음이 달리 입증되는 경우, (c) 서명에 그러한 효과를 부여하려는 국가의 의사가 대표의 전권위임장에 밝혀져 있거나 교섭 중에 표시된 경우"

그리고 제14조 제1항은 아래와 같이 규정한다.

"조약의 구속을 받겠다는 국가의 동의는 다음의 경우에는 비준에 의하여 표시된다. (a) 그러한 동의가 비준에 의하여 표시된다고 조약에 규정된 경우, (b) 비준을 요한다고 교섭국간에 합의하였음이 달리 입증되는 경우, (c) 국가대표가 비준을 조건으로 조약에 서명한 경우, (d) 비준을 조건으로 조약에 서명하려는 국가의 의사가 대표의 전권위임장에 밝혀져 있거나 교섭 중에 표시된 경우"

비준을 요하는 조약인데 비준에 이르지 못한 경우에도 법적 중요성이 전혀 없는 것은 아니다.[61] 조약의 효력에 대하여 살펴보면, 당사국 간에만 효력이 있으며 그 조약이 정한 바에 따라 또는 교섭국이 합의한 방법과 일시에 그 효력이 발생한다.[62] 비엔나협약에 의하면, 조약은 효력의 발생과 더불어 당사자를 구속하며 당사국은 그 조약을 성실하게 이행하여야 할 의무가 있고(제26조), 조약의 시간적 적용범위는 당사자가 정할 수 있으나 별도의 합의가 없는 한 조약불소급의 원칙이 적용된다(제28조). 참고로, 동서독간의 합의서 효력발효 형식은 4가지 형태[63]로 구분되는바, 분단국의 합의문건에 대한 조약성 판단이나 법적효력 부여 여부는 일의적 기준으로 판단하기 보다는 문건에 명시한 효력부여 규정과 그 문건의 성격, 헌법과 법률에 따른 절차 등에 비추어 국내법적으로 각 사안에 따라 개별적으로 판단해야 할 것이다.

한편 조약과 달리 신사협정은 단순히 정치적인 의사표명이나 협력의지 등을 표명하는 합의로서 도의적 또는 정치적 구속력만을 갖고, 법적 구속력이 없다는 점에서 조약과 구별된다.[64] 조약인지 신사협정인지 구별이 어려울 경우에는 문서의 형식과 내용, 체결절차, 당해 문건을 체결하게 된 배경과 상황, 양 주체 간의 그동안의 관행, 체결 이후의 후속조치 이행상황 등을 종합적으로 고려하여 개별적으로 판단할 수밖에 없다. 신사협정이 법적 구속력이 없다하여도 체결 당사자는 성실하게 이행하여야 할 도덕적 정치적 책임을 진다.[65]

Ⅳ. 남북합의서의 규범력 확보방안은?

1. 남북합의서의 규범력 확보는 법절차의 문제인가, 당국의 의지 문제인가?

규범력은 규범을 지키도록 강제하는 힘인바, 남북합의서의 이행을 강제하기 위해서는 현행 법질서에 따른 절차를 거쳐야 할 것이다. 실제 사례를 예를 들어 살펴보자. 2007년 11월 16일에 서울에서 합의한 '남북관계 발전과 평화번영을 위한 선언이행에 관한 제1차 남북총리회담 합의서'는 10.4선언의 이행을 위한 회담에서 합의한 것이며, 그 합의 내용을 보면 서해평화협력특별지대 설치, 도로 및 철도분야 협력, 조선협력단지 건설, 개성공단 건설, 자원개발 등 중대한 재정적 부담이 필요하거나 입법사항이 있는 내용이 포함되어 있다.[66] 당시 정부는 국회의 동의를 받기 위해 2007년 11월 27일 국회에 제출하였으나 2008년 5월 29일 제17대 국회의 임기만료로 자동폐기되었다. 이 합의서는 구체적인 사항을 포함하고 있어 실현가능성이 있는 내용이었음에도 국회동의를 받지 못함으로써 규범력을 확보하지 못한 채 사문화되고 말았다. 아쉬운 사건이다. 만일 이 합의서가 국회동의를 받았더라면 후속조치가 이행되었을 가능성이 높았을 것이고 남북관계에도 긍정적 영향을 미쳤을 것이다. 합의서의 발효[67]에 필요한 남한 내 절차를 거치지 못하면 규범력을 확보하지 못한다는 사실을 보여주는 사건이다.

만일 남북합의서가 법률과 같은 효력을 가질 경우에는 남한 내에서는 법률과 같은 정도의 규범력을 가지게 될 것이다. 그런데 남한의 법률 절차를 거쳤다고 하여 합의의 상대방인 북한 측에 이를 강제할 수 있을까? 규범력을 가진다는 것은 우선은 남한 사회 내에서 법률과 같은 강제력을 가진다는 의미일 것이지만 남한법률의 직접 적용을 받지 않는 북한에게도 합의준수를 강제할 수 있어야 완성될 것이다. 그런데 북한에게 남한사회와 동일한 수준의 규범력을 가지게 할 방법은 국제법의 일반원칙 요구와 상호주의[68]에 의한 대응조치에 의할 수밖에 없다. 현실이 그렇더라도 남북합의서가 남한 사회에서 법률의 효력을 가질 정도의 절차를 거쳤을 경우에는 그런 절차를 거치지 않을 경우와 비교하여 북측에 대해서도 합의서를 준수하라고 요구하는 강도가 강해질 것이다. 남한 내에서 남북합의서를 법률과 동등한 정도의 규범력을 갖도록 법절차를 이행하는 것은 상대방인 북한에 대해서도 규범력을 요구할 강력한 수단이 될 것이다. 즉 남한 스스로의 절차를 이행하는 것이 북한에 대해서도 상호주의에 입각한 조치를 요구하기에 좋고, 그렇게 할 경우에는 당해 합의서가 남북 모두로부터 규범력을 가질 가능성이 높아질 것이다.

결국 남북합의서가 규범력을 가지기 위해서는 남한의 법제도가 정한 절차를 거치는 단계와 합의서를 준수하려는 남북한 당국의 실천의지, 두 가지 사항이 모두 필요하다. 남북합의서에 대해 남한법이 정한 절차를 준수하고, 남북한 사이에서 남북합의서가 준수되는 사례가 쌓여가면 신뢰가 형성되는 것이고 이런 과정을 거치면서 남북합의서의 규범력은 점차 강화되어 갈 것이다.

2. 남북합의서가 조약이라면 규범력 확보에 유리한가?

남북합의서에 대한 판례의 입장을 보면, 신사협정이기 때문에 "법적 구속력이 있는 것은 아니어서 이를 국가 간의 조약 또는 이에 준하는 것으로 볼 수 없고, 따라서 국내법과 동일한 효력이 인정되는 것도 아니다."고 판단하였는바, 이를 뒤집어 보면 만일 남북합의서가 조약 또는 이에 준하는 것이라면 국내법과 동일한 효력을 가지게 될 것이다. 따라서 남북합의서가 조약이라면 규범력 확보에 유리하다고 본다.

　그러면 남북합의서가 조약이 되려면 무슨 조치가 필요한가? 우선 북한을 국가로 승인하는 문제를 고려해 볼 수 있다. 북한의 국가승인문제는 북한이 국가인지 여부의 문제에서 시작한다. 필자는 북한은 남한과 별개의 국가로 보는 견해[69]를 취하는바, 그 결과 남북합의서는 조약 또는 이에 준하는 것으로서 법률과 동일한 규범력을 가진다고 본다. 필자와 견해를 달리하는 경우에도 오늘날 국제법 적용범위의 확대 현상에 따라 분단국 구성체, 민족해방운동단체, 교전단체에 준하는 지방적 사실상 정권도 조약체결능력을 갖는다고 본다는 점에서 북한이 조약체결의 주체가 될 수 있다는 점에 대하여는 이견이 없다.[70] 또한 북한과 조약을 체결하는 것이 북한을 국가로 승인하는 효력이 생기는 것이냐는 논란이 있을 수 있지만 남북한 사이에는 '나라와 나라 사이의 관계가 아니'라는 점을 남북기본합의서에서 명백해 하고 있기 때문에 남북한이 조약을 체결하였다고 하여 북한을 국가로 승인하는 것은 아니고, 남북합의서를 조약으로 보더라도 그에 따라 어떤 법적인 문제점이 발생하는 것은 아니다.[71]

　국가승인과 관련하여 살펴보면, 승인은 국제법상의 제도이나 실제 승인의 부여는 국제정치적 고려의 영향을 강하게 받으며, 대상이 승인의 요건을 갖추었는가에 대한 법적 판단보다 정치적 요인이 더 크게 작용하는 경우가 많다.[72] 남북한 UN 동시가입이 상호 묵시적 승인인지 여부에 대하여 헌법재판소는 이를 부인하는 입장이다.[73] 한편 2005년 3월 20일 미국 국무장관 라이스는 서울에서 "북한이 주권국가라는 것은 사실이며 미국은 회담을 갖기를 희망한다."고 말하였고, 이에 대하여 북한이 재차 확인을 요구하자 2005년 5월 9일 모스크바에서 "북한은 UN 회원국으로서 주권국가임이 분명하다."고 답변한 일이 있다.[74]

북한은 미국이 1968년 피랍된 푸에블로호 승무원을 송환받는 과정에서
사건의 책임을 인정하고 재발방지를 약속한 문서를 북한에 제출함으로
써 사실상 북한을 승인하였다고 주장한다.[75]

앞서 본 바와 같이 국가승인문제는 남북관계에 대한 정치적 판단의
문제이고 이는 국민여론과 정치적 결단에 따라서 정해질 것이다. 결국
북한에 대한 국가승인과 별개로 북한이 조약체결의 상대방이 될 능력
이 있다는 점은 인정할 수 있고, 또한 동서독 기본조약의 사례를 참고
하여, 남북사이에 통일을 지향하는 특수성을 인정하면서도 조약의 형
식으로 합의서를 체결할 수도 있다. 따라서 남북합의서를 조약의 형식
으로 체결하는데 물리적인 장애는 없다.

다음으로 국회동의 문제를 살펴본다. 남북합의서에 대한 국회동의는
어떤 의미가 있는지를 생각해 보면, 법률안과 달리 조약체결권은 헌법
제73조에 따라 대통령이 전속적으로 행사하는 권한인 점, 헌법 제60조
제1항의 규정에 의한 국회동의대상 여부에 대한 판단도 대통령이 행사
하여 국회에 제출하고 있는 점, 국회 동의는 조약안에 대한 수정동의가
불가한 점, 국회동의는 대통령의 권한행사에 대한 통제를 본질로 하는
점을 종합해 볼 때 국회동의는 입법행위의 성질을 지니는 작용이라기
보다는 대통령의 권한행사에 대한 통제를 통한 비준행위에 합법성과
정당성을 부여하는 행위이며 국내법적 효력발생을 위한 전제요건으로
서의 성격을 지닌다.[76] 필자는 헌법 제60조 제1항[77])과 남북관계발전법
제21조 제3항의 문언에 따라 "국가나 국민에게 중대한 재정적 부담을
지우는 남북합의서 또는 입법사항에 관한 남북합의서"에 대해서는 국
회동의를 받아야 하며, 이런 사항에 대해 국회동의를 거치면 그 합의서
는 법률과 같은 효력이 있다고 본다.

3. 규범력을 확보하기 위한 구체적인 방법은 무엇인가?

앞서 살펴본 바와 같이 합의서의 효력발생은 각자 국내법에 따른 절차를 이행하는 것으로 해결할 수 있다. 효력이 발생한 합의서의 규범력 확보는 합의한 약속을 실천하는 과정을 거쳐 달성된다. 필자가 남북한 분쟁사례를 연구하면서 알게 된 것은 다양한 유형의 분쟁이 다수 발생하고, 그 분쟁들이 합리적으로 해결되는 경험이 쌓일수록 남북합의서의 규범력은 높아진다는 사실이다.

규범력 확보방안을 절차적 측면과 실체적 측면으로 나누어 살펴본다. 먼저 절차적으로는 남북합의서를 실천하기 위한 하위 규정이 자세하게 제정될수록 규범력이 높아질 것이고,[78] 합의서 이행을 담보할 기구[79]를 마련하는 것도 규범력 확보에 도움이 될 것이다.[80] 또한 남북합의서를 법제화하고 규범력을 확보하기 위한 절차규정도 정비해야 한다.[81] 4대 경협합의서의 경우, 효력발생에 관한 조항을 두었는바, 장래 남북합의서 체결시에는 이러한 선례를 참조할 필요가 있다. 또한 남북합의서를 유형별로 분류하여 규범력 확보가 필요한 내용의 합의서를 체결할 경우에 모범으로 삼을 표준합의서 형식을 미리 정해 둠으로써 일관성을 도모함과 동시에 실무적인 편의를 확보할 수 있을 것이다.

다음으로 실체적으로는 실현 가능한 사항에 대한 합의와 합의 위반 시 이행을 강제하는 방안의 확보가 중요할 것이다. 규범력 확보는 경험의 축적을 통해 신뢰를 쌓는 한 측면과 합의서를 위반했을 경우에 그 위반을 시정할 방법을 마련해 두거나 위반행위에 대응하는 조치를 강제하는 힘의 행사라는 또 다른 측면의 조화를 통해 이루어나가야 한다. 합의서의 규범력 확보를 위하여서는 먼저 합의는 실현가능한 사항에 대해 이루어져야 한다. 합의서 체결 전에 남북한 각자의 국내 영역에서 먼저 사회적 합의를 이루는 것이 중요하다. 남남갈등이 심한 남한 사회의 경우, 합의사항이 될 부분에 대해 미리 사회적 합의를 시도한다면 체결된 합의서의 규범력을 확보하는 데에도 도움이 될 것이다. 결국 국민적 합의와 이를 제도화하는 절차, 특히 국회의 동의가 남북합의서의 규범력 확보에 중요하다. 또한 일단 합의서를 체결한 이후에는 합의서를 준수하도록 노력함으로써 신뢰를 쌓아가야 할 것이다.

한편 분단국의 분단기간동안 교류협력을 규율하기 위한 법제 연구에 의하면, 분단국의 교류협력법제화의 형태에는 쌍방적 합의법제화 방식, 일방적 법제화 방식, 국제적 법제화 방식이 있는데, 쌍방적 합의 법제화가 가장 바람직하다는 의견[82]이다. 남북간 합의법제를 구축하는 방식에는 합의서 방식과 법령 방식이 있다. 합의서방식은 남북간 공동의 이해와 협조라는 상징성이 반영된 방안이라는 장점과 함께 남북관계가 경색되면 사문화될 우려가 있어 규범력이 남북관계 상황에 좌우될 가능성이 있다. 한편 법령방식은 국내법령으로 제정하여 발효되기 때문에 규범력이 높아진다.[83] 이찬호의 연구는 남북간 합의를 어떤 형식으로 할 것인지에 대하여 합의서 외에 남북이 그 합의내용을 법령으로 제정하는 방안을 제시하였다는 점에서 논의의 폭을 확장시키는 의미가 있다.[84]

V. 합의한 내용을 이행하려면 어떻게 해야 하나?

1. 합의사항 실천을 위한 법제 정비방안은 무엇인가?

(1) 기능별 이행기구 설립과 법제적 지원 방안

기왕의 합의사항을 보면, 몇 가지 항목에 대해 반복적인 합의가 있음을 알 수 있다. 왕래절차, 신변보장, 신분증 등이다. 예를 들어, 남한주민이 개성공단을 방문하기 위한 실무절차[85]를 보면 남북한 양측으로부터 여러 가지 승인을 받아야 했다. 왕래절차와 관련한 사항들은 남북간

교류협력에는 기본적으로 필요한 사항인바, 이를 매번 합의시마다 논의하는 것은 소모적이다. 이런 업무를 담당할 남북공동이행기구(가칭 남북교통공사 등)를 설립하고, 남북한은 각자의 법률로 공동이행기구를 지원하고 권한을 부여함으로써 이 기구가 영속성을 가지고 업무를 수행할 수 있다. 이행기구는 교통분야뿐만 아니라 출입국분야, 남북경협과 투자분야, 인도적 지원 분야 등 분야별로 논의할 수 있다.

기능별 기구 설립문제는 국경을 접하고 있는 나라나 연방국가의 사례에서 선례를 찾을 수 있다. 우선 미국의 '뉴욕 및 뉴저지의 항만청' 사례[86]가 있다. 또한 미국과 캐나다 사이의 5대호 관리를 위한 '항만청' 사례[87]도 있다. EU는 셍겐조약[88]에 따라 사람과 물자의 이동을 자유롭게 허용하고 있고, 또한 이동을 관리하는 기구로 '유럽 국경 및 해안 경비대'[89]를 두고 있는바, 이런 사례도 참고할 수 있다.

(2) 합의사항 실천을 위한 국내법 정비 필요성

남북이 합의한 사항 중에는 도로, 철도 연결 및 운행, 원산지증명 발급, 농업협력, 상사중재 등 여러 사항이 있는데, 이들 합의사항을 실천하기 위해서는 남한 법률상 해당 사업을 지원할 법률적 근거 마련이 필요하고, 남북이 서로 연결될 경우에 대비한 법률정비도 필요하다. 향후 분야별로 법제 정비를 논의할 수 있고, 이때는 법률가 외에도 해당 분야 전문가가 공동으로 참여하여 연구할 필요가 있다. 또한 개성공단과 금강산 관광 정상화에 대한 합의를 이행하기 위하여, 해당 지역 사업자에 대한 지원을 강화하는 법률제정도 고려할 수 있다. 한편 '9월 평양공동선언' 제2조 제2항은 "서해경제공동특구 및 동해관광공동특구를 조성하는 문제를 협의해 나가기로 하였다."는 조항이 있는바, 공동특구를 설치하고 운영하기 위해서는 기존 법률과는 별개의 특별법이 필요할 것인데, 어떤 형태의 법률이 바람직한지 논의할 필요가 있다. 남한에서 먼저 논의를 시작하고 공동특구인 만큼 북한의 참여를 유도함으로써 특구에 대한 법제적인 준비를 선도적으로 추진해 볼 수 있을 것이다.

(3) 합의서 체결과 이행 감시를 위한 기구 설립방안

각 분야별로 합의서를 이행하는 과정에서 발생하는 갈등상황을 조정하고 합의서 이행을 감시하기 위한 포괄적인 기구를 설립하는 것도 고려할 수 있다. 남북이 공동으로 합의서 이행과 감시를 목적으로 한 기구를 만들어 상설조직으로 운영한다면 효율적일 것이다. 각자의 이행을 담보하기 위해서는 상호주의 원칙하에 세밀한 기준설정이 필요하고, 합의사항 이행을 강제하기 위한 국내법적 보완이 필요할 수도 있다. 예컨대 도로연결을 합의하였으나 예산지원이 계획대로 되지 않을 경우에 일방이 항의를 하면 어떻게 처리할 것인지, 식량차관의 만기가 도래하였는데 상환이 지연되고 있는 경우에는 어떻게 할 것인지 등의 문제가 있고, 이런 업무를 통합하여 하나의 기구에서 논의하고 해결방안을 모색하는 구조를 생각해 볼 수 있다. 상설조직으로 협의가 지속된다면 남북한 간의 신뢰형성에도 도움이 될 것이다.

공동연락사무소에 관한 가장 최근의 합의는 2018년 9월 14일에 체결된 '남북 공동연락사무소 구성 운영에 관한 합의서'이다. 이 합의서는 명칭과 위치, 기능, 구성, 운영 및 관리, 활동 및 편의보장, 합의서의 수정 보충 및 효력발생에 대하여 자세히 규정하고, 연락사무소는 매주 월요일부터 금요일까지 상시 운영하는 것으로, 연락사무소 소장회의를 매주 1회 진행하는 것으로 규정함으로써 상설조직화 하였다. 개성에 설치된 공동연락사무소는 상시적으로 운영되다가 대북전단살포 문제 등 정치적 이유로 북한이 폭파하였지만 장래에는 평양이나 서울에 공동연락사무소를 설치하는 전향적인 논의를 할 수도 있을 것이다.

2. 전면적 교류협력 시대를 위한 법제 정비방안은 무엇인가?

필자가 상정하는 미래는 남한 주민 수천 명이 평양 등 북한 지역에 장기 체류하고, 마찬가지로 북한 주민 수천 명이 서울 등 남한 지역에 장기 체류하는 상황이다. 이런 상황에 대비하기 위해 법제는 어떻게 정비되어야 할지에 대하여 같이 고민해 보자고 제안한다.

(1) 상호 체제인정을 위한 법적 대응조치

1991년 12월 13일에 체결되고 1992년 2월 19일에 발효된 '남북 사이의 화해와 불가침 및 교류 협력에 관한 합의서'(남북기본합의서) 제1조는 "남과 북은 서로 상대방의 체제를 인정하고 존중한다."고 규정한다. 이러한 체제인정 정신은 그 이후의 합의에서도 존중되었고, 2018년의 판문점 선언[90]이나 평양공동선언으로 이어지고 있다.

상호 체제인정에 대한 합의를 법제적인 측면에서 살펴보면, 쌍방은 상대를 독립된 국가로 인정하고 이를 법률에 반영하여야 한다. 남북이 합의서를 체결하면서 둘 사이는 통일을 지향하는 잠정적 특수관계라고 합의하고 특례를 둘 수는 있겠지만, 현실의 법 적용에서는 상대를 인정하는 법률조항이 있어야 할 것인데, 대부분의 남한 법률은 북한의 법적지위를 인정하는 문제를 명확히 하지 않고 있다. 남북교류협력법 등 일부 법률에서 북한을 법적용대상으로 하고 있지만 대부분의 법률은 북한의 법적지위에 대하여 침묵하고 있다. 향후 전면적 교류협력시기에 대비하기 위해서는 이 문제에 대한 관심이 필요하다.

(2) 장기체류를 허용하기 위한 법제적 조치

헌법 제3조 영토조항을 근거로 한반도에는 대한민국만이 국가로 존재한다는 취지의 남한의 다수의견과 판례의 입장을 유지할 경우에는 남북한 주민이 상대지역에서 장기체류하기가 어려울 수 있다. 즉 북한 주민을 남한주민으로 본다는 입장이 유지되는 상황에서 북한주민이 남한지역에서 장기 체류하는 상황을 법률적으로 어떻게 볼 것인지는 새로운 문제가 될 것이다. 또한 남북경제특구를 만들어 그 지역에 북한 노동자를 거주하게 하는 경우에도 북한과 북한주민의 법적지위 문제로 인해 법률적용에 장애가 초래될 수 있다. 또한 남한주민이 장기간 북한에 체류하게 될 경우에 4대 보험 등의 문제를 어떻게 할 것인지, 장기 체류 기간 중에 남북한 왕래는 어떻게 할 것인지, 운전면허증 등 각종 자격증의 상호인정은 어떻게 할 것인지 등의 문제에 대해서는 법률정비가 필요하다. 개성공단에 근무한 남한 노동자들과 관련하여 개성공업지구지원법에서 일부 특례를 규정한 선례가 있는바, 이때의 경험을 참고하여 개성공단 외 다른 북한지역에 장기체류할 경우에 대비한 일반법의 제정이나 개별법령의 개정을 검토할 수 있을 것이다.

또한 북한주민의 체류허용을 위한 법제적 조치에도 관심을 가져야 한다. 남북교류협력법은 남한주민의 일시적 북한방문을 염두에 둔 채로 제정된 법인바, 제정 이후 30년이 지났고, 그때 상정하지 못한 상황이 도래할 수 있으므로 전면적인 법제 정비를 검토할 수 있다.

남북교류협력법 제9조(남북한 방문)는, 남한의 주민이 북한을 방문하거나 북한의 주민이 남한을 방문하려면 대통령령으로 정하는 바에 따라 통일부장관의 방문승인을 받아야 하며, 통일부장관은 방문승인을 하는 경우 북한 또는 남한에 머무를 수 있는 방문기간을 부여하여야 하고, 방문승인을 받은 사람은 방문기간 내에 한 차례에 한하여 북한 또는 남한을 방문할 수 있다. 다만 복수방문증명서를 발급받은 사람 중 외국을 거치지 아니하고 북한 또는 남한을 직접 방문하는 사람은 방문기간 내에 횟수에 제한없이 북한 또는 남한을 방문할 수 있다고 규정하는바, 그동안 이 조항의 적용을 받은 북한주민이 얼마나 있었는지, 이때 발견된 문제는 없는지 등의 실증적인 조사를 거쳐 장래에 대비한 검토를 할 수 있을 것이다.

(3) 남북공동사무소 또는 상주대표부 설치를 위한 법제적 조치

국가 상호간에 적대관계에서 정상관계로 회복하는 과정에서는 이익대표부, 연락사무소, 상주대표부 설치가 문제된다. 이익대표부는 가장 낮은 단계로 제3국의 대사관에 자국의 국민보호를 위해 설치하는 것으로 비자발급, 무역 및 투자촉진 등의 업무를 수행한다. 연락사무소는 수교이전 또는 외교관계 중단상황에서 자국이익을 보호하기 위한 외교적 임무를 수행한다. 상주대표부는 국제기구에 파견되는 국가의 외교적 대표기관을 의미한다. 남한은 남북연락사무소를 확대 발전시켜 상주대표부 수준으로 격상하려는 의지를 표명하였다.[91)]

남북한 사이에는 1992년 '남북연락사무소 설치 운영에 관한 합의서'를 체결한 바 있고, 앞서 본 바와 같이 판문점선언 이후 '남북공동연락사무소 설치 운영에 관한 합의서'를 체결한 바도 있으므로, 장래에는 연락사무소를 넘어 상주대표부를 설치하는 논의를 할 필요가 있다.

한편 남북관계발전법 제16조(공무원의 파견)는, "정부는 남북관계의 발전을 위하여 필요한 경우 공무원을 일정기간 북한에 파견하여 근무하도록 할 수 있다."는 규정을 두고 있어, 공동연락사무소에 근무할 인력을 지원할 근거를 마련해 두었으나, 공동연락사무소 설치와 운영에는 인력파견 외에도 물적 지원이 필요하고, 그 조직에서 합의된 사항을 집행하고, 후속조치를 관리 감독하기 위해서는 공동연락사무소의 설치와 운영을 위한 이행법률을 제정할 필요가 있다.[92)]

VI. 맺음말

남북합의서 체결의 역사를 보면, 1972년 7.4 남북공동성명 이래 정치 분야, 인도 분야, 체육 분야, 군사 분야, 경제 분야, 사회문화 분야로 다양하고, 공동보도문을 포함한 합의서는 258건이다.[93] 다양한 영역에서 수많은 합의서가 체결되었음을 알 수 있다. 그중 일부는 실천되었고, 또 일부는 실천되지 않았다. 그것을 일반화하여 남북합의서의 효력이 있다거나 없다고 단정할 수는 없다. 스포츠 분야의 단일팀 구성에 대한 다수의 합의서가 없었더라면 국제대회에서 단일팀 참가는 불가능했을 것이다. 결국 정치적인 논쟁보다는 실증적인 분석을 통해 합의서가 규범력을 가졌던 경우와 그렇지 않은 경우를 구분하고 그 원인을 규명함으로써 장래의 합의서가 규범력을 갖도록 노력할 필요가 있다.

앞서 살펴본 바와 같이, 북한과 체결한 합의서가 조약인지 여부의 논란은 실익이 적다. 합의서 체결의 상대방인 북한의 법적 지위에 대한 남한의 법적 판단을 근거로 합의서의 규범력을 부인하는 것은 바람직하지 않다. 실체가 있는 상대와 합의를 하였으면 그 합의가 규범력을 가지도록 노력할 일이고, 그 과정에서 남한 내의 절차를 지키기 위해 남북관계발전법 등 관련 법령의 절차를 준수하는 노력을 해야 한다. 또한 합의서 체결시에는 효력발생에 대한 규정을 둠으로써 남북 쌍방이 그 절차를 거치도록 유도해야 한다. 쌍방의 국내법적 절차를 거친 이후에는 합의서의 이행을 위해 노력하고 상대방에게도 그 이행이 이루어지도록 촉구해야 한다. 합의서의 규범력 확보는 체결과정에서 국내법 이행, 합의된 사항의 이행 노력, 상대방도 이행하도록 촉구하는 행위를 통해 일단 합의서로 체결하면 그 내용이 준수된다는 신뢰를 쌓아나가야 할 것이다. 이런 다양한 측면이 모두 조화를 이루어야 남북합의서는 규범력을 확보하게 될 것이다.

남북관계의 현재 상황은 교류가 중단된 상태이고, 장래 전망도 불투명하다. 1960년대 미국의 케네디 대통령은 1960년대가 끝나기 전에 사람을 달에 보내겠다고 연설하면서 이 목표는 달성이 어렵기 때문에 추진하는 것이라고 했다.94) 당시 미국은 소련과 사이에서 우주경쟁에서 뒤처지고 있었고, 인간을 달에 보내는 목표는 무리였다. 그렇지만 담대한 목표를 세우고 추진한 결과 아폴로 13호 우주인들이 1969년 7월에 달착륙에 성공하였다.

남북한 사이에도 이런 목표를 세워보자고 제안한다. 2020년대가 끝나기 전에 수천 명의 남한 사람이 평양에 장기 체류하도록 하자. 마찬가지로 수천 명의 북한 사람을 서울에 장기 체류하도록 하자. 공무원, 사업가, 학생들이 상대지역에서 활동하게 하는 미래를 만들자. 그렇게 되기 위해서 어떤 법률이 제정되고, 현행법은 어떻게 개정되어야 하는지를 논의하자고 제안한다.

한반도의 평화와 번영, 통일을 위한 판문점선언

대한민국 문재인 대통령과 조선민주주의인민공화국 김정은 국무위원장은 평화와 번영, 통일을 염원하는 온 겨레의 한결같은 지향을 담아 한반도에서 역사적인 전환이 일어나고 있는 뜻 깊은 시기에 2018년 4월 27일 판문점 「평화의 집」에서 남북정상회담을 진행하였다.

양 정상은 한반도에 더 이상 전쟁은 없을 것이며 새로운 평화의 시대가 열리었음을 8천만 우리 겨레와 전 세계에 엄숙히 천명하였다.

양 정상은 냉전의 산물인 오랜 분단과 대결을 하루 빨리 종식시키고 민족적화해와 평화번영의 새로운 시대를 과감하게 열어나가며 남북관계를 보다 적극적으로 개선하고 발전시켜 나가야 한다는 확고한 의지를 담아 역사의 땅판문점에서 다음과 같이 선언하였다.

1. 남과 북은 남북관계의 전면적이며 획기적인 개선과 발전을 이룩함으로써 끊어진 민족의 혈맥을 잇고 공동번영과 자주통일의 미래를 앞당겨 나갈 것이다.

   남북관계를 개선하고 발전시키는 것은 온 겨레의 한결같은 소망이며 더 이상 미룰 수 없는 시대의 절박한 요구이다.

① 남과 북은 우리 민족의 운명은 우리 스스로 결정한다는 민족자주의 원칙을 확인하였으며 이미 채택된 남북 선언들과 모든 합의들을 철저히 이행함으로써 관계개선과 발전의 전환적 국면을 열어나가기로 하였다.

② 남과 북은 고위급회담을 비롯한 각 분야의 대화와 협상을 빠른 시일안에 개최하여 정상회담에서 합의된 문제들을 실천하기 위한 적극적인 대책을 세워나가기로 하였다.

③ 남과 북은 당국간 협의를 긴밀히 하고 민간교류와 협력을 원만히 보장하기 위하여 쌍방 당국자가 상주하는 남북공동연락사무소를 개성지역에 설치하기로 하였다.

④ 남과 북은 민족적 화해와 단합의 분위기를 고조시켜 나가기 위하여 각계각층의 다방면적인 협력과 교류, 왕래와 접촉을 활성화하기로 하였다.

안으로는 6.15를 비롯하여 남과 북에 다같이 의의가 있는 날들을 계기로 당국과 국회, 정당, 지방자치단체, 민간단체 등 각계각층이 참가하는 민족공동행사를 적극 추진하여 화해와 협력의 분위기를 고조시키며, 밖으로는 2018년 아시아경기대회를 비롯한 국제경기들에 공동으로 진출하여 민족의 슬기와 재능, 단합된 모습을 전 세계에 과시하기로 하였다.

⑤ 남과 북은 민족 분단으로 발생된 인도적 문제를 시급히 해결하기 위하여 노력하며, 남북적십자회담을 개최하여 이산가족·친척 상봉을 비롯한 제반 문제들을 협의 해결해나가기로 하였다.

당면하여 오는 8.15를 계기로 이산가족·친척 상봉을 진행하기로 하였다.

⑥ 남과 북은 민족경제의 균형적 발전과 공동번영을 이룩하기 위하여 10.4 선언에서 합의된 사업들을 적극 추진해나가며, 1차적으로 동해선 및 경의선 철도와 도로들을 연결하고 현대화하여 활용하기 위한 실천적 대책들을 취해 나가기로 하였다.

2. 남과 북은 한반도에서 첨예한 군사적 긴장상태를 완화하고 전쟁 위험을 실질적으로 해소하기 위하여 공동으로 노력해나갈 것이다.

한반도의 군사적 긴장상태를 완화하고 전쟁위험을 해소하는 것은 민족의 운명과 관련되는 매우 중대한 문제이며 우리 겨레의 평화롭고 안정된 삶을 보장하기 위한 관건적인 문제이다.

① 남과 북은 지상과 해상, 공중을 비롯한 모든 공간에서 군사적 긴장과 충돌의 근원으로 되는 상대방에 대한 일체의 적대행위를 전면 중지하기로 하였다.

당면하여 5월 1일부터 군사분계선 일대에서 확성기 방송과 전단살포를 비롯한 모든 적대행위들을 중지하고 그 수단을 철폐하며, 앞으로 비무장지대를 실질적인 평화지대로 만들어 나가기로 하였다.

② 남과 북은 서해 북방한계선 일대를 평화수역으로 만들어 우발적인 군사적 충돌을 방지하고 안전한 어로활동을 보장하기 위한 실제적인 대책을 세워나가기로 하였다.

③ 남과 북은 상호 협력과 교류, 왕래와 접촉이 활성화되는 데 따른 여러 가지 군사적 보장대책을 취하기로 하였다.

남과 북은 쌍방 사이에 제기되는 군사적 문제를 지체없이 협의 해결하기 위하여 국방부장관회담을 비롯한 군사당국자회담을 자주 개최하며 5월중에 먼저 장성급 군사회담을 열기로 하였다.

3. 남과 북은 한반도의 항구적이며 공고한 평화체제 구축을 위하여 적극 협력해 나갈 것이다.

한반도에서 비정상적인 현재의 정전상태를 종식시키고 확고한 평화체제를 수립하는 것은 더 이상 미룰 수 없는 역사적 과제이다.

① 남과 북은 그 어떤 형태의 무력도 서로 사용하지 않을 데 대한 불가침 합의를 재확인하고 엄격히 준수해 나가기로 하였다.

② 남과 북은 군사적 긴장이 해소되고 서로의 군사적 신뢰가 실질적으로 구축되는 데 따라 단계적으로 군축을 실현해 나가기로 하였다.

③ 남과 북은 정전협정체결 65년이 되는 올해에 종전을 선언하고 정전협정을 평화협정으로 전환하며 항구적이고 공고한 평화체제 구축을 위한 남·북·미 3자 또는 남·북·미·중 4자회담 개최를 적극 추진해 나가기로 하였다.

④ 남과 북은 완전한 비핵화를 통해 핵 없는 한반도를 실현한다는 공동의 목표를 확인하였다.

남과 북은 북측이 취하고 있는 주동적인 조치들이 한반도 비핵화를 위해 대단히 의의 있고 중대한 조치라는데 인식을 같이하고 앞으로 각기 자기의 책임과 역할을 다하기로 하였다.

남과 북은 한반도 비핵화를 위한 국제사회의 지지와 협력을 위해 적극 노력해나가기로 하였다.

양 정상은 정기적인 회담과 직통전화를 통하여 민족의 중대사를 수시로 진지하게 논의하고 신뢰를 굳건히 하며, 남북관계의 지속적인 발전과 한반도의 평화와 번영, 통일을 향한 좋은 흐름을 더욱 확대해 나가기 위하여 함께 노력하기로 하였다.

당면하여 문재인 대통령은 올해 가을 평양을 방문하기로 하였다.

2018년 4월 27일

판 문 점

대 한 민 국	조선민주주의인민공화국
대 통 령	국무위원회 위원장
문 재 인	김 정 은

남북사이의 투자보장에 관한 합의서

남과 북은 2000년 6월 15일에 발표된 역사적인 [남북공동선언]에 따라 진행되는 경제교류와 협력이 나라와 나라사이가 아닌 민족내부의 거래임을 확인하고 상대방 투자자의 투자자산을 보호하고 투자에 유리한 조건을 마련하기 위하여 다음과 같이 합의한다.

제1조 정의

1. "투자자산"이란 남과 북의 투자자가 상대방의 법령에 따라 그 지역에 투자한 모든 종류의 자산을 의미하며 여기에는 다음과 같은 것이 속한다.
   가. 동산, 부동산과 그와 관련된 재산권
   나. 재투자된 수익금, 대부금을 비롯한 화폐재산과 경제적가치를 가지는 청구권
   다. 저작권, 상표권, 특허권, 의장권, 기술비결을 비롯한 지적재산권과 이와 유사한 권리
   라. 지분, 주식, 회사채, 국공채 등과 같은 회사 또는 공공기관에 대한 권리
   마. 천연자원의 탐사, 채취 또는 개발을 위한 허가를 비롯하여 법령이나 계약에 따라 부여되는 경제적 가치를 가지는 사업권
   바. 이 밖에 투자자가 투자한 모든 자산 투자 또는 재투자된 자산의 형태상 변화는 투자를 받아들인 일방의 법령에 저촉되지 않는 한 투자자

산으로 인정한다.

2. "투자자"란 일방의 지역에 투자하는 상대방의 법인 또는 개인을 의미하며 여기에는 다음과 같은 것이 속한다.

　　가. 일방의 법령에 따라 설립되고 경제활동을 진행하는 회사, 협회, 단체 같은 법인

　　나. 일방에 적을 두고 있는 자연인

3. "수익금"이란 이윤, 이자, 재산양도소득, 배당금, 저작권 또는 기술사용료, 수수료 등과 같이 투자의 결과로 생기는 금액을 의미한다.

4. "기업활동"이란 투자재산과 수익금의 관리, 기업의 청산 등을 포함한 활동을 의미한다.

5. "지역"이란 남과 북이 관할하고 있는 지역을 의미한다.

6. "자유태환성 통화"란 국제거래를 위한 지급수단으로 널리 사용되며 주요 국제외환시장에서 널리 거래되는 통화를 의미한다.

제2조　허가 및 보호

1. 남과 북은 자기 지역 안에서 상대방 투자자의 투자에 유리한 조건을 조성하고 각자의 법령에 따라 투자를 허가한다. 이 경우 투자의 실현, 기업활동을 목적으로 하는 인원들의 출입, 체류, 이동 등과 관련한 문제를 호의적으로 처리한다.

2. 남과 북은 자기 지역 안에서 법령에 따라 상대방 투자자의 투자자산을 보호한다.

3. 남과 북은 법령이 정한 바에 따라 투자를 승인한 경우 투자승인을 거친 계약과 정관에 의한 상대방 투자자의 자유로운 경영활동을 보장한다.

제3조　대우

1. 남과 북은 자기 지역 안에서 상대방 투자자와 그의 투자자산, 수익금, 기업활동에 대하여 다른 나라 투자자에게 주는 것과 같거나 더 유리한 대우를 준다.

2. 남과 북은 관세동맹, 경제동맹, 공동시장과 관련한 협정, 지역 및 준지역

적 협정, 2중과세 방지협정에 따라 다른 나라 투자자에게 제공하는 대우나 특전, 특혜를 상대방 투자자에게 줄 의무는 지니지 않는다.

제4조 수용 및 보상

1. 남과 북은 자기 지역 안에 있는 상대방 투자자의 투자자산을 국유화 또는 수용하거나 재산권을 제한하지 않으며 그와 같은 효과를 가지는 조치(이하 "수용"이라고 한다)를 취하지 않는다. 그러나 공공의 목적으로부터 자기측 투자자나 다른 나라 투자자와 차별하지 않는 조건에서 합법적 절차에 따라 상대방 투자자의 투자자산에 대하여 이러한 조치를 취할 수 있다. 이 경우 신속하고 충분하며 효과적인 보상을 해준다.

2. 남과 북은 수용조치를 취한 날부터 지급일까지의 일반 상업이자율에 기초하여 계산된 이자를 포함한 보상금을 보상받을 자에게 지체없이 지불한다. 보상금의 크기는 수용과 관련한 결정이 공포되기 직전 투자자산의 국제시장 가치와 같다.

3. 남과 북은 무력충돌 등 비정상적인 사태로 상대방 투자자의 재산이 손실을 입게 되는 경우 그 손실에 대하여 원상회복 또는 보상함에 있어서 자기측 투자자나 다른 나라 투자자에 대한 것보다 불리하지 않게 대우한다.

제5조 송금

1. 남과 북은 상대방 투자자의 투자와 관련되는 다음과 같은 자금이 자유태환성통화로 자기 지역 안이나 밖으로 자유롭고 지체 없이 이전되는 것을 보장한다.

　　가. 초기 투자자금과 투자기업의 유지, 확대에 필요한 추가자금

　　나. 이윤, 이자, 배당금을 비롯한 투자의 결과로 생긴 소득

　　다. 대부상환금과 그 이자

　　라. 투자자산의 양도나 청산을 통한 소득

　　마. 투자와 관련하여 일방지역의 기업에 채용된 상대방 인원들이 받은 임금과 기타 합법적 소득

　　바. 제4조, 제7조 제1항에 따르는 보상금

사. 제6조에 따라 어느 일방 또는 그가 지정한 기관에 지급되는 자금

아. 이 밖에 투자와 관련된 자금

2. 송금시의 환율은 투자가 이루어진 일방의 외환시장에서 당일에 적용되는 시세에 따른다.

3. 송금은 투자가 이루어진 지역에 있는 일방의 당국이 정한 절차에 따른다. 이 경우 제1항과 제2항에 규정된 권리를 침해하지 않는다.

제6조 대위

일방 혹은 그가 지정한 기관이 투자와 관련하여 자기측 투자자에게 제공한 비상업적위험에 대한 재정적 담보에 따라 해당한 보상을 한 경우 상대방은 일방 혹은 그가 지정한 기관이 투자자의 손해배상청구권을 포함한 권리를 넘겨받아 행사하며 그 권리의 범위 내에서 세금납부의무를 비롯한 투자와 관련된 의무를 진다는 것을 인정한다.

제7조 분쟁해결

1. 이 합의서에 의해 부여된 권리의 침해로 상대방 투자자와 일방 사이에 발생되는 분쟁은 당사자 사이에 협의의 방법으로 해결한다.

   분쟁이 협의의 방법으로 해결되지 않을 경우에는 투자자는 남과 북의 합의에 의하여 구성되는 남북상사중재위원회에 제기하여 해결한다.

   남과 북의 당국은 투자자가 분쟁을 중재의 방법으로 해결하는 것에 대하여 동의한다.

2. 남북 당국 사이에 합의서의 해석 및 적용과 관련하여 생기는 분쟁은 남북 장관급회담 또는 그가 정하는 기관에서 협의·해결한다.

제8조 다른 법, 협정 및 계약과의 관계

투자와 관련하여 이 합의서보다 더 유리한 대우를 규정한 조항이 포함되어 있는 일방의 법령이나 남과 북이 당사자로 되는 국제협정 또는 일방과 투자자 사이에 맺은 계약은 그 법령, 협정 및 계약에서 유리하게 규정된 조항에 한하여 이 합의서보다 우위에 놓인다.

제9조　정보제공

1. 남과 북은 투자와 관련하여 제정 또는 수정·보충되는 법령을 상호 제공한다.
2. 남과 북은 투자자료와 관련하여 일방의 요청이 있을 경우 그것을 지체 없이 제공한다.

제10조　적용범위

합의서는 효력발생 이전 혹은 이후에 쌍방의 투자자들이 상대방 지역에 한 모든 투자에 적용한다.

그러나 합의서의 발효 이전에 생긴 분쟁에는 적용하지 아니한다.

제11조　수정 및 보충

남과 북은 필요한 경우 협의하여 합의서의 조항을 수정·보충할 수 있다. 수정·보충되는 조항은 제12조 제1항과 같은 절차를 거쳐 효력을 발생한다.

제12조　효력발생 및 폐기

1. 합의서는 남과 북이 서명하고 각기 발효에 필요한 절차를 거쳐 그 문본을 교환한 날로부터 효력을 발생한다.
2. 합의서는 일방이 상대방에게 폐기 의사를 서면으로 통지하지 않는 한 계속 효력을 가진다. 폐기통지는 통지한 날부터 6개월 후에 효력을 발생한다.
3. 합의서의 효력기간 안에 투자된 자산은 이 합의서의 효력이 없어진 날부터 10년간 제1조부터 제8조에 규정된 보호와 대우를 받는다.

이 합의서는 2000년 12월 16일 각각 2부 작성되었으며 두 원본은 같은 효력을 가진다.

남측을 대표하여	북측을 대표하여
남북장관급회담	북남상급회담
남측대표단 수석대표	북측대표단 단장
대한민국	조선민주주의인민공화국
통일부장관 박재규	내각책임참사 전금진

부 록

쌍방의 합의서에서 다음의 용어는 같은 의미를 지닌다.

보장(제목에서)	보호(제목에서)
투자자산	투자재산
지분	출자몫
의장권	공업도안권
천연자원	자연부원
경제적 가치를 가지는 사업권	기업리권
국공채	공채
법령	법
법인	실체
자연인	개별적인 사람
수용	몰수
외환시장	외국환자시장
자유태환성	통화전환성화폐
정관	규약
서명	수표

主

제1장 다시 보는 북한 – 대한민국의 일부분인가, 독립된 국가인가 –

1) 한반도의 항구적 평화정착과 공동번영, 즉 평화와 경제의 선순환구조의 형성을 핵심내용으로 한다. 신한반도체제는 대북통일정책, 국가발전정책, 그리고 외교정책을 포괄하는 종합전략으로서의 성과를 내재하고 있다. 경제인문사회연구회, 신한반도체제 추진 종합연구, 경제인문사회연구회 협동연구총서 20-50-01, 2020, 국문요약 참조

2) 2020.11.19. 국민대 중국인문사회연구소 등이 주최한 "평화와 공존의 신한반도체제 실천과제"라는 주제하의 학술세미나가 있었다. 이날 윤경우는 "신한반도체제의 현실화를 위한 국가성과 확장성 논의"를, 김상준은 "얇은 평화인가, 두터운 평화인가?"라는 발표를 했는데, 필자는 토론자로 참여하면서 이 논문과 관련된 의견을 개진하였다.

3) 1953년 7월 27일 국제연합군 총사령관과 북한군 최고사령관 및 중공인민지원군 사령관 사이에 맺은 한국 군사정전에 관한 협정

4) 2019년 11월 현재 남한이 외교관계를 수립한 국가는 191개국이고, 북한은 161개국과 외교관계를 수립했다. 남북한 동시수교한 국가는 158개국이다.

5) "1945년 해방과 분단과정에서 이승만 대통령은 반공을 국시로 삼고 무력북진 통일을 주장하였고 당시 우리 국민들은 평화통일을 지향했던 것으로 보인다. 통일을 불필요하다고 생각하는 국민은 거의 없었으나 최근에 통일의식을 조사해 보면 통일의 필요성에 대한 의식이 점차 낮아지는 것으로 보인다. 2019년 통일이 필요하다고 응답한 비율은 53%, 통일이 필요하지 않다고 응답하는 비율이 20.5%로 변하였다." 김학재 외, 2019 통일의식조사, 서울대 통일평화연구원, 2020, 35

6) KBS 한국방송이 조사한 내용에 의하면, 통일에 대해 관심이 있다는 응답이 69.4%인데 최근 3년간 소폭씩 하락하는 추이를 보이며, 남북관계 개선을 위해 민간 차원의 교류 협력이 중요하다는 입장에 대해 공감한다는 응답이 56.8%로 나타났고, 북한을 경계대상으로 보는 의견이 43.7%, 적대대상이라는 의견이 29.3%로 나타나는 등 북한에 대한 인식이 복잡한 양상을 띠고 있다. KBS 남북교류협력단, 2020년 국민통일의식 조사, 2020, 9~17

7) "국민의식은 시대에 따라 변화할 수 있는 것이고 현실적 필요성이 당위적 요

청을 대체할 수 있는 것은 아니지만 통일의 주체인 국민들의 의사와 이익에 반하는 방식으로 민주주의와 법치주의 원리에 반하는 통일을 추진하는 것이 정당화될 수 없다는 측면에서 이 문제는 심각하게 받아들여야 할 필요가 있다." 홍종현, "한반도 평화체제에 대비한 법제정비방향", 학술대회 자료집, 2020. 12. 4.

8) 시대상황의 변화를 반영한 최근의 사례로는, 도시일용근로자의 월 가동일수를 22일에서 18일로 바꾼 판결이 있다. 법률신문 2021.2.18.자 기사에 의하면. 서울중앙지법은 2019나50009 사건에서 1990년대 후반 월 가동일수 22일의 경험칙이 등장한 이후 2003년 근로기준법이 개정돼 주 5일 근무로 변경됐고, 2003년 11월 관공서의 공휴일에 관한 규정이 개정돼 대체공휴일이 신설되는 등 법정근로일수는 줄고 공휴일은 증가한 사정과 일반근로자들의 여가를 즐기는 인식변화를 근거로 들었다.

9) 김종법 외, 분리를 넘어 통합국가로, 사회평론아카데미, 2020.은 분리-통합의 역사적 이론적 사례에 관한 6개의 논문과 분리와 통합의 기로에 선 지역통합에 관한 4개의 논문을 통해 분리와 통합이 보편적 현상임을 보여준다.

10) 벨기에의 연방국가화, 영국의 브렉시트 현상 등

11) 김철수, 헌법학신론, 박영사, 2013, 138; 홍종현, 위 논문 3; 이근관 "1948년 이후 남북한 국가승계의 법적 검토"(서울국제법연구 제16권 제1호 2009); 이효원, 통일법의 이해, 박영사, 2014, 54

12) 대법원 1961.9.28. 선고 4292 행상 48 판결; 대법원 1997.2.28.선고 96도1817 판결 등

13) 대법원 1983.3.22. 선고 82도3036 판결은, 북한은 우리 헌법상 반국가적인 불법단체로서 국가로 볼 수 없으나 간첩죄의 적용에 있어서는 이를 국가에 준하여 취급하여야 한다.; 대법원 1986.10.28. 선고 86도1784 판결도 같은 취지, 실재하는 나라를 국가로 볼 수 없다고 판단하거나 특정한 법을 적용할 때에는 국가에 준하여 취급한다고 판단하는 것은 모두 특정시점의 판단이다. 필자는 특정한 시기에 그런 판단을 한 이유가 있었더라도 시간이 흐른 후에는 다른 판단을 할 수 있다고 본다.

14) 헌법재판소 1993.7.29. 선고 92헌바48 결정은 북한의 이중적 지위, 즉 동반자임과 동시에 반국가단체라는 성격을 함께 갖고 있다고 판단하였다.; 헌법재판소 1997.1.16. 선고 89헌마240, 92헌바6 결정도 같은 취지

15) 대법원도 북한의 이중적 지위론을 받아들였다. 대법원 2003.4.8. 선고 2002도 7281 판결, 또한 남북한 특수관계론에 따라 북한을 준외국으로 북한주민을 준 외국인으로 취급하는 판결을 선고하였다. 대법원 2003.5.13. 선고 2003도604 판결, 대법원 2004.11.12. 선고 2004도4044 판결, 헌법재판소도 2005.6.30. 선고 2003헌바114 결정에서 북한을 외국에 준하는 지역으로 인정하였다. 그런데 '이중적 지위' 또는 '외국에 준하는' 이라는 판단은 실재하는 것을 법적으로 인정하지 않으려는 상황에서 고안된 개념이다. 분단국의 특수한 사정 및 통일을 해야 하는 당위의 측면에서 이런 주장을 이해할 수 있지만, 분단시기로부터 상당한 시간이 흐른 현 시점에서는 생각을 바꾸어 북한을 국가로 인정하고 그것을 바탕으로 통일을 추구하는 것도 가능한 방법이다.

16) 도회근, "남북관계법제의 발전과 한계" 헌법학연구 제14권 제3호, 2008. 159 ~188; 소성규 외, 통일교육과 통일법제를 이해하는 열두 개의 시선, 동방문화사, 2020. 11~15

17) 이른바 유일합법정부론은 대법원 판례의 일관된 입장이다. 홍종현 위 논문 9, 대법원 1955.9.27. 선고 1955형상246 판결; 대법원 1961.9.28. 선고 1959형상 48 판결; 대법원 1996.11.26. 선고 96누1221 판결 등에 따르면 북한은 대한민국의 일부이므로 입법, 행정, 사법의 삼권과 충돌하는 어떠한 주권도 법리상 인정될 수 없고, 반국가불법단체로서 국가로 인정할 수 없다고 한다.

18) 헌법재판소 1993.7.29. 선고 92헌바48 결정에서 "이는 현 단계에 있어서의 북한은 조국의 평화적 통일을 위한 대화와 협력의 동반자임과 동시에 대남적화노선을 고수하면서 우리자유민주체제의 전복을 획책하고 있는 반국가단체라는 성격도 함께 갖고 있음이 엄연한 현실인 점에 비추어, 헌법 제4조가 천명하는 자유민주적 기본질서에 입각한 평화적 통일정책을 수립하고 이를 추진하는 한편 국가의 안전을 위태롭게 하는 반국가활동을 규제하기 위한 법적 장치로서, 전자를 위하여는 남북교류협력에관한법률 등의 시행으로써 이에 대처하고 후자를 위하여는 국가보안법의 시행으로써 이에 대처하고 있는 것이다." 라고 하였는바, 이 결정이 선고된 1993년과 약 30년의 시차가 나는 현 단계에서도 같은 입장을 고수하여야 할지는 논의가 필요하다.

19) 남북은 모두 자신만이 과거 한반도에 존속하던 구 국가를 계승하고, 자신만이 전체 한반도를 합법적으로 대표한다고 주장한다. 정인섭, 신국제법 강의, 박영사, 2018. 158. 북한의 입장은 국제법학(법학부용), 김일성 종합대학출판사, 1992, 52, 59

20) 정인섭, 위 책 157~158

21) "역사성을 무시하고 헌법상 영토조항과 통일조항을 단순한 문언적인 해석에
따라 이해하려는 태도는 남북한의 관계를 합리적으로 접근 해결하는데 많은
어려움을 야기할 것이다. 분단국가의 특수성을 고려하지 않고 남북관계에서
나타나는 다양한 문제 상황을 지나치게 국내법의 관점에서만 해석하는 것은
바람직하지 않을 것이다." 홍종현, 위 논문 10, 허영, "남북한간 조약체결의
헌법적 검토-동서독 기본조약에 대한 서독 연방헌법재판소 판례의 교훈", 헌
법판례연구 제3권, 2001.11. 107

22) "우리의 학설은 분분하며 대법원은 일관하여 북한을 반국가단체로 보고 있으
며 헌법재판소 역시 북한의 국가성을 인정하지 않고 있다. 그러나 독일의 경
우처럼 이원적으로 구별하여 우리의 경우도 국내관계와 국제관계에서의 남북
한 관계를 달리 파악하는 것이 바람직하다 하겠다. 즉 유엔에 동시가입이 이
뤄지고 남북기본합의서에서 천명한바 대로 통일을 지향하는 과정에서 잠정적
으로 형성되는 특수관계라는 것을 인정하고 남북한 관계를 대내적으로는 1민
족 1국가이며 대외적으로 1민족 2국가로 파악하는 것이 현실과 부합하다 할
것이다." 소성규 외, 위 책 19

23) 최대권, "한국통일방안에 관한 국내법적 고찰" 최대권 통일의 법적 문제, 법문
사, 1990, 29

24) 양건, "남북한관계의 새로운 방안제시와 법적 문제", 국제법학회논총 제26권
제2호, 1982. 110

25) 김철수, 위 책 138; 자세한 학설 대립에 대하여는 양건, 헌법강의, 법문사,
2009, 127 이하 참조

26) "『남북교류협력에 관한 법률』 제3조는 남북교류와 협력을 목적으로 하는 행
위에 관하여는 정당하다고 인정되는 범위 안(또는 같은 법의 목적 범위 안)에
서 다른 법률에 우선하여 같은 법을 적용한다고 규정하고 있고, 여기의 '다른
법률'에는 국가보안법도 포함된다. 남한과 북한을 왕래하는 행위가 남북교류
와 협력을 목적으로 하는 행위로서 정당하다고 인정되거나 같은 법의 목적 범
위 안에 있다고 인정되는지 여부는 북한을 왕래하게 된 경위, 같은 법 제9조
제1항에서 정한 바에 따라 방문증명서를 발급받았는지 여부, 북한 왕래의 구
체적인 목적이 같은 법에서 정하고 있는 교역 및 협력사업에 해당하는지 여
부, 북한 왕래자가 그 교역 및 협력사업을 실제로 행하였는지 여부, 북한 왕래
전후의 행적 등을 종합적으로 고려하여 객관적으로 판단하여야 한다. 한편 통

일부장관의 북한방문증명서 발급은 북한 방문 자체를 허용한다는 것일 뿐 북한 방문 중에 이루어지는 구체적이고 개별적인 행위까지 모두 허용한다거나 정당성을 부여한다는 취지는 아니므로, 북한 방문 중에 이루어진 반국가단체 구성원 등과의 회합 등 행위가 국가의 존립·안전이나 자유민주적 기본질서에 실질적 해악을 끼칠 명백한 위험성이 인정되는지 여부는 각 행위마다 별도로 판단되어야 한다. 따라서 북한방문증명서를 발급받아 북한을 방문하였다고 하더라도 그 기회에 이루어진 반국가단체 구성원 등과의 회합행위 등이 남북교류와 협력을 목적으로 하는 행위로서 정당하다고 인정되는 범위 내에 있다고 볼 수 없고, 오히려 국가의 존립·안전이나 자유민주적 기본질서에 실질적 해악을 끼칠 명백한 위험성이 인정되는 경우에는 그로 인한 죄책을 면할 수 없다." 대법원 2012.10.11. 선고 2012도7455 판결

27) 남한 국적법 제2조(출생에 의한 국적 취득) ① 다음 각 호의 어느 하나에 해당하는 자는 출생과 동시에 대한민국 국적을 취득한다. 1. 출생 당시에 부(父)또는 모(母)가 대한민국의 국민인 자, 2. 출생하기 전에 부가 사망한 경우에는 그 사망 당시에 부가 대한민국의 국민이었던 자, 3. 부모가 모두 분명하지 아니한 경우나 국적이 없는 경우에는 대한민국에서 출생한 자 ② 대한민국에서 발견된 기아(棄兒)는 대한민국에서 출생한 것으로 추정한다.

28) 북한주민에 대한 최초의 판례로 현재까지 유지되고 있다. "조선인을 부친으로 하여 출생한 자는 남조선과도정부법률 제11호 국적에 관한 임시조례의 규정에 따라 조선국적을 취득하였다가 제헌헌법의 공포와 동시에 대한민국 국적을 취득하였다 할 것이고, 설사 그가 북한법의 규정에 따라 북한국적을 취득하여 중국 주재 북한대사관으로부터 북한의 해외공민증을 발급받은 자라 하더라도 북한지역 역시 대한민국의 영토에 속하는 한반도의 일부를 이루는 것이어서 대한민국의 주권이 미칠 뿐이고, 대한민국의 주권과 부딪치는 어떠한 국가단체나 주권을 법리상 인정할 수 없는 점에 비추어 볼 때, 그러한 사정은 그가 대한민국 국적을 취득하고 이를 유지함에 있어 아무런 영향을 끼칠 수 없다." 대법원 1996.11.12. 선고 96누1221 판결

29) 헌법재판소 2000.8.31. 선고 97헌가12 결정

30) 헌법재판소 1999.1.28. 선고 97헌마253, 270 병합

31) 헌법재판소 2007.6.28. 선고 2004헌마644, 2005헌마360 병합

32) 헌법재판소 2006.11.30. 선고 2006헌마679 결정

33) 대법원 2004.11.12. 선고 2004도4044 판결; 헌법재판소 2005.6.30. 선고

34) '대구에 사는 평양시민 김련희' 사건과 2019.11.7. 발생한 북한선원 2인의 강
제송환 사건 등 아직 해결하지 못한 사안이 있다. 나는 대구에 사는 평양시민
입니다, 김련희 지음 ; 평양주민 김련희 송환준비모임 엮음 서울: 615, 2017

35) 북한 국적법 제2조는 공민의 자격을 규정한다. 1호 "공화국 창건 이전에 조선
의 국적을 소유하였던 조선사람과 그의 자녀로서 그 국적을 포기하지 않은
자", 2호 "다른 나라 공민 또는 무국적자로 있다가 합법적 절차로 공화국 국적
을 취득한 자"

36) 남한 정부는 개발도상국의 경제·사회 발전을 지원하고 지속가능개발목표
(SDGs) 달성 등 국제사회의 노력에 기여하기 위해 2017년도에 총 22.01억불
의 ODA를 제공하였다. 구체적으로 양자원조가 16.15억불(73.4%), 국제기구
를 통한 다자원조가 5.86억불(26.6%)을 기록하였고, 양자 원조중 무상 원조
가 10.34억불(64%), 유상원조가 5.81억불(36%)을 각각 기록하였다. http://
www.mofa.go.kr/www/wpge/m_3840/contents.do

37) 더불어민주당 김병욱 의원은 21일 공적개발원조(ODA) 지원대상에 북한을 포
함하는 내용의 국제협력기본법 개정안을 대표 발의했다. 현행법상 경제협력개
발기구(OECD) 산하 개발원조위원회가 지정하는 개발도상국만 ODA의 대상
이 된다. 헌법 제3조의 영토규정(대한민국의 영토는 한반도의 그 부속도서로
한다)과 남북교류협력에 관한 법률 제12조(남한과 북한 간의 거래는 국가 간
의 거래가 아닌 민족내부 거래로 본다)에 따른 남북한 거래 원칙으로, 북한을
ODA 지원대상국으로 보기 힘든 측면이 있어 ODA 지원이 현실적으로 어렵
다는 게 김 의원의 설명이다. 이에 개정안은 북한과의 거래를 민족 내부 거래
로 규정하는 '남북교류협력에 관한 법률'을 ODA 사업에서는 적용하지 않도록
하는 내용을 담아 북한 지원을 가능하도록 했다. 연합뉴스, "김병욱, '공적개
발원조 지원대상에 북한 포함' 법안 발의", 2018. 9. 21.

38) 국제개발협력기본법 제2조(정의) 조항을 보면, 1. "국제개발협력"이란 국가·
지방자치단체 또는 공공기관이 개발도상국의 발전과 복지증진을 위하여 협력
대상국에 직접 또는 간접적으로 제공하는 무상 또는 유상의 개발협력과 국제
기구를 통하여 제공하는 다자간 개발협력을 말한다. 2. "개발도상국"이란 경
제협력개발기구 개발원조위원회가 정한 공적개발원조 대상국(지역을 포함한
다)을 말한다. 3. "협력대상국"이란 개발도상국 가운데 1인당 국민소득수준,
경제·사회발전단계 등을 고려하여 정부가 국제개발협력이 필요하다고 판단

하여 선정하는 국가를 말한다.

39) 유구한 역사와 전통에 빛나는 우리들 대한국민은 기미 삼일운동으로 대한민
국을 건립하여 세계에 선포한 위대한 독립정신을 계승하여 이제 민주독립국
가를 재건함에 있어서 정의인도와 동포애로써 민족의 단결을 공고히 하며 모
든 사회적 폐습을 타파하고 민주주의제도를 수립하여 정치, 경제, 사회, 문
화의 모든 영역에 있어서 각인의 기회를 균등히 하고 능력을 최고도로 발휘케
하며 각인의 책임과 의무를 완수케하여 안으로는 국민생활의 균등한 향상을
기하고 밖으로는 항구적인 국제평화의 유지에 노력하여 우리들과 우리들의
자손의 안전과 자유와 행복을 영원히 확보할 것을 결의하고 우리들의 정당 또
자유로히 선거된 대표로써 구성된 국회에서 단기 4281년 7월 12일 이 헌법을
제정한다.

40) 현행 헌법 제3조 대한민국의 영토는 한반도와 그 부속도서로 한다. 제4조 대
한민국은 통일을 지향하며, 자유민주적 기본질서에 입각한 평화적 통일 정책
을 수립하고 이를 추진한다.

41) 현행 헌법 제66조 ①대통령은 국가의 원수이며, 외국에 대하여 국가를 대표
한다.
②대통령은 국가의 독립·영토의 보전·국가의 계속성과 헌법을 수호할 책무
를 진다.
③대통령은 조국의 평화적 통일을 위한 성실한 의무를 진다.
④행정권은 대통령을 수반으로 하는 정부에 속한다.

42) 현행 헌법 제69조 대통령은 취임에 즈음하여 다음의 선서를 한다.
"나는 헌법을 준수하고 국가를 보위하며 조국의 평화적 통일과 국민의 자유와
복리의 증진 및 민족문화의 창달에 노력하여 대통령으로서의 직책을 성실히
수행할 것을 국민 앞에 엄숙히 선서합니다."

43) 김철수, 앞의 책 149; 문홍주, 제6공화국 한국헌법, 해암사, 1987. 153; 구병
삭, 신헌법원론, 박영사, 1989, 80 등

44) 대법원 1961.9.28. 선고 4294행상48 판결; 대법원 1990.9.25. 선고 90도1451
판결 등

45) 1972년 사회주의 헌법 제149조 조선민주주의인민공화국의 수도는 평양이다.

46) 정진아, "조봉암의 평화통일론 재검토", 인문학자의 통일사유, 건국대 통일인
문학연구단, 선인, 2010. 81 이하

47) "이제 우리는 무기 휴회된 공위(共委)가 재개될 기색을 보이지 않으며 통일정
   부를 고대하나 여의케 되지 않으니 우리는 남방만이라도 임시정부 혹은 위원
   회 같은 것을 조직하여 38 이북에서 소련이 철퇴하도록 세계공론에 호소하여
   야 될 것이니 여러분도 결심하여야 될 것이다." 서울신문 1946.6.4.자, 위 논
   문 82에서 재인용

48) 정진아, 위 논문 83

49) 의원의 총수는 298명이었는데 선거가 실시되지 못한 북한지역에 배당된 100
   석은 제외한 국회의원이 198명이었다. 이때 선출된 의원이 국회를 구성하고
   헌법을 제정하는 작업에 착수하였는바 헌법제정기관으로서의 성격을 가졌다.
   이때 선출된 의원들이 남한의 제헌헌법을 제정하였다. 정종섭, 헌법학원론, 박
   영사, 2006. 144~145

50) 정진아, 앞의 논문 86

51) 정진아, 앞의 논문 86

52) 정종섭, 앞의 책 144 이하

53) 통일에 대한 염원과 의지를 선언적으로 확인하면서 장래에 북한지역까지 대
   한민국의 국가권력이 미치도록 노력해야 할 통일의 목표와 과제를 부과한 것
   이다. 이런 의미에서 영토조항은 오늘의 현실을 규율하고 확정하는 조항이 아
   니라 미래를 향하여 존재하고 미래에서 실현되는 조항이다. 한수웅, 헌법학,
   법문사, 2016, 101~102

54) 필자의 주장에 대하여 시대의 변화나 주변 환경 변화에 따라 달라진 상황을
   반영하자는 주장은 독창성이 부족하다는 지적이 있을 수 있으나, 이 주제와
   관련하여 기존의 학설과 판례를 검토해 보면 북한의 법적 지위 문제는 엄밀한
   법리에 근거한 것이 아니라 당시의 정치상황에 따른 선언적 주장의 측면이 강
   하다. 그 결과 기존 논리의 변경가능성을 검토하는 필자의 주장도 현실변화에
   주목하였다.

55) 국제연합헌장 제3조, 제4조에 의하면, 국가만이 회원국으로 가입할 수 있지만
   남북관계에서 유엔 동시가입만으로 상호 국가승인을 한 것으로 간주되지는
   않는다.

56) "국가의 성립 여부는 사실의 문제이다. 새로운 실체가 국제법상 국가의 성립
   요건을 객관적으로 갖추면 국가로서 인정되게 된다. 그러나 실제 새로운 국가
   의 성립은 객관적 기준에 의해서만 좌우되지 않는다. 다른 국가의 승인이 중

요한 영향을 미친다. 국제사회에서는 국가의 성립을 공인해 주는 공식적인 절차가 없기 때문에 결국 타국 승인의 누적은 국가성립의 유력한 증거가 된다." 정인섭, 위 책 151

57) 미승인국이 실효적 지배를 확립한 경우의 지위에 대하여, 국가로서 성립하는 것은 승인 여부와는 관련이 없으므로 다른 국가가 승인을 부여하지 않더라도 미승인국의 권리의무 자체를 완전히 부인할 수는 없고, 승인을 부여하지 않은 국가라도 구체적인 문제가 발생하면 미승인국과 접촉하여 문제의 해결에 필요한 범위에서 상호 간에 필요한 권리의무를 실현할 수 있다. 김영석, 국제법, 박영사, 2010. 160

58) 헌법재판소 2006.11.30. 선고 2006헌마679 결정; 헌법재판소 2008.7.20. 선고 98헌바63 결정; 헌법재판소 1997.1.16. 선고 92헌바6 결정; 대법원 1999.7. 23. 선고 98두14525 판결 등은 남북기본합의서에 대해, "한민족공동체 내부의 특수관계를 바탕으로 한 당국간의 합의로서 남북당국의 성의있는 이행을 상호 약속하는 일종의 공동성명 또는 신사협정에 준하는 성격을 가짐에 불과" 하다고 판시하였다.

59) 이효원, 남북교류협력의 규범체계, 경인문화사, 2006, 250~251; 이규창, "남북관계 발전에 관한 법률의 분석과 평가", 법조 제55권 제8호, 2006.8. 181~182

60) 제성호, "남북합의서에 대한 국내법적 효력부여문제", 법조, 2004.4. 64~88

61) 장영수, "남북관계발전기본법(안)에 대한 검토의견" 국회 통일외교통상위원회 공청회, 2005.8. 43

62) 장명봉, "남북관계발전기본법(안)에 대한 고찰", 국제법학회논총 제48권 제3호, 2003.12. 351; 박정원, "남북관계 발전을 위한 법제도 정비방안", 정책토론회 자료 2004.6. 32~33

63) 헌법재판소와 대법원의 판단에 대하여, 도회근은 남북기본합의서는 구체적 법적 구속력은 없을지라도 남북간에 체결된 규범적 성격을 가진 최초의 문건이며 이에 기초하여 체결된 200여건의 각종 합의서들에 의해 남북관계가 운영되고 있는 것이 현실이므로 법적 구속력은 없지만 사실상의 구속력을 가진 헌법 다음으로 중요한 남북간의 규범이라 평가한다. 도회근, "남북관계 법제의 발전과 한계", 헌법학연구 제14권 제3호, 2008.9. 165

64) 판례변화는 앞서 본 바와 같이 적대관계에서 이중적 지위로 변화할 때 한번 있었다. 도회근은 대법원과 헌법재판소는 북한을 '대화와 협력의 상대방'에서

한걸음 더 나아가 '준 외국'으로 보고 판단한 사건도 증가하는 추세라고 지적한다. 위 논문 166. 대법원 2004.11.12. 선고 2004도4044 판결; 헌법재판소 2005.6.30. 선고 2003헌바114 결정 등

65) 정인섭, 신 국제법강의, 박영사, 2014. 149~150

66) 정인섭은 분단국에 적용될 국제법적 규칙이 별도로 정립되어 있는 것이라 보기 어렵고 분단국마다 이에 대한 대처방안도 통일적이지 않아 일반화시키기가 매우 어렵다고 설명하는바, 필자는 이 견해에 동의한다. 남북한 문제에 대해서는 다른 분단국 사례를 참고할 수는 있지만 분단이 70년 이상 지속되는 현 상황에서는 독자적인 의견을 모색할 필요가 있다. 정인섭, 위 책 150.

67) 정인섭, 앞의 책(2018), 157~159

68) 박배근, "국제법상 국가의 동일성과 계속성", 저스티스 통권 제90호. 262 이하에서는 국가의 동일성과 계속성에 관한 관습국제법은 충분히 발달되어 있지 않다고 정리한 후 국가의 동일성이 문제된 개별 사례를 구체적으로 살펴볼 필요가 있는데, 대한민국과 관련하여서는 계속성이 단절된 국가 역시 동일성을 가질 수 있는가의 문제가 있고, 발트 3국의 독립이 참고사례라 한다.

69) 이근관, "국제법상 한국의 동일성 및 계속성에 대한 고찰", 서울대학교 법학 제61권 제2호, 2020.6. 170, 국제사회는 일본에 의한 적법 유효한 합병에 이은 미국에 의한 군사점령과 그 이후의 신생독립으로 파악한다.

70) 대한제국과 남북한 사이의 동일성 문제, 대한제국과 부분적 동일성이 있는 남북한의 상호관계, 통일한국과 남북한의 관계 등에 대한 검토가 가능하다.

71) 이근관, 위 논문 171

72) 한일합방은 무효이며, 따라서 대한제국은 국가로서의 지위를 상실한 것이 아니고 법적으로 계속 존속되어 왔던 것이며, 다만 그 행위능력 즉 영토와 인민에 대한 실효성 있는 통치권만 일본에 의하여 불법적으로 대리행사되어 왔다고 할 것임. 그 후 미군정을 거쳐 1948.8.15. 대한민국정부의 수립으로 그때까지 대리행사되어 왔던 대한제국의 행위능력 즉 통치권이 회복되었으며, 국체 정체 또는 국호의 변경만으로는 국가의 동일성과 계속성이 어떠한 영향도 받지 아니한다는 것은 국제법상 확립된 원칙인바, 대한민국정부의 수립은 대한제국의 소멸을 전제로 한 국가의 변경이 아니라 동일한 국제법주체인 국가 내에서의 국체 정체 및 국호의 변경에 해당하는 것이므로 국가의 동일성은 계속 유지된다고 할 것임, 이근관, 위 논문 169.에서 재인용, 한편 이런 정부의 입

장표명이 1986년에야 뒤늦게 표명된 것을 보면 그동안 한국의 입장도 명확하지 않은 측면이 있었다.

73) 이근관은 한국의 국가성은 일본에 의한 병합이 불법 무효이었기 때문에 계속되었지만 1948년 대한민국 정부 수립시점의 국가는 1910년의 국가와 전면적 동일성이 아니라 '질적으로 차별화된' 부분적 동일성을 보유한다는 견해를 취하였다. 위 논문 173

74) 필자는 남한이 대한제국을 계승하였지만 영토와 주민의 측면에서는 현재 북한지역에 대해 실효적 지배를 확보하지 못하였다는 현실을 인정하고, 이를 국제법적 이론의 측면에서 부분적 동일성을 수반하는 계속성으로 인정해도 될 것이라 생각한다. 즉 남한은 현재의 남한영토와 남한주민에 대해서만 대한제국으로부터 이어지는 국가의 동일성과 계속성을 주장할 수 있다. 이로 인해 북한지역과 그 주민에 대해서는 법적으로 외국에 준하는 대우를 해야 한다. 다만 남북한은 분단국이라는 특성상 둘 사이의 관계는 나라와 나라의 관계가 아닌 통일을 지향하는 잠정적 관계로 볼 수도 있다.

75) 국가 자신이 스스로 자신의 정체성을 국제법적으로 말이나 글로서 일목요연하게 설명할 수는 없다. 국가는 자신의 제도, 외교정책, 헌법을 포함한 국내입법 등의 여러 조치를 토대로 관행으로써 이를 보여 줄 수밖에 없다. 최지현, "국제법상 한국의 법적 지위와 관련된 제 문제", 국제법평론 2018-1 통권 제49호, 53

76) 김철수, 앞의 책 131

77) 필자의 제안을 실천에 옮기려면 개별법의 근거로서 북한의 국가성을 부인하고 있는 남북기본합의서를 대체하는 새로운 합의서가 체결되거나 국내법적으로 남북관계발전법의 개정이 필요하다는 지적이 있을 수 있다. 여기서 필자가 주장하는 바는 북한의 국가성을 인정함으로써 법률관계를 명확히 하자는 제안이다.

78) 한겨레신문, "통일보다 평화, 남과 북은 '국가 대 국가'로 만나야 한다." 박명림 기고문. 2020.6.22.자에서 "북한을 주권국가로 인정한 뒤 국가 대 국가 사이의 평화와 공존이 정답이다."라고 하는바, 필자도 같은 의견이다.

79) 자세한 내용은 권은민, "남북한 분쟁 해결방안 및 사례", 제10기 통일과 법률 아카데미 강의자료, 법무부 2021.5. 참조

80) 모든 법률에서 북한의 법적 지위를 반영하는 것이 가능한지와 그렇게 할 필

가 있는지 반론이 제기될 수 있다. 필자가 예를 든 몇 가지 사항에 대하여 입법적으로 보완하면 충분하지 않느냐는 의견도 가능하다. 필자도 반드시 모든 법률에서 북한의 법적 지위를 반영하자는 것은 아니다. 우선적으로 생각해 볼 수 있는 것은 탈북주민의 생활과 관련한 법률 및 북한지역과 연결된 사업과 관련된 법률이다. 필자는 모든 법률의 제정과 개정시에 북한문제를 중요 고려 요소로 보자는 제안을 하는 것이다.

81) 한반도에 하나의 국가가 있다고 할 경우와 2개의 국가가 있다고 할 경우에는 법적으로 차이점이 있다. 한반도에 2개의 국가가 있다고 할 경우에는 통일시 두 나라가 체결한 조약 등의 승계를 받아들여야 하고, 이 경우 포기해야 할 부분, 예컨대 북한지역에 외국군대가 주둔하더라도 이에 대해 항의할 국제법 상 정당한 권원이 없어지는 문제가 있다는 주장이 있다. 최지현, 앞의 논문 52

82) "서독은 분단초기 동독의 국가성을 부정하는 할슈타인 독트린을 발표하였지만 국제정치적 환경이 변화함에 따라 기존 견해를 수정하였다. 서독의 브란트 수상은 1969.10.28. 정부성명에서 1민족 2국가론을 통독정책의 기조로 표방하였다." 소성규 외, 앞의 책 19

83) 2018.4.27. 판문점 선언을 보면, 서명 당사자가 대한민국 대통령 문재인, 조선민주주의인민공화국 국무위원장 김정은으로 되어 있다. 국호와 국가대표자가 명시된 합의를 한 것만으로 상대를 국가로 승인하였다고 보기는 어렵지만 사실상의 승인을 한 것으로 볼 수는 있을 것이다. http://www.koreasummit.kr/images/sub/declaration5.jpg

84) 북한의 국가성을 인정할 경우의 이익과 문제점은 별도의 연구과제가 될 것이지만 몇 가지 의견을 생각해 본다. 현실에 기반하지 못하는 법과 제도는 순조로운 집행이 어려울 뿐만 아니라 갈등요인이 된다. 또한 MZ 세대로 불리는 남한의 청년세대, 그리고 장마당 세대로 불리는 북한의 청년세대는 남북한 현실에 대해 기성세대와는 달리 통일과 남북문제에 냉정하다고 본다. 필자는 이들이 수용할 수 있는 북한의 법적지위를 고민해 보았다. 2022년 현 시점에서 남북한 관계가 정체상태를 보이고 있지만 장래 남북한 교류협력이 재개될 경우에는 기존과 다른 전면적 접촉이 허용될 수 있는바, 그렇게 되려면 북한의 국가성을 인정하고 남한의 법률에도 이를 반영하여야만 새로운 미래개척에 유리할 것이라 본다.

85) 1990년 남북교류협력법이 제정된 이후 30년간 성공적으로 작동되었지만 이제는 그동안의 경험을 토대로 남북관계 법제도를 전면적으로 재정비할 필요가

있다. 분야별 법제 정비문제(인도적지원법, 보건의료협력법, 경제특구지원법 등), 입법기술적으로 준용규정을 둔 문제(대외무역법, 외국환관리법 등)를 해결해야 한다. 또한 그동안의 경험에서 비롯된 실무상의 건의를 반영하고 중국과 대만의 양안관계 등 외국사례를 참고하여 전면적으로 법제 정비를 할 필요가 있다.

제2장 다시 보는 북한주민 – 북한주민의 국적은 대한민국인가, 북한인가 –

1) "그런 탈북민은 우리 국민 아니다"라는 외교장관 후보자, 중앙일보, 2021.2.8.자

2) 논설위원 파워 인터뷰-라종일, 동아일보 2021.1.6.자

3) 북한주민은 북한을 자신의 조국으로 생각한다. 그들의 의식 속에 북한은 남한과 같은 국민국가이다. 북한주민이 북한을 조국으로 생각하는 이유는 한국전쟁의 폐허를 스스로 극복해냈다는 역사적 경험을 공유하기 때문이다. 김현귀, "북한주민의 지위", 헌법재판연구원, 2019 통일헌법연구 2019-D-1, 17

4) 김련희의 남편은 김책공과대학병원 내과의사이고 외동딸은 평양 려명거리 온반집의 요리사로 근무하고 있다. 김련희, 평양주민 김련희 송환준비모임 엮음, 나는 대구에 사는 평양시민입니다. 615, 2017; 한성훈, 『이산』, 여문책, 2020 32

5) "영어 한마디 못했던 탈북민, 영국 선거에 도전장", 조선일보 2021.2.9.자

6) 북한이탈주민이 외국국적을 취득했으면 '외국국적동포'라는 의견이 있다. 김현귀, 위 논문 34

7) 오늘날 해외 한인의 활동을 평가하려면 남북한의 역사와 정치를 통합적으로 보는 관점이 필요하다. 한성훈, 위 책 17

8) 이북도민은 북한에 거주했지만 북한이 근대국가로 완성되기 전에 월남한 사람이고 남한사람으로 살았기 때문에 북한주민으로서 정체성은 없다. 반면에 북한이탈주민은 북한에서 이탈하기 전에는 북한주민으로 살았다는 점에서 서로 다르다. 김현귀, 위 논문 18

9) 북한이탈주민의 국내입국 추세를 보면, 1961년까지 317명이다가 1994년 김일성 사망 이후 증가하였고, 2000년대 이후 지속 증가하여 2003~2011년에는 연간 입국 인원이 2,000명~3,000명 수준에 이르렀으나, 2012년 이후 입국 인원이 점차 줄어들어 연간 평균 1,300명대로 감소, 2019년 1,047명, 2020년 229명이 입국하였다. 통일부 사이트 검색자료 Home → 주요사업 → 북한이탈주민정책 → 현황 → 최근현황

10) 남한은 1995년 세계화를 선언한 이후 국민과 외국인으로 나누던 기준을 다양하게 구분하기 시작했다. 1999년 제정된 재외동포법은 재외동포를 재외국민과 외국국적동포로 구분한다. 또한 재한외국인의 숫자도 늘어남에 따라 2007년 외국인처우법을 제정하였다. 김현귀, 위 논문 22~23

11) 국가의 구성요소 중 하나인 국민을 구성하는 국민적 일체감은 혈통공동체, 문화공동체, 정치적 운명공동체 등 다양한 요소에 기초하고 있고, 일반적으로 이러한 다양한 요소가 복합적으로 작용하여 소위 민족감정이라는 민족적 국민적 연대감이 형성되는바, 이런 측면에서도 현 시점에서 북한주민의 법적 지위를 검토해 볼 필요가 있다. 한수웅, 『헌법학』, 법문사, 2016, 95

12) 김현귀, 위 논문 3은 북한지역에 거주하고 있는 북한주민의 지위에 관하여 미래지향적으로 검토하자고 제안하는바, 필자도 같은 견해다.

13) 한명진, "북한이탈주민의 사회통합을 위한 법정책적 고찰", 공법학연구 제21권 제1호, 2020.2. 6

14) 한명진, 위 논문 7; 장소영, "북한이탈주민 정착지원에 관한 법제도의 현황과 과제", 통일과 법률 2015.11. 59

15) 대법원이 북한정권을 반국가단체로 취급한 사례로는, 1961.9.28. 선고 4292행상 48 판결이래 다수 있다. 전원합의체 판결로는 2008.4.17.선고 2004도4899 판결이 있다. 탈북주민도 남한 국민에 포함되고 거주이전의 자유를 누린다고 판단한 사례로는 대법원 2008.1.24. 선고 2007두10846 판결이 있다. 대한민국의 국적 취득을 인정한 사례로는 대법원 1996.11.12. 선고 96누1221 판결이 있다.

16) 헌법재판소 2017.8.31. 선고 2015헌가22 사건, 이 밖에도 헌법재판소 1990.4.2. 선고 89헌가113 결정, 헌법재판소 1991.3.11. 선고 91헌마21 결정, 헌법재판소 1993.7.29. 선고 92헌바78 결정이 있다.

17) 석동현은 현 시점에서 법적 지위를 논할 필요가 있는 북한주민은 남한 정부에 귀순 또는 대한민국 국민으로서의 보호나 처우를 요구하는 사람과 제3국 체류 탈북난민 중 외교적 보호문제를 검토할 필요가 있는 일부분에 국한된다는 견해를 취한다. 석동현, 『국적법』, 법문사 2011, 294

18) 류지성, "북한이탈주민지원법의 주요논점에 관한 연구", 서울법학 제25권 제3호(2017) 134; 이규창, "살인혐의 북한주민 추방사건 법적 쟁점과 과제"(통일연구원 2019.11.11. CO 19-24)도 같은 견해이다. 이들 견해는 북한도 대한민

국의 일부라는 주류적 견해를 전제로 한 현실을 고려한 실용적 의견이라 할 것이지만 왜 남한 입국이라는 특정시점을 기준으로 국적을 취득하는지를 설명할 논리적 근거는 약하다.

19) 북한주민의 법적 지위는 외국인으로 취급되었을 때에야 남한 법체계에서 법적인 주체로 인정받을 여지가 생긴다는 점에서 북한주민에 대한 원칙과 예외가 바뀌어야 한다고 주장한다. 즉 북한주민은 남북교류협력법상 외국인으로 보는 것이 원칙이 되고 북한주민이 자의로 남한의 보호를 요청한 때에만 예외적으로 내국인으로 보아야 한다는 견해를 제시한다. 이 견해는 논리구조가 다르지만 결론에 있어서는 필자의 주장과 같다. 김현귀, 위 논문 37

20) 오윤경 외, 『현대국제법』, 박영사, 2000, 197

21) 오윤경 외, 위 책 198

22) 이에 대하여, 헌법 제3조 영토조항은 북한주민이 대한민국 국민이라는 직접적인 논거가 될 수 없다는 견해도 있다. 다만 이 견해도 북한의 국가성 인정문제가 북한주민의 공법적 지위를 판단하는데 중요한 문제라 한다. 김현귀, 위 논문 29~30

23) 북한주민을 한국국민으로 취급하는 것은 한국의 헌법과 국적법에 의거한 국내법적 지위에 대한 확인일 뿐이고, 북한과 외교관계를 수립하고 있는 제3국이 북한주민의 국적에 대해 어떤 판단을 할 것인지는 전적으로 개별 국가들의 관할사항이라고 설명한 후 이러한 모순은 해당 국가의 정치적 판단에 의해 결정되는 정치현안이라 한다. 이덕연, "헌법적 정체성 확립의 과제와 북한이탈주민의 헌법적 지위", 저스티스 제136호 2013.6. 58

24) 정식명칭은, 북한이탈주민의 보호 및 정착지원에 관한 법률이다.

25) 이러한 견해는 필자와는 문제의식의 출발점은 다르지만, 기존의 정책을 재검토하자는 결론은 동일하다. 시간의 흐름을 고려하자는 필자의 논리와 같은 맥락이다. 한명진, 위 논문 24

26) 차현일, "북한이탈주민의 보호 및 정착지원에 관한 법제도 개선방향에 관한 연구", 통일과 법률 2016.5. 32~33

27) 김성경, "먼저 온 통일, 탈북자", 『새로운 통일 이야기』, 한울 아카데미, 2017, 217

28) 문선혜, "남북한 주민 간 혼인을 위한 법제화 방안", 가족법연구 제34권 제3호, 2020. 이 논문은 2012년에 제정된 남북가족특례법 상의 중혼에 관한 특

례, 실종선고의 취소에 따른 혼인의 효력에 관한 특례, 친생자관계존재확인의 소에 관한 특례 등 남북 주민 사이의 가족관계에 관한 특례규정과 북한이탈주 민법상 이혼특례규정에 대한 검토와 함께 남북한 합의에 의해 남북한 주민이 혼인하는 경우에 발생할 법률문제 연구도 포함하고 있다.

29) 석동현, 위 책 294~296; 윤병율, "재중탈북자의 국적 문제와 보호방안 연구", 국민대 박사학위논문, 2017. 25~40. 다양한 유형의 북한주민 문제를 해결하 려면 보편성있는 일관된 원칙을 정할 필요가 있다.

30) 중국내 탈북자의 법적지위에 관하여는, 이희훈, "중국내 탈북자의 법적 지위 와 인권보호에 대한 연구", 공법연구 제35집 제2호 2006.12., 위 논문은 중국 에서 북한주민의 법적 지위가 불완전하므로 남한 헌법과 국적법에 특례규정 을 두거나 특별법을 제정하는 등의 조치를 함으로써 탈북자들의 인권을 보호 하는 방안을 마련하자고 제안한다. 위 논문 229

31) 이봉구, "북한이탈주민의 국제적 보호", 통일과 법률 2012.5. 101~102에서, 외교관 출신인 저자는 북한이탈주민문제는 실제로는 난민의 인권문제이고, 국 제적 보호를 받도록 중국과 북한에 압력을 가하여 난민자격인정과 강제송환 금지를 요청해야 한다고 주장한다. 또한 중국은 북한이탈주민을 북한의 공민 으로 보고 있어 한국정부가 중국에 대해 자국민보호를 주장하기 어려운 것이 사실이라 한다.

32) 한재헌, "무국적 탈북자의 인권과 '권리를 가질 권리'", 통일과 법률, 2015.5. 법무부, 120은 무국적 탈북자를 '존재하면서 존재하지 않는 사람들'로 표현하 면서 보편적 인권의 측면에서 이들의 국적 취득요건을 현실화하는 방안을 제 안한다.

33) 화교출신 북한이탈주민의 문제도 있다. 김천일은 1992년 탈북했다가 중국과 몽골을 거쳐 2004년에 남한에 입국했지만 부친이 중국인이라는 이유로 북한 이탈주민으로 인정받지 못하고 중국으로 강제퇴거 되었다. 그런데 중국에서는 중국인임을 증명할 서류가 없어 중국국적을 인정받지 못하고 다시 한국으로 추방당하였고 그는 무국적자가 되었다. 오미영, "무국적자에 관한 국제법의 입장과 국내적 이행의 문제", 서울국제법연구 제20권 2호(2013) 162

34) 김정림·차현지, "제3국 출생 북한이탈주민 자녀(비호호청소년)의 보호 및 지 위개선을 위한 법적 방안", 통일과 법률, 2012.8. 법무부, 128은 탈북여성과 중국인 사이에 태어난 2세대에 대한 보호방안이 미흡하다는 점을 지적하면서, 탈북이라는 개념 자체를 남한 입국 전의 '전 과정'으로 해석하자는 제안을 하

고 있다. 이 논문을 보면, 탈북자의 유형이 다양하고 탈북자의 자녀문제까지 고려하면 법률이 명확한 기준을 정하기가 쉽지 않음을 알 수 있다.

35) 석동현 위 책 295

36) 석동현, 위 책 296

37) 김현귀, 위 논문 5

38) 김현귀, 위 논문 12

39) 이 밖에도 무국적자의 지위에 관한 협약(1954), 기혼여성의 국적에 관한 조약 (1957), 무국적자 감소에 관한 협약(1961), 복수국적의 감소 및 복수국적에 따른 군사적 의무에 관한 조약(1963), 국제인권규약(1966), 난민의 지위에 관 한 협약(1951) 등이 있다. 또한 국제호적위원회가 채택한 무국적의 감소에 관 한 유럽조약(1973), 유럽이사회 각료위원회가 채택한 혼인중 출생자의 국적 에 관한 결의 및 국적이 다른 배우자의 국적에 관한 결의(1977), 국적에 관한 유럽조약(1997) 등이 있다. 국적에 관한 국제법을 살펴보면, 국적의 문제는 한 나라의 문제가 아니라는 점, 문제가 된 국적자와 이해관계가 있는 국가들 사이에 협약 내지 조약의 형식으로 정리가 되어 왔다는 점 등을 알 수 있고, 이는 남북한의 국적문제에도 시사하는 바가 있다. 석동현, 위 책 32

40) 석동현, 위 책 15; 정종섭, 『헌법학원론』, 박영사, 2006, 86

41) 1955년 Nottebohm 사건의 판결인데, 독일국적인이 과테말라에서 사업을 하 던 중 리히텐슈타인을 왕래하다가 1939년에 리히텐슈타인에 귀화하여 그 국 적을 취득한 사건이다. 1941년 미국과 독일, 과테말라와 독일 사이의 전쟁이 나자 미국과 과테말라에서 그는 적국인으로 분류되어 재산이 몰수되었다. 리 히텐슈타인이 과테말라를 상대로 국제법 위반이라고 주장하며 배상을 청구하 였다. 국제사법재판소는 Nottebohm과 리히텐슈타인의 관계는 매우 약하며 Nottebohm의 귀화는 적국인의 지위를 중립국인으로 바꾸기 위한 것에 불과 하므로 과테말라가 그의 리히텐슈타인 국적을 인정할 의무가 없다고 판단하 고 리히텐슈타인의 청구를 기각하였다.(ICJ Reports, 1955, p.23) 석동현 위 책 17~18

42) 정인섭, 『신 국제법 강의』, 박영사, 2014, 412~413

43) 석동현 위 책 26; 정인섭 위 책 399, 남한은 서론에서 언급한 박지현에게 외교 적 보호권을 행사하기 어려울 것이다.

44) 다수의견에 의하면, 북한주민에 대한 외교적 보호권과 자국민 수인의무가 생

기계 되는데, 현실적으로 이행하기는 어렵다. 또한 다수의견에 의하면, 남한은 서론에서 언급한 탈북 어부 2인을 받아들일 의무가 있다.

45) 선천적 국적 취득의 유형에는 속인주의(혈통주의)를 취하는 한국, 독일, 스위스, 일본의 유형과 속지주의(출생지주의)를 택하는 미국이 있다. 석동현, 위 책 34; 정종섭 위 책 86

46) 서론에서 언급한 김련희의 국적은 어디인가? 이 문제는 교류협력이 본격화되면 피해가기 어려운 질문이다.

47) 이런 국제사회의 노력을 남북문제에 적용해 보면, 북한을 남한과 별개의 국가로 인정한다면 북한주민도 북한국적자가 되는 것인바, 이런 상황에서 북한주민을 남한국적자로 보게 되면 이중국적의 문제가 발생하게 된다. 그런 현상은 국적유일의 원칙에 반하는 것이다. 석동현, 위 책 35

48) 북한주민을 북한국적자로 볼 경우에는 그들의 남한국적 취득에 대해서는 국적자유의 원칙을 존중해야 한다. 북한을 이탈하여 제3국에 있는 경우와 남한에 입국한 경우에 대한 대응이 다를 수 있고 그 근거는 본인의 의사가 다르기 때문이다. 즉 남한에 입국하여 남한국적 취득을 희망한 경우에는 그 의사를 존중하여 간편하게 국적취득의 기회를 부여하는 현행 제도를 유지하면 되는 반면에 제3국에 있어 본인의 의사가 확인되지 않을 경우에까지 그들이 남한국적자임을 전제로 한 정책을 하는 것은 국적자유의 원칙에 맞지 않다. 석동현, 위 책 36

49) '국적법의 충돌에 관한 몇 가지 문제에 관한 협약'(일명 헤이그협약) 제1조 및 제2조는 국가가 국민의 구성범위를 국내법적으로 정하는 문제는 국가의 재량사항임을 밝히고 있고, 국제연맹하의 국제상설재판소(PCIJ)의 1923년 튀니지 모로코 국적포고령에 관한 권고적 의견에서 국적의 사항에 관한 규제는 국가의 고유 관할영역이라고 하였다. 오미영, 위 논문 146

50) 석동현, 위 책 37

51) 정민정, "복수국적자의 국적포기에 관한 국제법적 쟁점과 입법과제", 이슈와 논점 제1722호(국회입법조사처.2020.6.12.) 헌법재판소는 국적법 12조 2항에 대해 2013헌마805 합헌(5:4)결정하였는데, 4인의 반대의견은 국제법의 최근 동향에 따른 인권적 접근이라는 평가도 있다.

52) 북한지역이 대한민국이 아니라면 그 지역에 사는 북한주민은 이 법과는 무관하다.

53) 1. 출생 당시에 부(父)또는 모(母)가 대한민국의 국민인 자, 2. 출생하기 전에 부가 사망한 경우에는 그 사망 당시에 부가 대한민국의 국민이었던 자, 3. 부모가 모두 분명하지 아니한 경우나 국적이 없는 경우에는 대한민국에서 출생한 자

54) 외국인이 귀화허가를 받기 위해서는 제6조나 제7조에 해당하는 경우 외에는 다음 각 호의 요건을 갖추어야 한다. 1. 5년 이상 계속하여 대한민국에 주소가 있을 것, 1의2. 대한민국에서 영주할 수 있는 체류자격을 가지고 있을 것, 2. 대한민국의 「민법」상 성년일 것, 3. 법령을 준수하는 등 법무부령으로 정하는 품행 단정의 요건을 갖출 것, 4. 자신의 자산(資産)이나 기능(技能)에 의하거나 생계를 같이하는 가족에 의존하여 생계를 유지할 능력이 있을 것, 5. 국어능력과 대한민국의 풍습에 대한 이해 등 대한민국 국민으로서의 기본 소양(素養)을 갖추고 있을 것, 6. 귀화를 허가하는 것이 국가안전보장·질서유지 또는 공공복리를 해치지 아니한다고 법무부장관이 인정할 것

55) ① 다음 각 호의 어느 하나에 해당하는 외국인으로서 대한민국에 3년 이상 계속하여 주소가 있는 사람은 제5조제1호 및 제1호의2의 요건을 갖추지 아니하여도 귀화허가를 받을 수 있다.
1. 부 또는 모가 대한민국의 국민이었던 사람

56) ① 다음 각 호의 어느 하나에 해당하는 외국인으로서 대한민국에 주소가 있는 사람은 제5조제1호·제1호의2·제2호 또는 제4호의 요건을 갖추지 아니하여도 귀화허가를 받을 수 있다.
1. 부 또는 모가 대한민국의 국민인 사람.

57) 남북주민사이의 가족관계와 상속 등에 관한 특례법 제2조는 남한과 북한의 관계가 국가 사이의 관계가 아닌 평화적 통일을 지향하는 과정에서 잠정적으로 형성되는 특수관계임을 고려하여야 한다고 규정하는바, 이는 남북한 특수관계론을 실체관계에도 적용한 것이다.

58) 오미영, 위 논문 163도 같은 취지다. 문재태, "북한이탈주민의 정착지원에 관한 법적 검토", 사회법연구 제41호, 2020, 228은 북한이탈주민은 다른 국가의 이주민들과 달리 입국과 동시에 국적이 부여되어 귀화시험 등과 같은 별도의 국적 취득절차 없이 국적을 취득한다는 견해를 취한다.

59) 당사자의 의사를 존중하는 것은 국적자유의 원칙에 부합한다.

60) 다음 각 호의 어느 하나에 해당하는 사람은 보호대상자로 결정하지 아니할 수 있다 1. 항공기 납치, 마약거래, 테러, 집단살해 등 국제형사범죄자, 2. 살

인 등 중대한 비정치적 범죄자, 3. 위장탈출 혐의자, 4. 체류국(滯留國)에 10년 이상 생활 근거지를 두고 있는 사람, 5. 국내 입국 후 3년이 지나서 보호신청한 사람, 6. 그 밖에 보호대상자로 정하는 것이 부적당하다고 대통령령으로 정하는 사람

61) 헌법재판소 2017.8.31. 선고 2015헌가22 결정

62) 이규창, 위 논문 3, 이규창은 귀순의사가 없는 북한주민에게는 북한이탈주민법이 적용되지 않기 때문에 이때 북한주민은 외국인에 준하는 지위에 있는 자로 간주된다는 견해를 취한다. 통일부장관은 탈북어부 사건 관련한 국회발언에서 당시 북한주민들이 귀순의사가 없다고 보아 추방했다고 하였다.

63) 김련희 사건처럼 남한에 입국하였으나 자신은 북한 국적자라고 주장하는 경우, 제3국에 있는 북한이탈주민 중 어느 국가의 국적을 취득하기를 희망하는지 명확히 확인되지 아니하는 경우, 제3국 국적 취득을 희망하는 경우에는 현재의 다수의견으로 문제를 해결하기 어렵다.

64) 사회과학원 법학연구소, 법학사전, 평양: 사회과학출판사, 1971, 32

65) 1963년에 제정되고, 1995년과 1999년에 수정되었다.

66) 이러한 사실을 전제로 남북한 주민이 남한이든 북한이든 관계없이 혼인 거행지법에 규정된 실질적 요건을 충족하고 형식적 요건에 따라 신고 절차를 밟으면 해당 지역 내에서는 내국인간 혼인으로 인정된다고 주장한다. 문선혜, 앞의 논문 202

67) 한성훈, 위 책 91

68) 해외동포운동은 동포들이 조직을 만들어 민족적 애국운동을 벌이거나 자주성을 회복하려는 시도다. 한성훈, 위 책 97~98

69) 정식명칭은 "독일인의 서독으로의 긴급수용에 관한 법률"이었으나 1986년 수용법으로 명칭을 개정하였다.

70) 석동현, 위 책 304

71) 최승완, 『동독민 이주사(1949~1989)』, 서해문집, 2019

72) 독일 기본법 제116조 제1항(독일국민의 개념) 이 기본법에서 말하는 독일인은 법률에 다른 규정이 없는 한 독일 국적을 가진 자 또는 1937년 12월 31일 현재 구 독일영토 내에 있던 독일인에 속하는 망명자 또는 난민과 그 배우자 또는 비속을 말한다.

73) 독일 기본법 제11조 제1항은 "모든 독일인은 연방 내의 모든 영역에서 이주할

자유를 누린다." 제2항은 "이 권리는 생활근거가 없어서 일반에게 특별한 부담을 지우는 경우나, 연방 또는 주의 존립이나 그 자유민주적 기본질서를 위협하는 위험을 예방하기 위하여, 전염병의 위험이나 자연재해 또는 특별히 중대한 사고를 극복하기 위하여, 또는 소년을 방치로부터 보호하기 위하여, 또는 범죄행위의 예방을 위하여 필요한 경우 법률에 의해서만 또는 법률에 근거하여서만 제한될 수 있다."고 규정한다.

74) 최승완, 위 책 122

75) 이러한 선별수용원칙은 긴급수용법 입법과정부터 논란이 있었지만 당시 서독의 경제사회 여건을 고려하여 정해진 것이다. 또한 냉전과 분단이라는 정치적 판단도 있었다. 즉 동독간첩이 대거 침투할 가능성과 동독 반체제 세력까지 동독을 이탈한다면 동독정권만 이롭게 만들 것이기 때문에 동독인이 쉽사리 동독을 떠나지 못하게 해야 한다는 주장도 있었다. 최승완, 위 책 122~123

76) 조건부 수용원칙에 따라 서독 거주허가를 받지 못한 동독인은 원칙상 동독으로 돌아가야 했다. 그러나 최소한의 인도주의적 견지에서 이들의 강제송환을 의무화하지는 않았다. 그 대신 이들은 불법체류자 신분으로 전락해 정부의 정착 지원을 받을 수 없었다. 최승완 위 책 125

77) 정혜영, "동독이탈주민의 거주이전의 자유 보장에 관한 헌법적 문제-이주민 긴급수용법의 위헌성을 중심으로", 공법학연구 제21권 제1호(2020) 참고

78) 헌법재판소는 충분한 생계 기반을 갖추어 사회에 부담을 주지 않는다면 거주이전의 자유를 구속할 수 없다는 기본법 제11조를 근거로 들었다. 이후 서독정부는 정치논리와 현실적 압력을 절충하여 수용심사는 계속하되 수용기준을 완화하고 이탈동기도 관대하게 해석했다. 또한 1956년 연방헌법재판소는 동독이탈주민이 충분한 생계기반을 갖추었는지를 인정하는 기준을 완화하여 당장 집과 일자리가 없어도 노동능력만 있으면 거주 허가를 받을 수 있게 했다. 수용 거부 판결을 받은 동독이탈주민은 1950년 62.6%였지만 1956년에는 12%, 1959년에는 1.5%로 감소하였다. 최승완, 위 책 139, 143

79) 동독이탈주민의 서독정착과정을 보면 분단과 냉전의 정치논리가 깊이 관여했음을 알 수 있다. 최승완, 위 책 143~144

80) 필자는 독일의 통계를 보면서 북한이탈주민의 숫자가 3만 명대에 불과한 현실과 비교하여 보았다. 북한이탈주민의 숫자가 적은 이유가 무엇인지, 우리사회가 되돌아볼 점은 없는지 생각할 문제다. 최승완, 위 책 17~18

81) 정인섭, 앞의 책 151

82) 국제사법은 다른 법질서 사이의 문제인데 반하여 지역간 사업은 하나의 법질 서 내에서의 문제이다. 문선혜, 앞의 논문 193

83) 상거소란 사람이 그의 생활의 중심을 가지는 장소를 말하는 것으로 이해되며 통상 일정한 장소에서 상당한 기간 동안 정주한 사실이 인정되면 그곳이 상거 소로 인정된다. 문선혜, 위 논문 194

84) 1975.12.5. 동독은 법적용법을 제정하여 가족법에 산재한 국제사법 규정을 정 리했고, 서독법원의 판결은 외국법원의 판결로 간주하여 동독법원의 승인 집 행절차를 거치도록 하였다. 문선혜, 위 논문 196

85) 서독은 동독주민을 자신의 국민으로 포용하는데 상당히 개방적이었고 스스로 독일국적을 포기하지 않는 이상 독일국적은 유효했다. 김현귀, 앞의 논문 44

86) 문선혜, 앞의 논문 197

87) 저우예중 외 지음, 채영호 외 옮김, 『양안 교류시스템 구축에 관한 법률문제 연구』, 박영사, 2019, 266

88) 위 책 266

89) 위 책 269

90) 위 책 270

91) 정인섭, 앞의 책 151

92) 권은민, "북한의 법적지위에 관한 서론적 연구", 북한법연구 제25호, 2021 상 반기

93) 권영성, 『신판 헌법학원론』, 법문사 2010, 141; 나인균, "한국헌법의 영토조항 과 국적문제", 헌법논총(헌법재판소) 제5집, 1994, 476; 이장희, "남북한 통일 방안의 법제도적 수렴가능성", 사법행정 390호(1993.6.) 33 등, 석동현 위 책 297에서 재인용

94) 국내법적으로도 북한의 국가성을 인정해야 한다는 주장으로는, 김현귀, 위 논 문 52

95) 대법원 1996.11.12. 선고 96누1221 판결 강제퇴거명령처분 무효확인사건

96) 석동현, 위 책 300

97) 만일 북한주민을 추상적 의미에서 국민으로 본다면 그들은 진영논리에 따라 적으로 배제되거나 무국적과 같은 예외상태에 놓이게 된다. 통치력이 미치지

못하는 북한에 거주하여 구체적 의미에서 국민으로 인정받지도 못하면서 북한공민으로서 지위도 부정되는 것이 그런 것이다. 또한 최소한 인권의 주체로서 사람으로 승인받으려면 북한공민으로서 외국인과 유사한 지위에 있는 것이 차라리 낫다는 의견이다. 김현귀, 위 논문 69

98) "사실로부터 법이 나온다"는 법언을 상기하면서 중국이 탈북자의 한국 귀순을 허용하지 않는 국제법 적용의 현실관계 하에서 탈북자를 난민으로 보호할 수 있는지를 검토한다. 오윤경 외, 앞의 책 194~195

99) 반면에 남한은 북한의 국가성을 인정하지 않기 때문에 북한주민이 남한에 입국하여 남한국적을 취득하기 전에는 그들에 대해 국내법적 지위를 인정할 근거가 없어 무국적자나 불법체류자와 같은 취급을 하게 되는 문제가 생긴다. 김현귀, 위 논문 50

100) 샌프란시스코 강화 조약(영어: Treaty of San Francisco, Treaty of Peace with Japan, San Francisco Peace Treaty, 일본어: 日本国との平和条約 → 일본국과의 평화 조약)은 1951년 9월 8일 미국 샌프란시스코 전쟁기념 공연 예술 센터에서 맺어진 일본과 연합국 사이의 평화 조약이다. 1951년 9월 8일 미국 샌프란시스코에서 48개국이 참가하여 서명하여 1952년 4월 28일에 발효되었다. 조약의 발효로 연합군 최고사령부에 의한 일본의 군정기가 끝나고, 일본은 주권을 회복하였다. 이 조약에 의거해 설계된 국제 질서를 샌프란시스코 체제라고 한다. 위키백과에서 인용

101) 석동현, 위 책 33

102) 정인섭, 앞의 책 575

103) 현실적인 해결책으로, 당분간 기존의 정부 정책을 유지하면서 북한주민 중 남한 국적취득을 희망하는 자를 어떤 방식과 절차로 남한 국적을 부여할 것인지를 논의하자는 견해가 있다. 석동현, 위 책 301, 현행 헌법이 유지되는 상황에서 국적법에 북한주민에 대한 언급을 하는 것은 바람직하지 않으므로 국내외에서 어떤 개인이 북한주민의 신분을 자칭하면서 남한 국민으로서의 처우 또는 보호를 요청해 오는 경우에 과연 어떤 절차로 그가 북한주민인지를 확인하고, 남한주민으로 편입할 것인지에 초점을 맞추자는 현실적인 주장이다. 그런데 필자는 현행 헌법의 해석상으로도 기존의 다수의견과 다른 해석이 가능하다는 의견인바, 석동현의 임시적인 해결책이 아닌 근본적인 해결책을 모색해야 한다는 입장이다.

104) 예컨대, 북한주민이 남한주민이 되기 위한 요건을 정할 수 있다. 즉 남한주민

이 되겠다는 의사표시를 통해 국적을 취득하는 절차를 마련할 수 있다. 또한 그런 의사표시를 하기 전 단계이거나 명시적 의사표시가 없는 북한주민은 분단국 일방에 있는 외국인으로 제3국 국적자와 다른 법률상 특수한 지위를 인정할 수도 있을 것이다.

제3장 다시 보는 북한토지 – 북한토지에 대한 소유권 주장은 가능한가 –

1) 북한 토지에 대한 연구로는, 몰수된 토지의 소유권회복 방법에 대한 논의, 장차 통일되었을 경우 북한 토지를 사유화하는 방안에 대한 연구, 현재의 북한 토지제도에 관한 연구 등이 있으나, 여기서는 토지개혁 당시의 상황에 집중함으로써 기존의 논의를 재검토하는 계기를 찾고자 한다. 기존 연구 중 송인호, "통일 후 북한 국유재산 사유화 방안에 대한 법적 고찰", 『인권과 정의』, 2013.5. 에서는 1946년의 북한 토지개혁에 대해 사유재산권 존중원칙이라는 국제법상 강행규정이 존중되지 않았고, 북한정권은 반국가단체라는 전제하에서 토지개혁은 남한의 제헌헌법상 법치국가 원칙에 위배된다고 주장한다. 필자는 이 주장에 동의하지 않는바, 기존의 논의에 근본적인 의문을 제기한다.

2) 김병기, "통일 후 북한지역 토지소유문제 해결 위한 몰수재산처리법제의 이론과 실제", 남북법령연구특별분과위원회 학술회의, 한국토지공법학회, 2014; 박승일, "통일 후 북한토지제도 재편을 위한 법적 과제", 『일간 부동산법학』 제13호, 2019.8.; 정영화, "통일 후 북한의 재산권 문제에 관한 헌법적 연구", 서울대학교 박사학위논문, 1995 등

3) 이재훈, 『러시아문서 번역집 26』, 도서출판 선인, 2017, 동국대 대외교류연구원 자료총서

4) 이재훈, 위 책 19~21, 이 기밀문서는 1945년 겨울에 작성된 것으로 보인다. 소장 로마넨코가 작성했다.

5) 이재훈, 위 책 22~25

6) 이재훈, 위 책 28~33

7) 이재훈, 위 책 32~33, 치스차코프 등이 슈티코프에게 보낸 보고서이다.

8) 이재훈, 위 책 34~41, 메레쯔코프 등에게 보낸 보고서이며, 토지개혁법령 시행절차에 대한 지령서이다.

9) 이재훈, 위 책 42~45, 행정정치국장 대좌 이그나티예프가 작성한 기밀문서다.

10) 내용 중에 평안남도 순천군 농민인 손비군은 "우리에게도 좋은 날이 도래하였

다. 이제 땅은 우리의 것이며 어느 누구도 우리를 땅으로부터 몰아낼 수 없다. 인민위원회가 올바른 결정을 내렸다. 토지를 갖지 못한 농민들 모두가 인민위원회를 환영할 것이다."고 말했다. 이재훈, 앞의 책 44. 한편 부정적인 동향으로, 3월 7일 야간에 평양시에서 테러행위가 있었다. 21시에 공산당 도당위원회 건물에 수류탄이 투척되었다는 내용도 기재되었다. 이재훈, 위 책 44

11) 예컨대, 1946년 3월 24일자 보고서에 의하면, 황해도의 토지, 삼림 등에 대한 몰수가 완료되었으며 개략적인 통계를 기재하였다. 이재훈, 앞의 책 100~104. 위 보고서에는 농민들이 스스로 지주들을 단죄하는 사건보고도 포함되어 있는데, 평안남도 강서군에서는 세아리의 여성농민들이 일제시기 자기 지주가 가혹하게 했던 것에 대해 보복하기로 결심하고 그를 집에서 끌어내어 강으로 끌고 간 후 벌거숭이를 만들어 그가 "용서해 주세요, 앞으로 당신들을 학대하지 않을 것이고, 모든 땅을 당신들에게 주겠소."라고 말할 때까지 헤엄치게 하였다. 또한 토지개혁에 대한 저항사실도 기재하였는데, 황해도 신막군에서는 지주들의 자식들로 구성된 8명의 무장집단이 토지개혁에 적극 참여한 지역민을 처벌한 후 38선 방향으로 향하였고 그 가운데 5명을 검거하고 3명은 무장저항을 하면서 도주하였다.

12) 김재웅, 『고백하는 사람들』, 푸른역사, 2020은 노획문서를 분석하여 작성한 책이다.

13) 자서전과 이력서는 RG242 SA2007군과 RG242 SA2011군에 집중적으로 분포해 있는데, 국립중앙도서관과 국사편찬위원회를 통해 한국에서도 볼 수 있다. 김재웅, 위 책 17 참조

14) 이 글의 재료로 활용된 자서전과 이력서가 객관성있는 자료인지 의문이 들 수도 있으나, 김재웅은 이 자료들이 한국전쟁 전인 1948년~1949년에 작성되었다는 점, 이 시기는 당 건설 초기이자 국가건설 초기에 해당한 시기로 진솔한 고백을 담고 있었다는 점, 당국도 정직한 글쓰기를 유도하기 위해 보증인 기입을 의무화 하고, 허위기재와 의도적 누락에 대한 처벌 등 몇 가지 대비책을 구비하였던 점을 근거로 사료적 가치를 지닌 기록으로 판단하였다. 김재웅, 위 책 429~429

15) 평양공업대학 교수 이력서 양식에는, 소속직장과 직위, 토지개혁시 몰수되거나 분여받은 부모와 본인의 토지 평수, 부모와 본인의 재산 정도, 출신성분, 사회성분, 해방 후 정치 강습 수강여부, 여덟 살 이후의 경력, 이력에 대한 증명인, 혁명운동 지하운동 참가여부, 정치운동에 따른 체포 구금 투옥 여부 등

42개 항목의 기입란이 있다. 김재웅, 위 책 18~19 참조

16) 이 책은 총 879명이 작성한 자서전과 이력서를 기초로 한 연구서인데, 기록자들 대부분이 공직자와 간부 출신이고 교육수준이 높은 식자층이라는 특성이 있다. 김재웅, 위 책 20

17) 1946년 3월경 황해도 수안농업학교 교사 최재춘(25)은 지역 당국으로부터 수안군인민위원회 회의실에 집결하라는 통보를 받았다. 그는 인민위원회 간부로부터 '역사적인 토지개혁'에 대한 연설을 들었다. 간부는 참석자들을 향해 외쳤다. "왜 농민들은 1년 내내 갖은 고생을 다하며 거둬들인 쌀을 고스란히 지주들에게 넘겨야 합니까? 토지는 자신의 노력으로 밭갈이 하는 농민들에게 돌아가야 합니다." 그날 밤 잠을 이루지 못한 최재춘은 이튿날부터 농민들에게 토지개혁법령을 해설하는 사업에 발벗고 나섰다. 김재웅, 위 책 248

18) 평양공업대학 교수 김명기(31)의 아버지는 논5정보와 밭1정보를 몰수당했다. 김명기는 불행에 빠진 아버지를 비호하는 한편 토지개혁의 정당성을 지지해야 할 난처한 입장에 봉착했다. 그의 자서전에는 "부친은 토지개혁이 옳은 정책임을 알고 있으나, 아직 과거의 생활을 완전히 청산하지 못한 채 사상적 불행 속에서 살고 있다. 일제 강점기에는 자유주의적 부르조아 사상이 농후해 진보적인 면도 있었으나 지금에 와서는 오히려 무능한 봉건의 화신처럼 보인다"고 기재했다. 김재웅, 위 책 250

19) 지주층 축출은 토지개혁이란 단발성 조치로 끝나지 않았다. 오히려 토지개혁 이후 계급투쟁이 격화되면서 지주층을 겨냥한 공세 수위가 높아졌다. 1946년 3월 토지개혁기의 축출대상이 경작지 5정보 이상을 소유한 불로지주들에 국한되었다면, 1947~1948년에 들어서는 경작지 일부를 소작 준 전력이 있는 자작농까지 그 대상에 망라되었다. 북한주민들 사이에 '제2차 토지개혁'으로 알려진 이 대대적 축출운동은 북한사회의 과열된 계급투쟁이었다. 김재웅, 위 책 257

20) 김재웅, 위 책 260

21) 평안북도 선천군 남면 건산동 농민 김농수(18)의 집안은 토지개혁 당시 논 3,747평과 밭1,451평을 분여받았다. 그의 가족 다섯 명이 생계를 유지하기에 모자람 없는 토지였다. "날듯이 기뻐한" 그의 아버지와 어머니는 토지개혁이 자신들을 "살게 해주었다"며 감격했다. 그들은 모든 국가사업에 누구보다 먼저 참가하는 열성을 보였다. 김재웅, 위 책 263

22) 토지를 분여받은 빈농들은 감격에 빠졌을 뿐만 아니라 국가 건설에 적극 동참

하겠다는 의지를 내비쳤다. 2,000평의 토지를 분여받은 조선인민군 장교 태은섭(22)의 가족들은 하나같이 국가사업에 발 벗고 나섰다. 농민동맹에 가입한 그의 아버지는 기꺼이 학습조장을 맡아 밤마다 농민들에게 한글을 가르쳤다. 게다가 그는 인민반장으로서 이웃들을 건국 사업에 동원하는 일까지 떠맡았다. 여성동맹에 가입한 그의 어머니는 집안일보다 바깥일에 더 많은 시간을 보냈다. 가난한 농민들인 그들은 새로운 체제의 믿음직한 버팀목이자 견고한 지지기반이 되었다. 김재웅, 위 책 266

23) 평양교원대학 학생 오용경(21)은 자신의 부모가 얼마나 고생하면서 한 평, 두 평 토지를 장만했는지 하소연했다. 온 가족이 고생하며 한 닢, 두 닢 돈을 모아 3,000평의 밭을 사들였다. 그들은 밭에 온상을 설치하여 채소를 가꾸고 팔아 토지를 구매하여 7,000평까지 증가했다. 어른 두 명과 어린 아이만으로는 7천 평의 토지를 경작하기 어려워 일부 소작을 주었다가 토지개혁으로 소작지인 3천 평을 몰수당했다. 부모는 한숨으로 세월을 보냈다. 김재웅, 위 책 274

24) 토지개혁에 반대한 집단적 저항운동도 일어났다. 1946년 3월13일에 발생한 함흥 학생시위가 대표적인 사건이었다. 함흥중학교 학생들은 "우리는 인민위원회에 식량을 요구하러 가야 한다"고 외치며 학생들을 시위에 동원했다. 식량난이 표면적인 이유였지만 실제 의도는 토지개혁 반대에 있었다. 김재웅, 위 책 283

25) 김재웅, 위 책 282

26) "농민들은 책상머리에 앉아 있는 농촌연구자들보다 농촌정형을 더 잘 알고 있기 때문에 이런 연구자들의 힘을 빌지 않고도 토지조사와 그 분배를 정확히 실시할 수 있었다."고 평가함과 동시에 "당은 토지개혁을 실시하는 행정에서 빈농과 고용농 중에서 가장 우수한 분자들을 당에 받아들여 우리 당의 농촌진지를 튼튼히 꾸려놓았으며 당의 성분을 개선하고 당을 더욱 강화하였다."고 평가하였다.

27) 첫째, "이 개혁이 농민들의 절실한 요구와 세기적 숙망을 해결하는 성숙된 과업이었다." 둘째, "농인들은 토지개혁을 실시할 수 있을 만큼 정치적으로 각성하였고 준비되어 있었다." 셋째, "토지개혁은 민주주의 통일전선이 튼튼히 결성된 기초우에서 실시되었다." 넷째, "토지개혁의 승리는 로동자, 농민의 튼튼한 동맹에 의하여 보장되었다." 다섯째, "토지개혁의 승리는 농촌위원회들이 적극적으로 활동한 결과에 이루어진 것이다."

28) 첫째로, "토지개혁을 실시하는 행정에서 일부 기관들과 당단체들은 좌우경적

오류를 범하였다." 둘째로, "토지개혁을 실시하는 과정에서 근로대중의 우수한 선전분자들을 당에 받아들일 대책을 취하여지 않았다." 셋째로, "당선전사업이 약했다.", 넷째로, "경각성이 부족하다." 다섯째로, "광범한 군중을 사회사업에 묶어세우는 사업을 잘하지 못했다."

29) 당면과업으로, 한치의 땅도 묵이지 않고 증산에 헌신하며, 농촌위원회 활동을 강화하자고 제안하였고, 농민조합 강화와 역할 제고, 군중단체 사업강화, 학교 내 민청사업 강화 등을 주장하면서 지주의 악선전과 파괴책동에도 유의하자고 했다.

30) 토지개혁법령 제10조는 "농민에게 분여된 토지는 매매치 못하며 소작주지 못하며 저당하지 못함"이라 규정하였다.

31) 권태상, "북한의 농업협동화시기 국가마을 관계 연구", 『통일문제연구』 통권 68호, 2017 하반기

32) 논문심사자가 제시한 의견이다. "북한지역에서 개인소유권이 허용되었던 시점은 해방 이후부터 1972년 사회주의 헌법 제정 이전까지라 판단한다."

33) 한명섭, "통일 후 북한 토지 사유화와 공시제도에 관한 고찰", 대법원 특수사법제도 연구위원회 2015.1. 발표자료, 5

34) 이원규, 『조봉암 평전』, 한길사, 2016

35) 1957년 조봉암이 쓴 '나의 정치 백서'에서 밝힌 총선 참여배경이다. 이원규, 위 책 403

36) 이원규, 위 책 408

37) 이원규, 위 책 414

38) 이원규, 위 책 419

39) 이원규, 위 책 431

40) 이원규, 위 책 425

41) 이에 대하여 일본국은 1899년 '헤이그육전법규'의 사유재산은 몰수할 수 없다 (제46조)는 사유재산존중의 원칙과 적산귀속의 신탁이론에 근거하여 귀속재산의 반환을 요구하였다. 미군정은 일본의 요구에 대하여 미군정의 조선점령은 전시점령이 아니고, 일제의 압제하에 있는 조선을 해방하여 일제의 잔재를 일소하는 것이 목적이라 했다. 이에 따라 미군정은 사유재산존중의 원칙을 적용하지 않고, 일제의 압제로 인한 조선인의 고통에 대한 손해배상을 위하여 일본국 및 일본인의 모든 재산을 몰수한다고 하였다.

42) 좌우합작위원회는 1946년 7월 25일 발족한 단체인데, 미국은 소련이 거부하는 지도자 김구와 이승만을 배제하고, 미국이 용납할 수 없는 공산주의자들을 제외한 채 중간우파와 중간좌파 사이에 협약을 맺게 해 좌우합작위원회를 구성한 후 이를 민주의원과 대치하려 하였다. 미군은 좌우합작위원회에 힘을 실어 주기 위해 조선공산당을 약화시킬 필요가 있었는데, 이를 위해 조봉암을 전향시키는 노력을 했다. 이원규, 위 책 387

43) 이원규, 위 책 425

44) 이원규, 위 책 435, 이에 대하여 박명림은 토지개혁안을 대중에게 공개해버림으로써 이보다 더 보수적인 안이 나오는 것을 막을 수 있도록 한 것이며, 대강과 범위를 의도적으로 미리 설정함으로써 체제가 수용할 수 있는 최대한의 개혁노선을 미리 제시한 전력적인 판단이었다고 평가했다.

45) 제헌헌법 제86조 "농지는 농민에게 분배하며 그 분배의 방법, 소유의 한도, 소유권의 내용과 한계는 법률로써 정한다."고 규정하였다.

46) 성승제, "근대부터 한국전쟁까지 농지개혁과 법제도", 『2018년 남북법제 연구보고서』, 법제처, 2018, 128, 해방 직후에 비하여 분배대상 소작지가 줄어든 이유는 지주가 농지개혁이 실행되기 이전에 농지를 사전에 방매하였기 때문인데, 사전 방매한 농지는 대략 71만 정보로 추산된다.

47) 성승제, 위 논문 130~131

48) 이원규, 앞의 책 439

49) 이원규, 위 책 444

50) 홍성찬, "근대화 프로젝트로서의 한국 농지개혁과 대지주", 유용태 외, 『동아시아의 농지개혁과 토지혁명』, 서울대출판문화원, 2014, 22

51) 조석곤, "한국 농지개혁 당시 수배농가의 변동", 유용태 외, 위 책 26

52) 경자유전의 실행방안을 지주 토지의 유상매수 방식과 무상몰수 방식의 두 유형으로 나누는 것은, 이에 따라 구 사회의 지배계급의 물적 기반이 연속되느냐 단절되느냐가 갈라지기 때문이다. 전자는 개혁적 성격을 후자는 혁명적 성격을 갖는다. 유용태 외, 위 책 책머리에 참조

53) 성승제, 앞의 논문 115

54) 유용태 외, 앞의 책 책머리에 참조

55) 성승제, 앞의 논문 118

56) 성승제, 위 논문 119

57) 성승제, 위 논문 120, 판결에서 공공의 복리 관련 내용으로서 국민의 식량확
보와 국민경제의 안정을 들었고, 헌법에서 규정하는 정당한 보상은 그 당시
경제 상태에서 형성될 것으로 상정할 수 있는 가격에 입각해서 합리적으로 산
출된 상당액이라 판단하였다.

58) 쇼지 슌사쿠 저, 김은영 역, "일본의 농지개혁과 농지위원회", 유용태 외, 앞의
책 141

59) 쉬 스룽 외 저, 조병식 역, "대만의 토지개혁과 비참한 대만 지주", 유용태 외,
위 책 143~183

60) 유용태, "전후 중국의 경자유전, 토지개혁인가 토지혁명인가", 유용태 외, 위
책 235

61) 유용태, 위 논문 275

62) 조동제, "중국토지소유권의 법률제도에 대한 고찰", 『동아법학』, 동아대법학
연구소, 2009. 8. 319~321

63) 올리비에 떼시에, "거대한 변혁, 북베트남 토지개혁에 대한 엇갈린 시선들",
유용태 외, 앞의 책 279

64) 올리비에 떼시에, 위 논문 356

65) 유용태 외, 위 책 책머리에 10

66) 법무부, 『각국 토지제도 현황과 문제점』, 2005.12., 89~106 참조

67) 유용태 외, 앞의 책 책머리에 5~7

68) 박규환, "통일독일에서의 구 재산권 회복문제:독일 연방헌법재판소의 토지개
혁판례를 중심으로", 『국토연구』, 2004.9.

69) 1991년에 선고된 판결의 주요 내용에 대해서는 위 논문에 자세히 정리되어
있다. 또한 헌법재판연구원이 발간한 『통일과 헌법재판 4』, 2017, 106에도 판
결(BVerfGE 84,90-132, 1991.4.23.)을 소개하고 있다. 이 책에서 정리한 결정
요지는, 1)기본법이 발효되기 이전의 수용에 대해서는 당시 법질서에 따라 구
체적으로 평가되어야 한다. 따라서 국제법상 수용법에 따른 수용은 헌법심사
대상에서 제외한다. 즉 소련점령 당국 아래에서 이루어진 재산권 수용도 유효
하다. 2) 재산권 수용에 대한 보상의 방법과 범위 및 기준에 관해서는 광범위
한 입법적 형성권이 인정되며, 원고 주장과 같이 재산권보장의 핵심영역이 침
해되었다고 볼 수 없다. 3) 통일조약 체결과정의 고려사항은 평등원칙상 차별

을 합리화하는 이유가 된다.

70) 박규환, 위 논문 97

71) 박규환, 위 논문 99~100

72) 토지법은 1977년 4월 29일 제정되었고 1999년 6월 16일 수정되었다. 제1조는 토지는 전체농민들이 … '밭갈이하는 땅은 밭갈이하는 농민에게로'라는 원칙으로 실시한 위대한 토지개혁법령에 의하여 민주주의 혁명단계에서 이룩한 혁명의 고귀한 전취물이다.

73) 북한 토지를 소재로 한 문학작품으로는, 황순원의 장편소설 『카인의 후예』가 대표적인데, 이 소설은 북한 토지개혁 당시의 상황 묘사가 생생하다. 최근 작품으로는 박초이의 단편소설이 있다. "강제퇴거명령서-2039 평성", 『남주의 남자들』, 문이당, 2019.

제4장 다시 보는 남북 관계 - 특수관계에서 정상관계로 -

1) 필자가 상정하는 미래는 남북한 주민이 상대지역에서 장기체류하고, 상대지역에서 투자활동을 하며, 중국과 대만의 양안관계와 같이 일상적 이동이 가능한 상황이다.

2) 제24조의2(지방자치단체 남북교류·협력의 지원) ① 지방자치단체는 남북교류·협력을 위하여 협력사업을 추진할 수 있다. ② 지방자치단체의 남북교류·협력을 증진하고, 관련 정책을 협의·조정하기 위하여 통일부에 지방자치단체 남북교류협력 정책협의회를 둔다. ③ 제2항에 따른 정책협의회의 구성과 운영 등에 필요한 사항은 대통령령으로 정한다. [본조신설 2020. 12. 8.]

3) "한반도 평화프로세스는 선택이 아니라 반드시 가야만 하는 길입니다. 하노이 회담 결렬 이후 오랜 교착상태를 하루 속히 끝내고 북미 대화와 남북관계에 새로운 돌파구를 마련하여 평화의 시계가 다시 움직여 나가도록 최선의 노력을 기울여 나갈 것입니다. 뜻이 있는 곳에 길이 있는 법입니다. 평화와 번영의 한반도는 온 겨레의 염원입니다." 2021.1.21. 문재인 대통령 국가안전보장회의 발언 내용

4) 김갑식 외, 새로운 한반도 구상 추진전략과 정책과제, 통일연구원 2020, 201~205

5) 이인영 통일부 장관의 1민족 2국가 2체제 1시장으로 접근하자는 발언도 같은 맥락이다. "2030에 통일 강요 말아야" 서울신문 2021.4.22.자 인터뷰 기사,

"통일 방안보다 이제는 거기까지 가는 로드맵이 훨씬 중요해졌다. 1단계 교류와 협력, 투자촉진과 활성화, 2단계 산업과 자원의 연합, 3단계 화폐와 시장의 공유 또는 통합, 4단계 재정과 정치의 통일 준비단계가 있다. 굳이 얘기하면 시장통일론인데, 1민족 2국가 2체제 1시장 이렇게 접근해야 한다… 그러면 삶에서의 통일이 시작될 수 있다."

6) 이성신 외, KINU 통일의식조사 2020, 통일연구원 2020, 60

7) 한편 변화된 현실을 인정하면 오히려 남과 북이 하나가 되어야만 정전체제를 끝낼 수 있다는 강박관념으로부터 벗어날 수 있는 조건이 된다는 의견도 있다. 박태균, '남북한 유엔 가입 30주년을 맞으며' 한겨레신문 칼럼 2021.5.19. 자, 통일을 거부하는 것이 아니라 불안정한 정전체제를 평화상태로 변화시키면서 긴 호흡으로 통일을 준비할 수 있는 조건이 마련된 것이라는 견해를 취한다.

8) 권은민, "북한의 법적 지위에 대한 서론적 고찰: 북한의 국가성 인정의 관점에서", 북한법연구 제25호, 2021 상반기, 필자는 위 논문에서 북한을 남한과는 별개의 국가로 인정하자고 제안한다.

9) 노태우 대통령이 1988년 7월 7일 TV와 라디오 방송을 통해 발표한 '민족자존과 통일번영을 위한 특별선언'이다. 북한과의 관계를 동반자 관계로 발전시키며, 남북한이 상호 교류를 통해 사회·경제·문화 부문에서 공동체로 통합해 나가고, 이를 바탕으로 통일을 실현시켜 나간다는 것이다. 주요 골자 6개항은 ① 남북한 동포 간의 상호교류 및 해외동포들의 자유로운 남북 왕래 ② 이산가족 교신·상호방문 주선 ③ 남북한 간 물자거래·문호개방 ④ 비군사물자에 대한 우방국과 북한과의 교역 동의 ⑤ 남북간 대결외교 지양 및 국제무대 협력 ⑥ 북한은 미국·일본, 한국은 중국·소련과의 관계 개선 등이다. 이 선언은 남북대화의 모색, 사회주의 국가와의 경제교류 및 수교 등 이른바 북방정책 추진의 시발점이 되었다. [네이버 지식백과] 7·7 선언

10) 이계수, "지식의 고고학과 행정법학의 에피스테메" 행정법학 제20호, 2021.3. 는 기존의 주류 행정법 담론에게 계속해서 질문하기를 통해 새로운 길을 찾는데, 필자도 기존의 주류 담론에게 질문을 함으로써 대안을 모색해 보려한다.

11) 이효원, 통일법의 이해, 박영사 2014, 91 이하

12) 남북관계에서 국제법원칙을 적용할 경우에는 국가간 관계가 아니라는 대원칙에 반할 우려가 있으므로 국제법원칙을 적용할 근거를 법률에 명시적으로 규정하는 것이 바람직하다고 하는바, 이는 논리구조는 다르지만 개별법률에서

북한의 지위와 역할을 적극적으로 규정하자는 필자의 주장과 같은 입장이다. 이효원, 위 책 95

13) 이 견해를 필자가 주장하는 남북한 정상관계론으로 설명하면, 국내법적 규범 영역이 바뀌게 된다. 즉 소극적인 의미는 통일을 지향하는 나라와 나라 사이 의 관계이고, 적극적 의미는 북한의 별개 국가로서의 단일지위가 된다. 이렇 게 될 경우에는 법적용기준이 명확하여 일관된 법적용이 가능하고, 그동안 공 백으로 두었던 각종 법률에서 북한을 적극 규정할 수 있게 된다.

14) 제4조 대한민국은 통일을 지향하며, 자유민주적 기본질서에 입각한 평화적 통 일 정책을 수립하고 이를 추진한다.

15) 송진호, "남북한 특수관계에서 국가면제이론의 유추적용 문제에 대한 고찰", 통일과 법률 2021.2. 15. 이러한 남북한 특수관계론은 남북관계에서 발생하는 법률의 충돌과 모순을 해결하는 이론적 도구이면서 헌법규범과 헌법현실 그 리고 남북한의 국내법적 지위와 국제법적 지위의 모순을 합리적으로 설명하 는 규범적 분석틀로서 기능하고 있다.

16) 송진호, 위 논문 15.

17) 제성호, "해외 탈북자의 법적 지위와 처리방안", 법조 제52권 제1호, 2003.1. 65도 남북한 특수관계론을 전제로 주장하고 있다.

18) 이효원은 위 책 98에서 헌법 제3조가 국가의 본질적 요소인 영토의 범위를 규정한 것으로 목적적이고 가치적인 규범력을 가지고 있는 반면 제4조는 그러 한 범위와 조화를 이루면서 그 범위 내에서 실천적이고 수단적 규범으로서 의 미를 가지는 것이라 하며 제3조가 제4조에 비해 우월한 효력을 가진다는 견해 를 취하였다.

19) 송진호, 위 논문 43에서 국가면제이론이 문제된 사례를 검토한 바에 의하면, 국가보안법 형사사건에서 특수관계론이 설시된 사례가 있으나 대부분의 민형 사 사건에서 법원은 일관되게 헌법 제3조에 따라 북한이 반국가단체의 지위에 있음을 전제로 하여 판단하고 있어 남북한특수관계론의 법리가 충분히 반영 되었다고 보기는 어렵다는 판단을 하고 있다.

20) 권영성, 헌법학원론, 법문사, 2010, 122~123; 김철수, 헌법학신론, 박영사, 2013. 138; 성낙인, 헌법학, 법문사, 2016, 103; 도회근, "영토조항과 북한의 법적 지위", 한국헌법학회, 헌법판례100선, 법문사, 2012, 38~39; 한명섭, 통 일법제 특강, 한울 아카데미, 2016, 59; 이근관 "1948년 이후 남북한 국가승

계의 법적 검토", 서울국제법연구 제16권 제1호 2009; 이효원, 통일법의 이해, 박영사, 2014, 54; 홍종현, "한반도 평화체제에 대비한 법제정비방향", 학술대회 자료집, 2020.12., 3

21) 1948년 12월 제3차 유엔총회는 대한민국을 승인한 반면에 북한은 유엔의 승인을 받지 못하였다. 이런 이유로 이 결의문이 대한민국 정부가 한반도 전체에 유효한 지배와 관할권을 미치는 유일의 합법정부라는 것을 직접적으로 선언하는 것이 아님에도 불구하고 대한민국 정부에 정치적 정통성과 규범적 합법성을 부여하는 근거라고 주장되었다. 이효원, 위 책 51~53

22) 박종철, "남북기본합의서 체결 30주년의 의미와 과제", 민족화해 110호, 2021. 5. 7

23) 남북한 유엔 가입의 의미는, 상대방을 대화의 상대로 인정할 수 있는 근거 및 국제법적으로 남북간의 합의가 인정받을 근거가 마련된 것이다. 또한 1953년의 정전협정은 어느 일방도 승리하지 못한 상황에서 협정을 맺었고, 남과 북이 상대방을 정부로 인정하지 않았던 구조적 모순이 있었기 때문에 다른 나라의 사례와는 다른 특성이 있다. 박태균, 앞의 칼럼

24) 남북기본합의서 체결 이후 1992.11. 팀스피리트 훈련 재개 결정을 이유로 북한이 공동위원회 및 남북고위급회담에 불참한다고 통보함으로써 후속 진행이 중단되었다. 박종철, 앞의 논문 8

25) 김상준, 코리아 양국체제, 아카넷, 2019, 51~54.

26) 위 조약 중 일부를 살펴보면, 제1조. 독일연방공화국과 독일민주공화국은 동등한 권리의 토대 위에서 정상적인 우호 관계를 발전시킨다. 제2조. 독일연방공화국과 독일민주공화국은 유엔헌장에 명시되어 있는 제반 목표와 원칙을 준수한다. 제3조. 유엔헌장의 정신에 따라, 독일연방공화국과 독일민주공화국은 갈등을 오로지 평화적인 수단을 통해서만 해결하며, 무력 위협과 무력 사용을 포기한다. 쌍방은 현존하며 앞으로도 존속할 경계선의 불가침을 재확인하고 존중한다. 제4조. 독일연방공화국과 독일민주공화국은 어느 한쪽이 상대방을 국제사회에서 대신하거나 대표할 수 없음에 동의한다. 제6조. 독일연방공화국과 독일민주공화국은 각자의 권력이 각자의 영토 내에서만 행사될 수 있다는 원칙을 고수한다. 쌍방은 국내 및 대외 문제에 있어서 상대방의 독립과 자주성을 존중한다. [네이버 지식백과] 동서독 기본 조약-통일로 가는 작은 길(조약의 세계사, 2014.12.22, 함규진)

27) 동서독기본조약의 이중성은 분단국 내부의 특수한 관계를 보여주는 것으로

대외적으로는 두 개의 국제법상 주권국가이나 대내적으로는 민족내부의 특수
관계로 규정되는 이중적 법구조를 의미한다. 제성호, 남북한 특수관계론, 한울
아카데미 1995, 20

28) 김상준, 앞의 책 51~54

29) 2019년 현재 남한을 국가로 인정한 나라는 190개 국가이고, 북한을 국가로
인정한 나라는 161개 국가이며, 남북한이 동시 수교한 국가는 157개 국가이
다. 이것이 현실일 것이다.

30) 이효원, 앞의 책 93

31) 학설에는 북한의 실체를 인정해야 한다는 관점에서 영토조항의 삭제론, 헌법
변천론, 미래목표조항론, 평화통일조항 우선적용론 등 영토조항 효력 부정론
과 북한의 국가성을 부인하는 관점의 북한 반국가단체론, 이중적 성격론, 법
률적 관점과 사실적 관점 분리론 등 영토조항 효력인정론으로 갈리고 있다.
도회근, "영토조항과 북한의 법적 지위", 한국헌법학회, 헌법판례100선, 법문
사, 2012, 38~39

32) 김현귀, 북한주민의 지위, 헌법재판연구원 2019, 52. 그동안 남한은 북한의 실
체를 부정해온 역사가 있고, 헌법 제3조 영토조항을 그렇게 해석해 왔고 그
연장선에서 헌법 제3조와 제4조의 관계를 논의했다.

33) 권영성, 헌법학원론, 법문사, 2010, 122~123; 김철수, 헌법학신론, 박영사
2013. 138.; 성낙인, 헌법학, 법문사, 2016, 103; 도회근, "영토조항과 북한의
법적 지위", 한국헌법학회, 헌법판례100선, 법문사, 2012, 38~39; 한명섭, 통
일법제 특강, 한울 아카데미, 2016, 43

34) 건국 후 현행 헌법 개정 전까지의 국가보안법 시대(1948~1987), 현행 헌법이
도입되어 민주화가 시작된 후 6.15 남북공동선언이 이루어진 2000년까지의
교류협력시대(1987~2000), 2000년 이후의 남북관계 발전시기(2000~현재)
로 구분하는 견해도 있다. 도회근, "남북관계법제의 발전과 한계", 헌법학연구
제14권 제3호, 2008 159~188; 소성규 외, 통일교육과 통일법제를 이해하는
열두 개의 시선, 동방문화사, 2020 11~15

35) 권영성, 위 책 122~124도 같은 취지이다. 이 책은 대한민국의 영역이란 항목
에서 제헌헌법과 1972년 헌법 그리고 1987년 헌법을 기준으로 다양한 견해를
설명하고 결론적으로 헌법재판소의 판단을 존중한다.

36) 권영성, 위 책 122는 영토조항이 갖는 정치적 의미는 대한민국의 영역은 대한

제국의 국가영역을 기초로 한다는 것과 우리의 영토범위를 명확히 함으로써 타국의 영토에 대한 야심이 없음을 선언하는 것이고, 또한 규범적 의미는 한반도에서 유일한 합법정부는 대한민국뿐이고 휴전선 이북지역은 인민공화국이 불법적으로 점령한 미수복지역이라는 해석론의 근거가 된다고 설명한다.

37) 헌법의 초안자인 유진오 박사는 이 조항에 대해, "대한민국의 헌법은 결코 남한에서만 시행되는 것이 아니라 우리나라 고유의 영토전체에 시행되는 것이라는 것을 명시하기 위하여 특히 본조를 설치한 것이다"라 했다. 유진오, 헌법해의, 명세당, 1949. 22~23. 위 내용은 영토조항에 대한 다수의견이 주장하는 바인데, 필자는 다수의견에 의문이 있다. 남한의 헌법조문과 그 초안작성자의 의도만으로는 남한헌법이 남한지역을 넘어서 북한지역에까지 영향력을 미치는 이유에 대한 설명이 부족하기 때문이다. 만일 북한에서 남한지역도 북한의 일부라고 주장하고 법을 만들었다고 가정해 본다면 그런 주장의 문제점은 분명해 진다.

38) 대법원 1990.9.25. 선고 90도1451 판결 등, 같은 취지의 판례로는 대법원 1954.9.28. 선고 4286형상 109 판결 등이 있다.

39) 홍종현 앞의 논문 9, 이른바 유일합법정부론은 대법원 판례의 일관된 입장이다. 대법원 1955.9.27. 선고 1955형상246 판결; 대법원 1961.9.28. 선고 1959형상48 판결 등에 따르면 북한은 대한민국의 일부이므로 입법, 행정, 사법의 삼권과 충돌하는 어떠한 주권도 법리상 인정될 수 없고, 반국가불법단체로서 국가로 인정할 수 없다고 한다.

40) 분단국가의 영토조항에 대한 비교사례로 독일을 살펴본다. 통일 전 서독기본법은 그 전문에서 독일국민의 통일을 위한 노력을 규정하고 기본법의 효력범위는 11개 지방에 국한되어 있음을 선언하는 한편 제146조에서 통일헌법의 제정과 함께 실효함을 규정하고 있다. 따라서 서독기본법은 서독영역 내에서만 효력을 가졌다. 김철수, 앞의 책 152

41) 이효원, 앞의 책 59~62.

42) 이효원, 위 책 56~57.

43) 법률에서 북한을 별개의 국가로 인정하자는 필자의 견해가 통일에 장애가 될 수 있다는 우려가 있을 수 있으나, 필자가 생각하는 통일은 장래 남북한 주민의 선거를 통한 의사에 달려있는 것이지, 남한의 헌법과 법률에서 북한을 독립된 국가가 아닌 남한의 일부라고 주장한다고 하여 통일에 도움이 되는 것이 아니라고 본다.

44) 대법원 1986.10.28. 선고 86도1784 판결

45) "연구의 자유는 학문의 자유의 핵심적인 영역에 속하고, 학술활동의 자유의 전제가 되므로 그 제한은 매우 신중하게 이루어져야 한다. 먼저 학문영역에서의 자율적인 통제를 우선적으로 하고, 그 다음 단계로 헌법 제37조 제2항에 의한 제한을 하는 것이 타당하다."고 설명한다. 정종섭, 헌법학원론, 박영사, 2006, 445

46) 대법원 1987. 7. 21. 선고 87도1081 판결

47) 이효원, 앞의 책 62~64

48) 현행 헌법은 6.10 민주화항쟁을 계기로 시작되었지만 당시 헌법개정의 주체는 집권자와 그 대리인들이었고 그들만의 폐쇄적 논의구조 안에서 일종의 정치적 협약으로 탄생하였다는 지적이 있다. 김선택, "민주적 개헌논의의 헌법적 조건", 헌법학회 세미나 자료집, 2021.6.

49) 헌법재판소 1993.7.29. 92헌바48, 이 사건은 재판의 전제성이 없다는 이유로 각하되었지만 기존 대법원판결과 달리 당사자의 주장에 대해 논증을 통한 구체적인 답변을 하였고, 종래 판례의 입장을 바꾸었다. 이 결정에서 등장한 이른바 '이중적 성격론'은 대법원도 2003.4.8. 선고 2002도7281 판결에서 수용함으로써 남한의 최종적 유권해석이 되었다.

50) 현실의 변화는 몸으로 부딪치는 사람들에서 시작된다. 남북한 정치상황의 변화가 있자, 그런 변화를 행동으로 옮긴 사람이 있었기 때문에 판례가 변할 수 있었다. 정치현실의 변화가 먼저 나타나고 판례는 나중에 그 현실을 해석하는 과정에서 정립되는 순서를 볼 수 있다. 이런 특성을 고려할 때 남북한 문제에서 과거에 형성된 판례에 집착하여 미래의 발목을 잡아서는 안 된다.

51) 이효원, 앞의 책 103

52) 이효원, 앞의 책 103

53) 상대방의 태도에 따라 그 상대방의 법적 지위가 달라진다는 것은 논리적인 판단이라기보다는 우리 측의 주장이다. 만일 판례의 논리를 일반화한다면 상대방은 그들의 태도에 따라 반국가단체의 지위와 정상국가의 지위를 반복할 수 있게 된다. 필자는 이 문제를 볼 때 상대방의 법적 지위가 무엇인지(국가성) 여부와 그들을 어떻게 대할 것인지(국가승인)의 문제는 구분해서 보아야 한다고 생각한다.

54) 대법원 2003.4.8. 선고 2002도7281 판결, 이 사건은 피고인이 제작·반포 또

는 소지한 표현물의 내용이 북한의 주체사상을 찬양·미화한다는 이유로 국가보안법 상 찬양·고무죄로 유죄가 인정된 사건이다. 같은 취지의 판결로는 대법원 2000.9.29. 선고 2000도2536 판결, 2002.2.8. 선고 2001도4836 판결, 2002.5.31. 선고 2002도1006 판결 등이 있다.

55) 도회근, "영토조항과 북한의 법적 지위", 한국헌법학회, 헌법판례100선, 법문사, 2012, 39

56) 남북공동선언실천연대는 반국가단체로서의 북한의 활동을 찬양·고무·선전하거나 이에 동조한다고 인정하면서, 위 실천연대가 비록 표면적으로는 정식 사회단체로 관청에 등록하여 비영리민간단체지원법이 정한 형식적·절차적 요건까지 구비하여 정부의 보조금을 지원받은 적이 있다 하여도, 그 실질에서는 이른바 이적단체에 해당한다고 보기에 충분하다고 판결한 사건이다. 대법원 2010.7.23. 선고 2010도1189 전원합의체 판결

57) 헌법재판소 2005.6.30. 선고 2003헌바114 결정

58) 김현귀, 앞의 논문 68

59) 김현귀, 위 논문 68

60) 이효원, 앞의 책 64~67

61) 강주원, 나는 오늘도 국경을 만들고 허문다. 국경도시 단둥을 읽는 문화인류학 가이드, 글항아리 2013

62) "개성공단 이전에 단둥의 역사 있었네", 한겨레신문 2016.3.25.자

63) 남북교류협력법 제정과정에 대하여는 김천식, "노태우 정부의 남북교류협력법 제정 과정에 관한 연구", 북한대학원대학교 박사학위논문, 2012.1.이 자세하다.

64) 정은이 외, 한반도 신경제구상 추진전략과 정책과제, 통일연구원 2020. 42

65) 1990년 10월 8일 국회 외무통일위에서 최호중 외무장관은 "한-소 수교는 한반도에서 냉전체제가 와해되기 시작했음을 뜻한다"고 발언했다. 한겨레 2021. 4.20.자 이제훈의 1991~2021 '30년 전 사라진 핵우산'

66) 이제훈, 위 언론기사 중에서 인용

67) 정은이 외, 위 책 160~161

68) 정은이 외, 위 책 213

69) 단기적으로는 남북관계의 특수성이 우선하겠지만 장기적으로는 남북관계의

특수성을 줄이고 일반성으로 수렴하여 WTO 규범에 저촉되지 않는 수준에서 특수성을 주장해야 할 것이라는 견해도 있다. 정은이 외, 위 책 213

70) 정은이 외, 위 책 214

71) 손호철 외, 남북한 '적대적 의존관계론'에 관한 비판적 연구: 1972년 남한 유신헌법과 북한 사회주의헌법 제정을 중심으로, 2012, 통일법제데이터베이스

72) 남북한특수관계론이 거론되기 시작한 것은 1990.9.18. 제1차 남북 실무대표접촉에서 시작하였고, 유엔가입문제와 남북기본합의서 체결과정에서 남북쌍방의 주장을 종합하여 남북기본합의서의 문안 형태로 정리되었다. 자세한 내용은 제성호, 위 책 22~27.

73) 남북한 특수관계의 법적 성격에 대하여, 제성호는 남북한의 동등성과 상호성, 이중관계로서의 상호 정치실체 인정 및 존중관계, 잠정성을 들고 있다. 제성호, 위 책 27~33. 필자는 특수관계의 법적 성격 중 잠정성의 문제를 재론하고자 한다. 30년의 시간과 그동안 남북한이 제정한 법률과 쌍방이 체결한 합의서라는 객관적 현실을 바탕으로 그리고 이런 사태가 당분간 지속될 수 있다는 현실감을 전제로 특수관계의 잠정성이 갖는 한계를 지적한다.

74) 우리 사회의 지도원리를 발견하기 위해서는 헌법에서 출발하자는 주장이 있다. 선정원, "행정법학의 발전과 행정학과의 관계의 재형성-정책법학", 행정법학 제20호, 2021.3. 124.

75) 영토조항 관련한 최근 연구로는, 정인섭, "제헌헌법 제4조 영토조항의 성립과 의미", 서울대학교 법학 제61권 제4호 2020.12. 이 논문에서는 영토조항을 둔 이유가 남북분단에도 불구하고 대한민국 헌법의 적용범위가 기존 조선 고유의 영토 전체에 미친다는 의미를 표시하기 위한 의도였다고 한다.

76) 성낙인, 위 책 312. 저자는 이런 필요성에도 불구하고 북한붕괴 사태가 발생할 경우 등을 고려하면 남북한의 관계가 대외적으로는 국가 대 국가의 관계라는 면이 있을지라도 대내적으로는 한민족 내부의 관계에 불과하다는 규범적 의미를 내포하고 있다는 견해를 택한다. 또한 평화통일조항과 영토조항을 조화롭게 해석하는 방법으로 영토는 한반도 전체이지만 대한민국의 실질적 통치권이 한반도 전역에 미치도록 하기 위한 수단으로 무력이 아닌 평화적 방법을 추구하고 있다고 이해한다.

77) 성낙인, 위 책 317

78) 판문점선언의 앞 부분은 "대한민국 문재인 대통령과 조선민주주의인민공화국

김정은 국무위원장은 평화와 번영, 통일을 염원하는 온 겨레의 한결같은 지향을 담아 한반도에서 역사적인 전환이 일어나고 있는 뜻깊은 시기에 2018년 4월 27일 판문점 평화의 집에서 남북정상회담을 진행하였다."고 하였고, 마지막 부분은 "2018년 4월 27일 판 문 점 대한민국 대통령 문재인, 조선민주주의인민공화국 국무위원회 위원장 김정은"이라 하였다. [네이버 지식백과] 4·27 판문점 선언

79) 김명인 칼럼, "평화가 절대선이다"(한겨레신문 2021.6.4.자)에 의하면, 현 상황에서 남북한관계의 가장 바람직한 미래상은 더 이상 통일이 아니라 상호 국가적 독자성을 지닌 상태에서의 항구적 평화체제 구축이라는 인식이 중요하다고 주장하는바, 필자도 남북한 상호 국가적 독자성을 인정하자는 점에 찬동한다.

80) 남북한 특수관계론을 전제로 북한주민을 남한의 잠재적 국민으로 보는 홍진영은, 이때의 북한주민은 대한민국이라는 국가에 대한 복종을 강요당하지 않되, 가능한 범위 내에서 외국인보다는 두텁게 기본권이 보장되며, 북한공민으로서의 정체성을 버리고 대한민국의 현실적 국민이 되길 원하는 경우에는 귀화 등의 요건과 절차를 요구함이 없이 간이한 절차를 거쳐 현실적 국민으로서의 법적 지위를 인정하게 된다는 점에서 대한민국의 현실적 국민과도, 외국인과도 그 법적 지위가 구별된다고 주장한다. 홍진영, "범죄를 저지른 북한이탈주민 추방의 법적 문제" 법조 제70권 제3호 2021.6. 268. 그런데 필자는 이 주장이 말하는 실익이 명확하지 않을 뿐만 아니라 행위규범으로서 기능하기 어렵다고 생각하며, 무엇보다 이렇게 복잡한 주장을 전개할 필요성이 있는지 의문이다.

81) 예컨대, 2019년 북한에서 범죄를 저지르고 동해상으로 표류한 탈북어부 사건, 남한에 입국하였으나 자신은 속아서 온 것이므로 북한으로 보내달라고 요구하는 김련희 사건 등이 있다.

82) 홍진영, 앞의 논문 253, 이 논문은 2019.11. 발생한 북한선원 강제송환사건에서 남한의 지배권이 미치는 영역 내에서 귀순의사를 표시하였으므로 남한 국민으로 법적 지위를 획득하였고, 따라서 이들을 북한으로 추방할 수 없다는 견해를 취하였다. 그 결과 이들에게 남한 형법을 적용할 수 있는지의 문제가 발생하는바, 남한 형법을 바로 적용하기는 어렵다는 견해를 취하고 있어 법적용문제가 명확하지 않게 된다. 필자는 이들은 북한주민이고 북한이탈주민법상 보호신청절차를 거치지 않은 상황에서는 남한 국민이 되었다고 보기 어렵다

는 견해인바 위 논문의 입장과는 다른 견해다.

83) 도회근, "영토조항과 북한의 법적 지위", 한국헌법학회, 헌법판례100선, 법문사, 2012, 40

84) 외국환관리법 사건에서, 북한을 외국으로 바로 인정하기는 어렵지만, 개별 법률의 적용 내지 준용에 있어서는 남북한의 특수관계적 성격을 고려하여, 북한지역을 외국에 준하는 지역으로, 북한주민을 외국인에 준하는 지위에 있는 자로 인정한 사례가 있다. 대법원 2004.11.12. 선고 2004도4044 판결, 헌법재판소 2005.6.30. 선고 2003헌바114 결정

제5장 다시 보는 남북합의서 - 합의정신을 살리려면 어떻게 해야 하는가 -

1) 문성묵, "1990년대 이후 남북협상 사례연구와 안보적 함의", KIMA 정책연구 2021 상반기, 한국군사문제연구원 2021.6. 위 논문은 북한은 애당초 남북관계 발전에 관심을 없을 뿐 아니라 한미동맹 이간, 경제실리 확보, 통일전선 등 자기들 필요에 따라 협상에 호응하여 필요를 챙긴 후 상황이 불리하면 이행을 거부하는 행태를 보여왔다고 주장한다. 필자는 이런 결론이 안보분야 이외에도 적용될 수 있는지, 장래에는 어떻게 해야 할지에 대해 관심을 가진다.

2) 함보현, "남북합의서와 5.24조치" 2021 남북 평화당사자 법제의 현안과 전망 학술대회 자료집, 68~75, 5.24조치로 효력이 사실상 중단된 합의서의 예로, 남북사이의 투자보장에 관한 합의서, 남북 사이 차량의 도로운행에 관한 기본합의서, 남북 사이의 열차운행에 관한 기본합의서, 남북해운합의서, 남북 경공업 및 지하자원개발 협력에 관한 합의서 등을 들고 있다.

3) 남북합의서 총람, 통일부, 2020. 771; 송태원, "남북관계발전법의 현황과 과제", 통일문제연구위원회 자료집 제7권, 2020. 311

4) 남북사이의 투자보장에 관한 합의서, 남북사이의 소득에 대한 이중과세방지 합의서, 남북사이의 상사분쟁 해결절차에 관한 합의서, 남북사이의 청산결제에 관한 합의서이다. 위 합의서는 경제협력 관계에서 일반적으로 제도화되어야 할 투자보장, 이중과세방지, 상사분쟁 해결절차, 청산결제 등의 제도적 사항을 담고 있다. 그 외 국회 동의받은 9개 합의서는 차량의 도로운행, 개성공업지구의 통신, 통관, 검역, 상사중재위원회의 구성과 운영, 출입체류, 열차운행, 해운에 관한 합의서들이다. 위 내용을 보면, 남북사이에 합의할 사항은 다양하고 그것이 남북당국에 의해 규범력을 가져야 할 성질의 것임을 알 수 있다.

5) 1992. 3. 6. 공포된 남북기본합의서, 한빈도의 비해화 공동선언, 2007.5.22.

공포된 남북 경공업 및 지하지원개발 협력에 관한 합의서, 2007.11.8. 공포된 남북관계발전과 평화번영을 위한 선언(10.4 선언), 2018.10.29. 공포된 9월 평양공동선언 등이 있다. 남북합의서 총람, 771

6) 한명섭, 통일법제 특강, 한울 아카데미, 2016, 262. 국무회의 심의를 거친 합의서는 대부분 2007년에 심의되었고, 식량차관, 자원개발협력, 대통령의 평양 방문, 서해평화협력지대추진위원회, 남북경제협력공동위원회, 농업협력실무접촉, 국방장관회담, 도로협력에 대한 것이다.

7) 남북관계발전법 제정 이전에는 남북합의서를 발효하고 공포하는 절차가 명확하지 않았다는 점, 남북합의서 중에는 기술적이고 실무적인 합의가 다수 있어 국회동의 등의 절차가 필요하지 않은 합의서가 많다는 점을 고려해야 한다.

8) 통일부 남북회담본부, 남북대화 50년, 2021. 10. 7

9) 위 책 10~11

10) 위 책 26~27

11) 위 책 42~43

12) 2002.12.6. 체결되고 2005.8.1. 발효된 '남북사이 차량의 도로운행에 관한 기본합의서'는 제15조(효력발생 및 폐기)라는 제목하에, "1항 이 합의서는 남과 북이 서명하고 각기 필요한 절차를 거쳐 그 문본을 교환한 날부터 효력을 가진다. 2항 이 합의서는 일방이 상대측에게 폐기의사를 서면으로 통지하지 않는 한 계속 효력을 가진다. 폐기통지는 통지한 날로부터 6개월 후에 효력을 발생한다."고 규정한다.

13) 2007.11.16. 체결되고 2007.12.6. 발효된 '남북경제협력공동위원회 구성 운영에 관한 합의서'는 쌍방에서 위원장과 위원을 지명하고, 공동위원회 산하에 도로, 철도, 조선, 개성공단, 보건의료 등 분야별로 분과위원회를 구성하는 구조다. 그런데 공동위원회 운영은 6개월에 1회 진행하는 것으로 하고 회의 장소는 서울, 평양 또는 합의하는 장소로 되어 있는바, 상시적인 운영조직이 없다는 문제가 있다.

14) 통일부 남북회담본부, 남북대화 50년, 2021. 10. 72~73

15) 위 책 108~109

16) 정식명칭은, 남북 사이의 화해와 불가침 및 교류 협력에 관한 합의서이다.

17) 한명섭, 앞의 책 267; 남한 정부는 남북기본합의서가 "국민의 기본권과 관련된 중대 합의사항이며 국제조약 못지않게 중대한 재정적 부담을 지우는 합의

서이므로 국회의 비준동의를 원한다."는 입장이었으나 당시 총선을 앞두고 있었을 뿐만 아니라 여야 간의 대립으로 국회를 개원할 수 있는 형편이 되지 못하자 정부는 대통령재가로 비준절차를 끝내는 수밖에 없었다는 주장이 있다. 임동원, 피스메이커, 중앙북스, 2008, 245~246

18) 한명섭, 위 책 267, 이런 과정을 볼 때 북한은 나름대로 조약으로서의 발표를 위한 절차를 진행하였음에도 불구하고 우리 측은 그렇게 하지 못해 합의 당사자로서 신뢰를 지키지 못하였다는 비난을 면하기 어렵게 되었다고 설명한다.

19) 박정원, 남북기본협정 체결의 법제적 연구, 한국법제연구원, 2018, 37~38

20) 이석범, "남북기본합의서의 법적 성격과 헌법상 지위에 관한 연구", 통일과 법률 2017.5. 법무부, 31

21) 1992.9.17. 남북기본합의서의 각 장별로, 제1장 남북화해, 제2장 남북불가침, 제3장 남북교류협력의 이행과 준수를 위한 부속합의서가 3건의 합의서로 체결되었다. 이들 합의서의 발효조항에 의하면, "이 부속합의서는 쌍방이 서명하여 교환한 날부터 효력을 발생한다."고 규정하였다. 위 날짜에 남한의 국무총리와 북한의 정무원총리가 평양에서 서명함으로써 효력을 발생하였다.

22) 문성묵, 앞의 논문 67~68. 이런 과정을 거쳐 1990년대 남북고위급 합의사항은 전혀 이행되지 못한 채 오늘에 이르고 있다고 주장한다. 황장엽 전 노동당 국제비서도 비슷한 견해다. 즉 남북기본합의서 체결은 1990년대 초 공산권 국가가 무너질 때 도미노 현상을 우려한 김일성이 일시적으로 위기를 넘기기 위해 대화에 참여한 것에 불과하였기 때문에 남북기본합의서는 체결 즉시 북에서 사문화되었다고 증언하였다. 김갑식, "남북기본합의서에 대한 북한의 입장", 통일정책연구, 제20권 제1호(통일연구원, 2011) 59~84, 한명섭 앞의 책 268에서 재인용. 한편 이와 다른 의견도 있다. 1990년대 초반 주한 미국대사로 근무하였던 도널드 그레그는 팀스피리트 훈련의 재개야 말로 한반도 정책의 '가장 큰 실수'였다고 회고하였다. 정욱식 칼럼, "북미관계, 비 온 뒤 땅이 굳으려면", 한겨레신문 2021.8.30.자

23) 남북기본합의서가 이행되지 못한 이유는 이슈간의 상호관계와 관련된다는 주장이 있다. 즉 북한 핵문제가 다른 모든 이슈들을 압도함으로써 이후 남북관계의 모든 측면은 핵문제의 전개양상과 관련되었다. 또한 핵문제의 전개과정에서 북미대화가 우위를 차지함으로써 남북대화는 보조적이거나 종속적 위치에서 벗어나기 힘들었다. 박종철, "남북기본합의서 체결 30주년의 의미와 과제", 민족화해 110호(2021.5.) 8~9. 민족화해협력범국민협의회

24) 남북기본합의서가 조약이라는 논거는 이장희 외, 남북 합의문서의 법적 쟁점
과 정책과제, 아시아사회과학연구원, 2007, 103~112, 한명섭 앞의 책 266에
서 재인용. 남북기본합의서는 발효에 관한 규정을 두고 있는 점, 형식이 전문
과 25개 조로 구성되어 조약의 일반적 형태를 띠고 있는 점, 전문에서 합의한
다라는 법적 구속력이 있는 합의의 형태를 취한 점, 수정보충규정을 두고 있
는 점, 양측에게 구체적으로 권리와 의무를 부과하는 점을 종합할 때 조약으
로 보아야 한다는 견해다. 박정원, 남북기본협정 체결의 법제적 연구, 한국법
제연구원, 2018. 51~52도 같은 취지임

25) 헌법재판소 1997.1.16. 선고 92헌바6 결정

26) 통일부는 헌법재판소에 의견서를 제출하였는데, 대한민국이 남북기본합의서
의 국제법적 구속력을 부인한다는 입장을 취했고, 법적 구속력은 당사자의 의
도로 판단해야 한다는 견해였다. 박정원, 남북기본협정 체결의 법제적 연구,
한국법제연구원, 2018. 51

27) 대법원 1999.7.23. 선고 98두14525 판결

28) 이석범, "남북기본합의서와 동서독기본조약의 비교 분석", 한반도 평화와 동
서독의 경험 토론회 자료집, 2018. 68은, 위와 같은 대법원의 판시내용은 신
사협정설을 취하는 통일부의 주장을 그대로 받아들인 것에 불과하고, 대법원
은 남북기본합의서의 조약성이나 법적 구속력을 부인하는 법리적 근거에 관
하여 구체적인 설시를 하지 않고 있다고 지적한다. 송태원, 앞의 논문 313에
서 재인용

29) 손학규, "남북합의서의 실천보장방안", 국회보 1992.3. 143에 의하면, 정부가
애초부터 비준 동의 대신 정치적 지지결의만을 받을 것을 의도하였는데 그 이
유는 만약 합의서가 조약으로 간주되어 비준동의를 받게 되면 국제법의 적용
을 받을 수도 있어 그 부담을 피할 필요가 있었고, 특히 신법우선의 원칙에
따라 제기될 국가보안법과의 상충문제도 있었으며, 또한 남북관계의 급속한
진전을 달가워하지 않는 미국과 일본 등과의 관계를 고려하였기 때문에 의도
적으로 합의서 수준을 격하하였다고 분석한다.; 박정원,남북기본협정 체결의
법제적 연구, 한국법제연구원, 2018. 50에 의하면, 당시 국회동의절차와 관련
하여, 야당인 민주당과 여당인 민정당의 일부에서 남북기본합의서의 비준동의
를 주장하였지만 최호중 부총리겸 통일부장관은 국회 답변에서 지지결의안만
을 채택해 달라고 답변하였다.

30) 송태원, 앞의 논문 313

31) 남측은 1992.2.17. 대통령 재가를 거쳐 국무총리 및 전 국무위원이 부서하였고, 북측은 1991.12.24. 당중앙위 전원회의에서 연형묵 총리가 보고한 후 중앙인민위원회와 최고인민회의 상설회의 연합회의에서 승인 후 김일성 주석이 최종 비준하였다. 남북합의서 총람, 56

32) 박정원, 남북기본협정 체결의 법제적 연구, 한국법제연구원, 2018. 60~61에서는 남북기본협정등 새로운 형태의 남북합의서를 체결할 때에는 남북기본합의서를 승계해야 한다고 주장한다.

33) 한명섭, 앞의 책 269, 북한은 2003.7.24. 최고인민회의 상임위원회 결정을 통하여 승인하였다는 사실을 남한 정부에게 통지하였다. 이후 양측은 2003.8.20. 문본을 교환함으로써 4대 경협합의서는 발효되었다.

34) 제성호, "4대 남북경협합의서의 주요 내용과 법적 후속조치", 통상법률 2004.10. 207, 당시 정부의 입장은 북한을 국제법상 국가로 승인하지는 않으나 분단국을 구성하는 정치적 실체로 인정하는 한편 북한의 조약체결능력을 인정한다는 입장이라 설명한다.

35) 정유석, "남북경협합의서 주요내용과 개선과제", 수은 북한경제 2019년 봄호에서는 합의서별로 개선과제를 제시하고 있으나, 기왕의 합의서가 규범력이 있는지 여부에 대해서는 명확하지 않다.

36) 권은민, "북한 투자기업의 분쟁해결방안 연구: 북한법을 중심으로", 통일과 법률 2019.2.

37) 대법원 2012.10.11. 선고 2012두12532 법인세등경정청구거부처분취소사건 판결, 내국법인이 북한의 금강산관광지구에서 사업을 영위하는 과정에서 발생한 결손금을 손금산입하여 법인세신고를 한 사안에서 과세관청이 이를 거부하자 소송을 제기하였다, 법원은 이중과세방지합의서의 해석상 결손금 처리에 관하여는 우리나라 법인세법이 적용된다고 보아 원고청구를 인용하였다. 법원이 남북합의서의 효력을 인정한 사례로 볼 수 있다.

38) 문재인 대통령은 2017.7.6. 독일 쾨르버재단 초청연설에서 "안으로는 남북합의의 법제화를 추진하겠습니다. 모든 남북합의는 정권이 바뀌어도 계승돼야하는 한반도의 기본자산임을 분명히 할 것입니다."고 연설하였다.

39) 2018.4.27. 김정은 북한 국무위원장은 남북정상회담에 임하는 모두발언에서 "아무리 좋은 합의나 글이 발표돼도 그게 이행되지 못하면, … 기대를 품었던 분들에게 오히려 낙심을 주지 않겠나."라고 발언했다.

40) 박정원, 남북기본협정 체결의 법제적 연구, 한국법제연구원, 2018, 94~95에서 비록 판문점선언이 국제법적 조약의 징표인 법적 체계(장·절 구조, '합의한다'라는 표현, 발효조항)를 따르지 않았다 하더라도 남북의 조약체결권자들이 국제법적 효과를 창출할 의사를 가지고 합의한 것으로 볼 수 있다는 견해를 밝힌다.

41) 최철영, "남북합의 이행과 한반도 평화를 위한 관계법제 개선방안", 민주평통회의자료, 2021.6.

42) 국회동의가 무산된 이유에 대하여는, 야당의 반대와 2019년 2월 하노이에서 북미정상회담 결렬 이후, 북미관계와 보조를 맞추기 위해 상당한 지체현상들이 벌어진 것. 특히 2020년 COVID-19로 인해 또 다시 1년여 시간이 소비된 상황이 복합적으로 작용하였다는 의견도 있다.

43) 헌법 제6조 제1항, 헌법에 의하여 체결·공포된 조약과 일반적으로 승인된 국제법규는 국내법과 같은 효력을 가진다.

44) 송태원, 앞의 논문 311~312, 제성호, "남북합의서에 대한 국내법적 효력부여 문제", 법조(통권 제571호), 2004, 64; 한명섭 앞의 책 264

45) 이행법률을 제정할 경우의 장점으로는, 국회의 입법권을 명확하게 보장하고, 합의서의 효력을 보다 확실하게 담보할 수 있고, 다른 법률과의 중복여부 등을 검토하기 때문에 현행 법체계와 정합성을 유지하기 쉽고, 수범자들이 참고하기 쉽다. 참고로 독일에서는 우리 헌법 제6조 제1항과 같은 조항이 없기 때문에 조약을 이행하기 위해 별도의 국내법적 조치가 필요하다. 손희두, 토론문, 헌법재판소 창립 25주년 기념 학술대회, 통일과정의 헌법적 문제, 97

46) 남북관계발전법 제정취지문은, "남북관계가 급속하게 발전함에 따라 대북정책의 법적 기초를 마련할 필요성이 증대되고 있으며 특히 남북 간 합의서에 법적 실효성을 부여함으로써 남북관계의 안정성과 일관성을 확보하는 것이 중요한 과제가 되고 있어, 남한과 북한 간의 기본적인 관계, 국가의 책무, 남북회담대표의 임명 및 남북합의서의 체결·비준 등에 관한 사항을 규정함으로써 대북정책이 법률적 기반과 국민적 합의 아래 투명하게 추진되도록 하려는 것"이라 한다.

47) 대법원 1999.7.23. 선고 98두14525 판결에서, "원심이 남북기본합의서에 법적인 구속력이 없다고 판단하여, 남북교류협력에관한법률 제9조 제3항이 남북기본합의서 제17조에 저촉되어 효력이 없다는 취지의 원고의 주장을 배척한 조치는 수긍이 가고"라고 판단하였는바, 만일 남북기본합의서가 법적 구속

력이 있다고 판단할 경우에는 판결의 결론이 달라질 수 있을 것이다.

48) 정인섭,『신 국제법 강의』, 박영사, 2014. 355~356에 의하면, '중대한 재정적 부담을 지우는 조약'은 이로 인하여 당장 국가의 재정지출이 요구되거나 채무가 발생하는 조약을 가리키며, 이런 조약의 유형으로는, 1) 조약상의 합의내용을 이행하기 위해 재정적 지출이 필요한 경우, 2) 조약가입으로 분담금 납입 등 일정한 재정지출이 발생하는 경우, 3) 조약시행을 위하여 상당기간 지속적으로 재정지출이 필요한 경우를 들고 있다. 어느 정도의 재정적 부담이 중대한가는 획일적으로 판단하기는 어려우며 국가의 전반적 재정상황에 비추어 합리적으로 판단할 수밖에 없다는 견해다.

49) 정인섭, 위 책 356~357에 의하면, 입법사항의 범위에 관한 한국의 헌법해석 관행을 보면, 조약의 내용이 "국내법의 수정, 변경을 요하는 사항, 국내법의 제정없이는 조약을 실시할 수 없는 사항 등"을 포함하는 경우만을 입법사항에 관한 조약으로 해석하며, 기존의 국내법을 통하여 국내 시행이 가능한 조약에 대하여는 국회의 동의의사가 이미 표시되어 있으므로 국회의 동의를 재차 얻을 필요가 없다는 견해다.

50) 송태원, 앞의 논문 314; 류지성, 남북관계발전에 관한 법제연구: 판문점선언의 이행에 관한 법적 과제를 중심으로, 2018, 51

51) 박정원, "남북합의서의 헌법적 쟁점과 과제", 헌법학연구 제19권 제4호, 2013. 12. 112~113; 송진호, "남북관계의 안정과 발전을 위한 법제도 개선에 대한 토론문", 통일법제 인프라 확충을 위한 쟁점과 과제 학술대회 자료집(서울대 통일법센터), 2017.9. 86도 같은 견해다.

52) 송태원, 앞의 논문 314도 같은 취지이다.

53) 함보현, "남북합의서와 5.24조치", 2021 남북 평화당사자 법제의 현안과 전망 학술대회 자료집, 67

54) '조약법에 관한 비엔나 협약'제2조 제1항 (a)는 조약이라 함은 단일의 문서에 또는 2 또는 그 이상의 관련 문서에 구현되고 있는지에 관계없이 또한 그 특정의 명칭에 관계없이, 서면 형식으로 국가 간에 체결되며 또한 국제법에 의하여 규율되는 국제적 합의를 의미한다.

55) 송태원, 앞의 논문 312

56) 권은민, "북한의 법적 지위에 대한 서론적 고찰: 북한의 국가성 인정의 관점에서", 북한법연구 제25호, 2021 상반기

57) 한명섭, 앞의 책 265, 송태원, 앞의 논문 312

58) 한명섭, 앞의 책 271

59) 김대순, 『국제법론』, 삼영사, 2012. 136~160

60) 김대순, 위 책 141은 서명과 비준의 관계는 역사적으로 변화되어 왔다고 설명한다. 교통과 통신수단이 원활하지 않던 시절에는 외교관이 지시를 위반하는 것을 막기 위해 비준이 필요하였다. 즉 주권자는 조약문을 받아보고 대표자가 지시를 위반하지 않았다는 것이 확인되면 비준할 의무가 있었다. 그러나 19세기 이후에는 비준은 국가원수에게 재고의 시간을 주기 위해 또는 헌법이 의회의 비준동의를 얻을 것을 요구하는 경우에 필요한 것으로 생각되었다.

61) 김대순, 위 책 142 ICJ는 "서명은 되었으나 비준되지 아니한 조약도 서명 당시에 당사자들의 이해에 대한 정확한 표현을 구성할 수 있다"고 하였다. Qatar v. Bahrain, Merits, ICJ Reports, 2001, p.40 at 68

62) 김영석, 『국제법』, 박영사, 2010, 310

63) 첫째, 다른 국제협약이나 다자간 조약의 효력발효에 준하도록 규정하는 형식(동서독 통과협정등), 둘째 비준에 관하여 명확한 규정을 두는 형식(동서독기본조약), 셋째 국내법적 전제조건을 충족시켰음을 통고하도록 하는 형식(동서독간 통행에 관한 조약등), 넷째 서명한 날로부터 즉시 발효하는 형식(대부분의 합의서)가 있다. 남북사이의 청산결제에 관한 합의서 제10조는 "남과 북이 서명하고 각기 발효에 필요한 절차를 거쳐 그 문본을 교환한 날로부터 효력을 발생한다."고 규정하는바, 세 번째 형식이다. 손희두, 토론문, 헌법재판소 창립 25주년 기념 학술대회, 통일과정의 헌법적 문제, 96~97

64) 1994년 미국과 북한이 체결한 핵관련제네바합의문이 신사협정이라는 견해가 있다. 오윤경 외, 『현대국제법』, 박영사, 2000, 8

65) 한명섭, 앞의 책 265

66) 한명섭, 앞의 책 262~263, 당시 정부는 이 합의서 이행에 뒤따르는 재정의 규모가 정확하게 나타나지 않았다 하더라도 사업계획이 확정적이며 이를 우리 정부가 부담할 것을 전제로 하고 있고, 그 규모도 상당할 것으로 예상할 수 있다고 보았다.

67) 이 합의서 제8조 제2항은, "이 합의서는 남과 북이 각기 발효에 필요한 절차를 거쳐 문본을 교환한 날부터 효력을 발생한다."고 규정한다.

68) 상호주의는 통상 행위자 사이에 합리적이고 적절한 이익의 교환행위 방식이

란 의미로 사용되는데, 정치학에서는 이와 관련하여 다양한 논의가 있다. 남북관계와 관련하여서는 보수측에서 엄격한 상호주의(즉각적이며 등가적인 주고받기 방식)를 원칙으로 내세우는 반면 진보측에서는 느슨한 상호주의(즉각적일 필요는 없으며 등가성의 계산도 매우 유연하고 포괄적으로 할 수 있다는 방식)를 주장함으로써 대북정책에서 남남갈등의 요인이 되기도 했다. 한편 통일전의 독일사례를 보면, 1972년 동서독 기본조약 체결 전에는 엄격한 상호주의가 일반적이었지만 기본조약 체결 이후에는 상대적으로 느슨하고 비등가적인 상호주의가 점차 확대적용되었고, 그런 노력이 통일에 도움이 되었다는 연구가 있다. 김학성, "동서독 관계에서 상호주의의 의미와 실천, 그리고 시사점", 학술세미나자료집(신한대, 신뢰의 조건과 평화프로세스), 2019.11.

69) 권은민, "북한의 법적 지위에 대한 서론적 고찰:북한의 국가성 인정의 관점에서", 북한법연구 제25호, 2021 상반기

70) 한명섭, 앞의 책 265

71) 한명섭, 앞의 책 266, 국가 승인은 당사국의 의사 문제이기 때문에 남북한이 합의를 하더라도 이것이 국가승인을 의미하지 않는다는 유보의사를 표시할 경우에는 국가승인의 효과를 발생시키지 않는다고 설명한다.

72) 정인섭, 앞의 책 164

73) 헌법재판소 1996.10.4. 선고 95헌가2 결정

74) 정인섭, 위 책 175

75) 김영철 서원철, 현대국제법연구, 과학백과사전종합출판사, 1988, 69~70, 정인섭 위 책 175에서 재인용

76) 한명섭, 앞의 책 276~277

77) 헌법 제60조 ①국회는 상호원조 또는 안전보장에 관한 조약, 중요한 국제조직에 관한 조약, 우호통상항해조약, 주권의 제약에 관한 조약, 강화조약, 국가나 국민에게 중대한 재정적 부담을 지우는 조약 또는 입법사항에 관한 조약의 체결·비준에 대한 동의권을 가진다.

78) 이를 위해서는 남북실무회담이 빈번하게 개최될 필요가 있다. 다양한 분야의 실무회담을 총괄할 정부기관이나 남북이 실무회담을 할 장소등의 문제가 해결되면 더욱 효과적일 것이다. 그런 측면에서 개성공단 내에 있는 공동연락사무소가 폭파된 것은 아쉬운 사건이다.

79) 남북사이의 문제는 남한법이나 북한법이 제정 당시 예상하지 못한 새로운 유

형의 문제이므로 이를 위해서는 별도의 전담기구를 두는 것이 효율적일 수 있다. 2000년대 초반 저작권위반 사건이 다수 생기자 남한의 경문협과 북한의 저작권사무국이 전담기구로 지정됨으로써 저작권문제 해결에 실질적인 도움이 된 경험이 있다.

80) 1992.5.7. 체결된 '남북교류 협력 공동위원회 구성 운영에 관한 합의서'는 지금 다시 살펴보아야 할 문건이다. 남북이 합의한 사항의 이행을 위하여 공동위원회를 구성하고, 그 위원회는 합의서 이행과 세부합의서 작성, 기타 합의서 이행과 관련이 있는 사항을 협의 실천하는 기능을 하도록 규정하였다. 남북합의서 총람, 66~67

81) 합의서 체결절차에 관한 연구로는, 김광길, "남북합의서의 체결절차 연구", 통일과 법률 2013.11. 참고

82) 이찬호, "남북합의서 법제화 방안의 시도", 통일법제 인프라 확충을 위한 쟁점과 과제 학술대회 자료집(서울대 통일법센터), 2017.9. 6~7

83) 이찬호, 위 논문 11. 이찬호는 남북관계가 공고하지 못할 경우에는 합의서 방식이 현실적이고, 남북관계가 발전하여 안정적이 되면 법령방식이 바람직하다는 의견을 취한다.

84) 이런 측면에서 이찬호는 남한의 남북교류협력법제는 일방주의적 법제 형식을 벗어나지 못하였으며 쌍방적 제도 구축을 위한 북한과의 협의도 성과적으로 진행되지 못하여 북한지역에서 사업하는 남한기업과 국민에 대한 법률적 보호가 미흡하다고 지적한다. 이찬호, 위 논문 16

85) 우선 남한 내에서 남북교류협력법에 따라 방문증명서를 발급받고, 방문승인신청을 하여 방문승인을 받아야 하며, 이와 별도로 출입계획과 통행계획을 3일 전까지 제출해야 한다. 한편 북한에서는 개성공업지구법에 따라 7일전까지 출입증신청을 하여야 하고, 방문 2일 전까지 관리위원회를 통해 북한 출입국사업부에 출입계획을 제출한다. 또한 이와 별개로 통행계획이 군통신망을 통해 남한에서 북한으로 방북 24시간 전에 통지되고 북한 군은 방북일 오전 8시에 출입동의 여부를 남한 군에 통지한다. 이러한 남북한의 중복규제를 한꺼번에 처리하자는 문제제기가 있다. 김광길, 토론문, 한국법제연구원, 남북교류협력 시대의 대북정책 법제화전략, 2018.10. 62

86) Port Authority NY NJ(뉴욕 및 뉴저지의 항만청) 1921년에 설립된 뉴욕 및 뉴저지의 항만청은 항공, 육로, 철도 및 해상을 통해 미국에서 가장 중요한 운송 및 무역 기반 시설 자산을 건설, 운영 및 유지 관리한다. 1921년에 구상

된 대로 항만청은 재정적으로 자립하는 기관이다. 주 또는 지방 관할권에서 세금 수입을 받지 않으며 세금을 부과할 권한도 없고 주 또는 지방 자치 단체의 신용을 보증할 권한도 없다. 항만청은 주로 시설 운영에서 발생하는 수익에 의존한다. 즉, 뉴욕과 뉴저지 사이의 교량 및 터널 통행료, 공항과 버스 터미널의 사용자 요금, 철도 운송 시스템 요금, 시설 임대료, 소비자 서비스 및 소매점에서. 항만청은 기관 수익의 거의 2/3를 차지하는 통행료 및 요금 외 수익을 극대화하고 시설에 대한 민간 부문 투자를 활용한다. 이 기관은 오랫동안 건전한 재무 기록을 보유하고 있으며 정기적으로 부채 제공에 대해 높은 평가를 받고 있다. 1921년에 뉴욕과 뉴저지 주는 상업과 무역을 개선하기 위해 전체 항구 지역을 개발하고 현대화하기 위해 주간 기관을 구성하기로 의회로부터 동의를 받았다. 항구 지구는 뉴욕 항구를 중심으로 두 주에서 1,500평방마일을 포함한다. https://www.panynj.gov/port-authority/en/help-center/faq/path-faq-help-center.html

87) Port Authority, 캐나다와 미국에서 항만 당국은 일반적으로 항구 및 기타 교통 인프라를 운영하기 위해 입법 기관에 의해 형성된 특수 목적 지구에 대한 정부 또는 준정부 공공 기관이다. 캐나다에서는 연방 교통부 장관이 지역 최고 경영자 이사회 구성원을 선택하고 나머지 이사회는 항구 사용자의 추천으로 연방 장관에게 임명된다. 모든 캐나다 항만 당국은 Letters Patent라고 하는 연방 또는 왕관 헌장을 가지고 있다. 항만 당국은 일반적으로 다른 관할권의 정부 최고 경영자가 임명하는 이사회나 위원회에 의해 관리된다. 대부분의 항만 당국은 재정적으로 자립한다. 토지 소유, 수수료 설정, 때로는 세금 부과 외에도 항구 지구는 선적 터미널, 공항, 철도 및 관개 시설을 운영할 수도 있다. https://en.wikipedia.org/wiki/Port_authority

88) 셍겐조약[Schengen Acquis]유럽 각국이 공통의 출입국 관리 정책을 사용하여 국경시스템을 최소화 해 국가간 통행에 제한이 없게 한다는 내용을 담은 조약을 말한다. 아일랜드를 제외한 전 EU 회원국으로 확대되면서 EU 국가간에 경찰의 추적권·감시권·셍겐정보시스템에 의한 정보협력 등 범죄수사의 국경적 제약요소를 상당부분 제거했다. [네이버 지식백과] (경찰학사전, 2012.11.20., 신현기 외)

89) '유럽 국경 및 해안 경비대'(FRONTEX)는 EU 기본권헌장 및 통합 국경 관리 개념에 따라 유럽 국경 관리를 홍보, 조정 및 개발한다. EU 외부 국경의 상황을 모니터링하고 분석한다. 각 회원국의 외부 국경에서 도전에 직면할 수 있

는 능력과 준비 상태를 평가하기 위한 취약성 평가를 수행한다. EU 국가들이 국경 경비대를 교육하고 공통교육 표준을 개발할 수 있다. 또한 외부 국경 통제와 관련된 연구 및 혁신 개발에 참여하고 있다. EU 국가들이 유로폴 및 유로저드와 협력하여 조직화된 국경 간 범죄와 테러를 탐지하고 예방하기 위해 외부 국경에서 기술 및 운영 지원을 강화할 것을 요구하는 상황에서 지원한다. 해상에서 수색 및 구조(SAR) 작전을 지원하고 EU 내에서 체류를 합법화하기 위해 모든 법적 수단을 소진한 사람들의 귀환을 지원하고, 다른 EU 기관과 함께 해안 경비 기능을 수행하는 회원국의 국가 당국과 함께 EU 국가들을 지원한다. 바르샤바(폴란드)에 위치해 있다. https://ec.europa.eu/home-affairs/agencies_en

90) 판문점선언에는 체제인정에 대한 직접적인 언급은 없지만 전체적인 내용을 보면 체제인정을 전제로 남북관계의 개선을 합의하고 있다. 전문에는 "양 정상은 냉전의 산물인 오랜 분단과 대결을 하루 빨리 종식시키고 민족적 화해와 평화번영의 새로운 시대를 과감하게 열어나가며 남북관계를 보다 적극적으로 개선하고 발전시켜 나가야 한다는 확고한 의지를 담아..."라는 표현이 있고, 서명주체는 대한민국 대통령과 조선민주주의인민공화국 국무위원회 위원장으로 되어 있다.

91) 조명균 통일부장관은 2018.7.23. 국회 외통위 전체회의에서 이런 의사를 밝혔고, 문재인 대통령도 8.15 경축사에서 같은 뜻을 밝혔다. 류지성, "남북관계발전과 판문점선언 이행을 위한 법제도 구축", 한국법제연구원, 남북교류협력 시대의 대북정책 법제화전략, 2018.10. 23

92) 류지성, 위 논문 24도 같은 의견이다. 이행법률은 남북한 쌍방이 국내적 입법을 동시에 하고 상대방이 이행하지 않을 경우에는 이행법률 제정의무에서 탈피하는 합의가 타당하다고 제안한다. 또한 연락사무소의 조직과 직제는 별도의 정부조직법상 조직으로 할 것인지 국제법상 조직으로 할 것인지도 논의가 필요하다고 한다.

93) 남북합의서 총람, 목차 참조

94) 1962년 미국 텍사스 라이스대에서 한 연설, "우리가 이 10년 안에 달에 가기로 선택한 이유는 그것이 쉽기 때문이 아니라 어렵기 때문입니다. 그 목표는 우리의 최고의 에너지와 기술을 조직하고 측정하는 데 도움이 될 것이기 때문입니다." https://www.hankyung.com/news/article/2009082652731

에필로그

저자가 북한법 연구에 관심을 가진 계기는 1994년 여름 김일성 사망 사건이었다. 그때 남한 사회는 북한이 곧 붕괴할 것이라고 예측했다. 1년 길어야 3년 이내에 붕괴할 것이라는 전망이 대세였고, 연일 북한관련 뉴스가 쏟아져 나왔다. 그 당시 지방법원 판사였던 저자는 통일이 된다면 북한지역 법원에서 근무하겠다는 꿈을 꾸기 시작했다. 그런데 막상 북한에 간다고 생각하자 북한에 대해 아는 것이 너무 적었다. 특히 북한의 법률에 대해서는 거의 무지했다. 그런 상황에서 우선 북한법을 연구하자는 생각을 하게 되었고, 교수님들이 주도하던 북한법연구회에 가입하면서 북한법연구를 시작하였다.

그 이후 2000년에 종로구 삼청동에 있는 경남대학교 북한대학원(지금은 북한대학원대학교로 명칭 변경)에 석사과정으로 입학하였고, 김대중 정부의 햇볕정책과 6.15선언의 열기 속에 다양한 분야의 북한전문가를 만났다. 2002년 '남북경제교류시 발생하는 문제점과 그 원인'이라는 논문으로 석사학위를, 2012년 '북한 외국인투자법제 연구'라는 논문으로 박사학위를 취득하였다. 박사학위를 받은 후 지도교수이신 윤대규 교수님의 제안으로 북한대학원 대학교에서 강의를 시작하게 되었고, 10년간 4개의 과목을 개설하여 교육하는 즐거움을 누렸다. 북한외국인투자법제연구, 북한 부동산제도, 남북한 분쟁사례연구, 남북경협과 법제도라는 과목이었다. 변호사 생활이 바빴지만 북한법 연구가 즐거웠다. 나의 연구가 남북한 주민들의 미래 생활에 영향을 미칠 수도 있다는 생각을 하면서 선행연구자들의 논문을 읽고 학생들과 토론하였다. 그 과정에서 선행논문은 왜 그런 결론을 도출하였는지, 지금 나는 그 결론에 동의하는지를 생각해 보았다. 또한 과거에는 맞았지만 지금은 달리 보아야 할 것이 있다는 것도 알게 되었다.

이 책에서 주로 다룬 북한을 국가로 인정하자는 제안은 정치학계나 경제학계에서는 이미 인정하는데 법학의 영역에서만 과거의 틀에 얽매어 있는 것은 아닌가라는 생각도 하게 되었다. 연구를 하면서 북한의 법적지위에 대한 현재의 다수설과 판례가 형성된 배경을 추적해 보았고, 그런 이론이 형성된 것은 그 당시의 정치상황에 영향을 받은 것이지 엄밀한 의미의 법적 논리에 의한 것이 아니라는 것을 알게 되었다. 남북한과 같은 분단국에 적용할 법원리라는 것이 보편적인 원리라기보다는 정치적인 성향을 띨 수밖에 없는 것이고 참고할 외국사례도 그리 많지 않다. 그렇다면 특정시기에 형성된 판례와 선행 연구를 지금까지 비판없이 추종해 온 것이 아닌가라는 반성도 하게 되었다.

저자는 향후에도 남북한 법률 연구를 계속해 나갈 계획이다. 그 방향은 장래의 남북한 교류 상황이고, 특히 남북한 주민이 전면 교류할 경우, 즉 수천 명의 남한 주민이 북한에 장기 체류하고, 마찬가지로 수천 명의 북한 주민이 남한에 장기 체류하는 상황에 대비하여 법률을 어떻게 정비해야 할지를 연구할 계획이다. 저자는 북한법을 연구하면서 상상력이 필요하다는 생각도 하게 되었다. 미래를 예측하여 연구한다는 발상이 법률실무가인 필자에겐 어려운 일이다. 지금까지 저자가 주로 한 일은 기왕에 발생한 사건에 대한 법률 적용문제였다. 지금부터 저자가 연구할 것은 아직 일어나지 않은 미래 세계에서 발생할 법률문제를 예상하고 이를 사전에 대비하는 것이라 상상력이 필요하다. 연구를 통해 장래의 혼란을 줄이고 법제도의 불비로 고통 받는 사람을 줄이려는 것이 저자의 바램이다. 이런 연구는 혼자서 할 수 없다. 동료들과 협업이 필요하다. 연구자들의 동참을 기다린다.

참고문헌

● 단행본 ─────────────────

강주원, 『나는 오늘도 국경을 만들고 허문다. 국경도시 단둥을 읽는 문화
　　인류학 가이드』, 글항아리, 2013

경제인문사회연구회, 『신한반도체제 추진 종합연구』, 경제인문사회연구회
　　협동연구총서 20-50-01, 2020

구병삭, 『신헌법원론』, 박영사, 1989

권영성, 『헌법학원론』, 법문사, 2010

권영성, 『신판 헌법학원론』, 법문사, 2010

김갑식 외, 『새로운 한반도 구상 추진전략과 정책과제』, 통일연구원 2020

김대순, 『국제법론』, 삼영사, 2012

김련희, 평양주민 김련희 송환준비모임 엮음, 『나는 대구에 사는 평양시민
　　입니다』615, 2017

김상준, 『코리아 양국체제』, 아카넷, 2019

김성경, 『새로운 통일 이야기』, 한울 아카데미, 2017

김영석, 『국제법』, 박영사, 2010

김영철 · 서원철, 『현대국제법연구』, 과학백과사전종합출판사: 평양, 1988

김재웅, 『고백하는 사람들』, 푸른역사, 2020

김종법 외, 『분리를 넘어 통합국가로』, 사회평론아카데미, 2020

김철수, 『헌법학신론(제21전정신판)』, 박영사, 2013

김학재 외, 『2019 통일의식조사』, 서울대 통일평화연구원, 2020

문홍주, 『제6공화국 한국헌법』, 해암사, 1987

법무부, 『각국 토지제도 현황과 문제점』, 2005.12

사회과학원 법학연구소, 『법학사전』, 사회과학출판사: 평양, 1971

석동현, 『국적법』 법문사, 2011

성낙인, 『헌법학』, 법문사, 2016

소성규 외, 『통일교육과 통일법제를 이해하는 열두 개의 시선』, 동방문화사, 2020

송인호, 『통일법 강의』, 법률신문사, 2015

양건, 『헌법강의』, 법문사, 2009

오윤경 외, 『현대국제법』, 박영사, 2000

유용태 외, 『동아시아의 농지개혁과 토지혁명』, 서울대출판문화원, 2014

유진오, 『헌법해의』, 명세당, 1949

이원규, 『조봉암 평전』, 한길사, 2016

이장희 외, 『남북 합의문서의 법적 쟁점과 정책과제』, 아시아사회과학연구원, 2007

이재훈, 『러시아문서 번역집 26』, 도서출판 선인, 2017, 동국대 대외교류연구원 자료총서

이효원, 『남북교류협력의 규범체계』, 경인문화사, 2006

이효원, 『통일법의 이해』, 박영사, 2014, 2018

임동원, 『피스메이커』, 중앙북스, 2008

저우예중 외, 채영호 외 옮김, 『양안 교류시스템 구축에 관한 법률문제 연구』, 박영사, 2019

정은이 외, 『한반도 신경제구상 추진전략과 정책과제』, 통일연구원, 2020

정인섭, 『신국제법 강의』, 박영사, 2014, 2018

정종섭, 『헌법학원론』, 박영사, 2006

제성호, 『남북한 특수관계론』, 한울 아카데미, 1995

최대권, 『통일의 법적 문제』, 법문사, 1990

최승완, 『동독민 이주사(1949~1989)』, 서해문집, 2019

한국헌법학회, 『헌법판례100선』, 법문사, 2012

한명섭, 『통일법제 특강』, 한울 아카데미, 2016

한성훈, 『이산』, 여문책, 2020

한수웅, 『헌법학』, 법문사, 2016

헌법재판연구원, 『통일과 헌법재판 4』, 2017

『국제법학(법학부용)』, 김일성 종합대학출판사: 평양, 1992

● 논문

권은민, "북한 투자기업의 분쟁해결방안 연구: 북한법을 중심으로", 통일과 법률, 2019.2

권은민, "남북한 및 동아시아 주변국의 토지개혁 과정에 관한 서설적 연구", 북한법연구 제24호, 2020 하반기

권은민, "남북한 분쟁 해결방안 및 사례", 제10기 통일과 법률 아카데미 강의자료, 법무부, 2021.5

권은민, "북한의 법적 지위에 대한 서론적 고찰: 북한의 국가성 인정의 관점에서" 북한법연구 제25호, 2021 상반기

권태상, "북한의 농업협동화시기 국가-마을 관계 연구", 통일문제연구 통권 68호, 2017 하반기

김갑식, "남북기본합의서에 대한 북한의 입장", 통일정책연구 제20권 제1호, 2011

김광길, "남북합의서의 체결절차 연구", 통일과 법률, 2013.11

김상준, "얇은 평화인가, 두터운 평화인가?", 평화와 공존의 신한반도체제 실천과제 학술세미나, 국민대 중국인문사회연구소, 2020.11.19

김선택, "민주적 개헌논의의 헌법적 조건", 헌법학회 세미나 자료집, 2021.6

김정림·차현지, "제3국 출생 북한이탈주민 자녀(비호호청소년)의 보호 및 지위개선을 위한 법적 방안", 통일과 법률, 2012.8

김천식, "노태우 정부의 남북교류협력법 제정 과정에 관한 연구", 북한대
학원대학교 박사학위논문, 2012.1

김학성, "동서독 관계에서 상호주의의 의미와 실천, 그리고 시사점", 학술
세미나자료집(신한대, 신뢰의 조건과 평화프로세스), 2019.11

김현귀, "북한주민의 지위", 헌법재판연구원, 2019

나인균, "한국헌법의 영토조항과 국적문제", 헌법논총 제5집, 1994

도회근, "남북관계법제의 발전과 한계", 헌법학연구 제14권 제3호, 2008

류지성, "북한이탈주민지원법의 주요논점에 관한 연구", 서울법학 제25권
제3호, 2017

류지성, "남북관계발전에 관한 법제연구: 판문점선언의 이행에 관한 법적
과제를 중심으로", 한국법제연구원, 2018

문선혜, "남북한 주민 간 혼인을 위한 법제화 방안", 가족법연구 제34권
제3호, 2020

문성묵, "1990년대 이후 남북협상 사례연구와 안보적 함의", KIMA 정책연
구 2021 상반기, 2021.6

문재태, "북한이탈주민의 정착지원에 관한 법적 검토", 사회법연구 제41
호, 2020

박규환, "통일독일에서의 구 재산권 회복문제: 독일 연방헌법재판소의 토
지개혁판례를 중심으로", 국토연구, 2004.9

박배근, "국제법상 국가의 동일성과 계속성", 저스티스 통권 제90호

박정원, "남북관계 발전을 위한 법제도 정비방안", 정책토론회 자료 2004.6

박정원, "남북합의서의 헌법적 쟁점과 과제", 헌법학연구 제19권 제4호,
2013.12

박정원, "남북기본협정 체결의 법제적 연구", 한국법제연구원, 2018

박종철, "남북기본합의서 체결 30주년의 의미와 과제", 민족화해 110호
2021.5

선정원, "행정법학의 발전과 행정학과의 관계의 재형성-정책법학", 행정법

학 제20호, 2021.3

성승제, "근대부터 한국전쟁까지 농지개혁과 법제도", 2018년 남북법제 연구보고서, 법제처, 2018

손학규, "남북합의서의 실천보장방안", 국회보, 1992.3

손호철 외, "남북한 '적대적 의존관계론'에 관한 비판적 연구: 1972년 남한 유신헌법과 북한 사회주의헌법 제정을 중심으로", 통일법제데이터베이스, 2012

송인호, "통일 후 북한 국유재산 사유화 방안에 대한 법적 고찰", 인권과 정의, 2013.5

송진호, "남북관계의 안정과 발전을 위한 법제도 개선에 대한 토론문", 통일법제 인프라 확충을 위한 쟁점과 과제 학술대회 자료집(서울대 통일법센터), 2017.9

송진호, "남북한 특수관계에서 국가면제이론의 유추적용 문제에 대한 고찰", 통일과 법률, 2021.2

송태원, "남북관계발전법의 현황과 과제", 통일문제연구위원회 자료집 제7권, 2020

쇼지 슌사쿠 저, 김은영 역, "일본의 농지개혁과 농지위원회", 유용태 외, 『동아시아의 농지개혁과 토지혁명』, 서울대출판문화원, 2014

쉬 스룽 외 저, 조병식 역, "대만의 토지개혁과 비참한 대만 지주", 유용태 외, 『동아시아의 농지개혁과 토지혁명』, 서울대출판문화원, 2014

양건, "남북한관계의 새로운 방안제시와 법적 문제", 국제법학회논총 제26권 제2호, 1982

오미영, "무국적자에 관한 국제법의 입장과 국내적 이행의 문제", 서울국제법연구 제20권 2호, 2013

올리비에 떼시에, "거대한 변혁, 북베트남 토지개혁에 대한 엇갈린 시선들" 유용태 외, 『동아시아의 농지개혁과 토지혁명』, 서울대출판문화원, 2014

유용태, "전후 중국의 경자유전, 토지개혁인가 토지혁명인가" 유용태 외,

『동아시아의 농지개혁과 토지혁명』, 서울대출판문화원, 2014

윤경우, "신한반도체제의 현실화를 위한 국가성과 확장성 논의", 평화와 공존의 신한반도체제 실천과제 학술세미나, 국민대 중국인문사회연구소, 2020.11.19

윤병율, "재중탈북자의 국적 문제와 보호방안 연구", 국민대 박사학위논문, 2017

이규창, "남북관계 발전에 관한 법률의 분석과 평가", 법조 제55권 제8호, 2006.8

이규창, "살인혐의 북한주민 추방사건 법적 쟁점과 과제", 통일연구원, 2019.11.11

이근관, "1948년 이후 남북한 국가승계의 법적 검토", 서울국제법연구 제16권 제1호, 2009

이근관, "국제법상 한국의 동일성 및 계속성에 대한 고찰", 서울대학교 법학 제61권 제2호, 2020.6

이덕연, "헌법적 정체성 확립의 과제와 북한이탈주민의 헌법적 지위", 저스티스 제136호, 2013.6

이봉구, "북한이탈주민의 국제적 보호", 통일과 법률, 2012.5

이석범, "남북기본합의서와 동서독기본조약의 비교 분석", 한반도 평화와 동서독의 경험 토론회 자료집, 2018

이석범, "남북기본합의서의 법적 성격과 헌법상 지위에 관한 연구", 통일과 법률, 2017.5

이장희, "남북한 통일방안의 법제도적 수렴가능성", 사법행정 390호, 1993.6

이찬호, "남북합의서 법제화 방안의 시도", 통일법제 인프라 확충을 위한 쟁점과 과제 학술대회 자료집(서울대 통일법센터), 2017.9

이희훈, "중국내 탈북자의 법적 지위와 인권보호에 대한 연구", 공법연구 제35집 제2호, 2006.12

장명봉, "남북관계발전기본법(안)에 대한 고찰", 국제법학회논총 제48권

제3호, 2003.12

장소영, "북한이탈주민 정착지원에 관한 법제도의 현황과 과제", 통일과 법률, 2015.11

장영수, "남북관계발전기본법에 대한 검토의견", 국회 통일외교통상위원회 공청회, 2005.8

정민정, "복수국적자의 국적포기에 관한 국제법적 쟁점과 입법과제", 이슈 와 논점 제1722호(국회입법조사처. 2020.6.12.)

정유석, "남북경협합의서 주요내용과 개선과제", 수은 북한경제, 2019년 봄호

정인섭, "제헌헌법 제4조 영토조항의 성립과 의미", 서울대학교 법학 제61 권 제4호, 2020.12

정진아, "조봉암의 평화통일론 재검토", 인문학자의 통일사유, 건국대 통일 인문학연구단, 선인, 2010

정혜영, "동독이탈주민의 거주이전의 자유 보장에 관한 헌법적 문제-이주 민 긴급수용법의 위헌성을 중심으로", 공법학연구 제21권 제1호, 2020

제성호, "4대 남북경협합의서의 주요 내용과 법적 후속조치", 통상법률 2004.10

제성호, "남북합의서에 대한 국내법적 효력부여 문제", 법조 제571호, 2004

제성호, "해외 탈북자의 법적 지위와 처리방안", 법조 제52권 제1호, 2003.1

조동제, "중국토지소유권의 법률제도에 대한 고찰", 동아법학, 동아대법학 연구소, 2009.8

최지현, "국제법상 한국의 법적 지위와 관련된 제 문제", 국제법평론 2018-1 통권 제49호

한명섭, "통일 후 북한 토지 사유화와 공시제도에 관한 고찰", 대법원 특수 사법제도 연구위원회, 2015.1. 발표자료

한명진, "북한이탈주민의 사회통합을 위한 법정책적 고찰", 공법학연구 제 21권 제1호, 2020.2

한재헌, "무국적 탈북자의 인권과 '권리를 가질 권리'", 통일과 법률, 2015.5

함보현, "남북합의서와 5.24조치", 2021 남북 평화당사자 법제의 현안과 전망 학술대회 자료집(한국법제연구원), 2021

허영, "남북한간 조약체결의 헌법적 검토-동서독 기본조약에 대한 서독 연방헌법재판소 판례의 교훈", 헌법판례연구 제3권, 2001.11

홍성찬, "근대화 프로젝트로서의 한국 농지개혁과 대지주", 유용태 외, 『동아시아의 농지개혁과 토지혁명』, 서울대출판문화원, 2014

홍종현, "한반도 평화체제에 대비한 법제정비방향", 학술대회 자료집, 2020.12

홍진영, "범죄를 저지른 북한이탈주민 추방의 법적 문제", 법조 제70권 제3호 2021.6

● 기타 ─────────────────

대북협력민간단체협의회, 남북관계발전을 위한 법제도 개선 입법 간담회 자료집, 2020.11

대한변호사협회, 통일과 북한법학회, 남북경협 활성화 법제도 개선방안 자료집, 2018.12

동아일보 2021.1.6.자

위키백과, 샌프란시스코 강화 조약

이성신 외, KINU 통일의식조사 2020, 통일연구원, 2020

조선일보 2021.2.9.자

중앙일보 2021.2.8.자

통일부, 남북합의서 총람, 2020

통일부 남북회담본부, 남북대화 50년, 2021.10

통일부 사이트 검색자료 Home → 주요사업 → 북한이탈주민정책 → 현황 → 최근현황

한국법제연구원, 2021 남북 평화당사자 법제의 현안과 전망 자료집, 2021. 11

한국법제연구원, 남북교류협력 관련 분야별 법적 고찰, 통일법제 학술대회 자료집, 2019.12

한국법제연구원, 남북교류협력 시대의 대북정책 법제화전략 자료집, 2018. 10

헌법재판연구원, 통일과 문화국가 형성 자료집, 2018.6

KBS 남북교류협력단, 2020년 국민통일의식 조사, 2020

http://www.koreasummit.kr/images/sub/declaration5.jpg

http://www.mofa.go.kr/www/wpge/m_3840/contents.do

권은민

변호사이자 북한박 박사. 20년 이상 북한법을 연구하고 있다. 통일부, 법무부, 법제처, 대법원
등의 북한법연구위원회에 참여하고 있으며, 북한대학원 대학교 겸임교수로 북한외국인투자
법제, 북한부동산제도, 남북한분쟁사례연구, 남북경협과 법제도 과목을 강의하였다. 기존의
남북한 법제를 현실에 맞게 재정비하는데 관심을 가지고 있으며, 북한의 법제변화를 지속적
으로 연구한다.

북한을 보는 새로운 시선

초판발행	2022년 6월 15일
중판발행	2023년 3월 20일
지은이	권은민
펴낸이	안종만 · 안상준
편 집	한두희
기획/마케팅	장규식
표지디자인	이소연
제 작	고철민 · 조영환
펴낸곳	**(주) 박영사**
	서울특별시 금천구 가산디지털2로 53, 210호(가산동, 한라시그마밸리)
	등록 1959. 3. 11. 제300-1959-1호(倫)
전 화	02)733-6771
f a x	02)736-4818
e-mail	pys@pybook.co.kr
homepage	www.pybook.co.kr
ISBN	979-11-303-4180-4 93360

정 가   18,000원